GÁLATAS

Un Comentario del Nuevo Testamento

Bob Yandian

La versión bíblica utilizada en este libro es la *Reina Valera Revisada* — RVR1960.

Otras versiones utilizadas fueron la *Nueva Versión Internacional* — NVI, *Dios Habla Hoy* — DHH, y *Nueva Traducción Viviente* — NTV

Publicado originalmente en Inglés bajo el título:
Galatians: A New Testament Commentary, por la editorial Harrison House Publishers, Tulsa, OK 74155, www.harrisonhouse.com

GÁLATAS: Un Comentario del Nuevo Testamento
ISBN: 978-1-68031-157-0
© 2017 por Bob Yandian
Bob Yandian Ministries
PO Box 55236
Tulsa, OK 74155
www.bobyandian.com

Publicado por Harrison House Publishers
Tulsa, OK 74145
www.harrisonhouse.com

Traducido por: Rogelio Díaz-Díaz

Índice

τραι καὶ πᾶς φιλῶν καὶ ποιῶν ψεῦδος
16 Ἐγὼ Ἰησοῦς ἔπεμψα τὸν ἄγγε
αι ὑμῖν ταῦτα ἐπὶ ταῖς ἐκκλησίαις
τὸ γένος Δαυίδ, ὁ ἀστὴρ ὁ λαμ
καὶ τὸ πνεῦμα καὶ ἡ νύμφη λέγο
κούων εἰπάτω, Ἔρχου. καὶ ὁ
λαβέτω ὕδωρ ζωῆς δωρεάν.
Μαρτυρῶ ἐγὼ παντὶ τῷ ἀκού
προφητείας τοῦ βιβλίου τούτο
τά, ἐπιθήσει ὁ θεὸς ἐπ' αὐτὸ
ιμένας ἐν τῷ βιβλίῳ τούτῳ, 19
ων λόγων τοῦ βιβλίου τῆς τ
ὁ θεὸς τὸ μέρος αὐτοῦ ἀπὸ
τῆς πόλεως τῆς ἁγίας τῶν
τούτῳ.
γει ὁ μαρτυρῶν ταῦτα, Ναί.
ριε Ἰησοῦ.
χάρις τοῦ κυρίου Ἰησοῦ με

The personal study notes of BOB YANDIAN

Introducción

En mi corazón resuena una declaración que el apóstol Pedro hizo en su última carta:

Por esto, yo no dejaré de recordaros siempre estas cosas, aunque vosotros las sepáis, y estéis confirmados en la verdad presente.

2 Pedro 1:12

La frase "por esto" tiene su base en la declaración inmediatamente anterior del apóstol, en cuanto a su deseo de que todos los creyentes no solamente vayan al cielo sino que tengan una entrada triunfante allí. Y un conocimiento y la práctica de la Palabra de Dios es necesario para lograr tal fin, el cual está marcado por recompensas y gobierno.

Con el fin de lograr ese tipo de entrada, Pedro repetía a los creyentes una y otra vez las cosas que debían saber, aunque ellos ya "las supieran". La enseñanza que recibieron fue la verdad presente que se estaba escribiendo en los días de los apóstoles Pedro, Pablo, Juan y Santiago. Y esta verdad es la que los creyentes todavía necesitan para obtener una salvación gloriosa.

Debemos estudiar el Antiguo Testamento a la luz de las epístolas del Nuevo Testamento. Los cuatro evangelios también se deben estudiar de igual manera. Todo cristiano debe no solamente conocer las epístolas sino también estar fundamentado en ellas. Es por eso que he escrito esta serie de libros con las enseñanzas de las epístolas versículo por versículo. Ellas son verdadero alimento para nuestro tiempo y dispensación: la era de la Iglesia.

Bob Yandian

Autor

Visión General de Gálatas

Gálatas es un libro emocionante. En él el apóstol Pablo puso el fundamento de lo que todo cristiano necesita cuidarse. La trampa más sutil en la que los creyentes pueden caer: La trampa del legalismo.

Ahora bien, cuando mencionamos el legalismo la mayoría de cristianos piensa automáticamente en los Diez Mandamientos o en la ley mosaica. Pero el legalismo involucra mucho más que estos obvios ejemplos. Es mucho más sutil que eso, mucho menos evidente y por lo tanto mucho más peligroso.

Para los judíos de los días del apóstol Pablo el legalismo era básicamente un énfasis exagerado en la observancia de la ley judía la cual los hacía ciegos al evangelio de salvación por gracia. Para los cristianos de estos tiempos modernos el legalismo es más una actitud que un acto lo cual lo hace más difícil de detectar y evitar. Incluso es posible que no seamos conscientes de que somos culpables de él. Por cuanto es tan insidioso, sin sospechar hemos permitido que esta actitud se introduzca virtualmente en cada faceta de nuestra vida cristiana. En este estudio estaremos definiendo el legalismo y examinando sus efectos sobre nosotros como cristianos. Veremos cómo ha llegado a ejercer una influencia sobre todas las cosas en la vida de nuestra iglesia, desde el bautismo en agua hasta cómo dar testimonio personal. También consideraremos los peligros del legalismo y discutiremos las maneras de superar este sutil ataque de Satanás contra la Iglesia de Jesucristo.

Esencialmente el libro de Gálatas es una declaración de fe, y de fe solamente. Fe para obtener la salvación y fe para crecer espiritualmente. Esta fe no se basa en algún esfuerzo, acción u observancia por parte nuestra; única y enteramente sobre la gracia de Dios. De hecho a la carta a los Gálatas podríamos llamarla un manifiesto de gracia.

Antes de empezar realmente nuestro estudio de este poderoso libro, démosle un breve vistazo. ¿Quiénes eran exactamente los Gálatas a quienes el apóstol Pablo dirigió esta carta? Si usted está familiarizado con la historia del Nuevo Testamento recordará que Galacia era un área que estaba ubicada al noroccidente de Israel, en donde se habían establecido los Galos en el siglo tercero. Llegó a ser una provincia romana en el año 25 antes de Cristo, algunos años antes de que Pablo empezara sus viajes misioneros a la región. Los galos eran descendientes de las tribus bárbaras que habían infiltrado el Imperio Romano. Estas tribus eran todas descendientes de los

Celtas quienes posteriormente se establecieron en Irlanda, Escocia y Gales. Los gálatas son primos lejanos de los irlandeses de nuestros días.

En su saludo inicial, Pablo dirige sus comentarios a las iglesias de Galacia. Note que utiliza el plural, "iglesias". Gálatas es la única epístola dirigida a más de una Iglesia. Efesios fue escrita para la Iglesia en Éfeso; Filipenses la dirigió a la iglesia en Filipo. Sin embargo Gálatas fue escrita a las iglesias de Galacia porque ésta no es una ciudad sino una provincia.

Había cuatro ciudades principales en la provincia de Galacia: Antioquía, Iconio, Derbe y Listra. La ciudad de Listra nos debe ser familiar porque fue allí donde en su primer viaje misionero el apóstol Pablo fue apedreado hasta ser dado por muerto. Pero Dios lo reanimó y pudo regresar a la ciudad a predicarle a la gente. (Puede leer el relato de este incidente en el capítulo 14 de los Hechos.)

En el libro de Gálatas consideraremos varios temas básicos: El pacto Abrahámico, la bendición de Abraham, la redención de la maldición de la ley, el fruto del Espíritu versus las obras de la carne, y otros. A medida que estudiemos nos estaremos remitiendo al Antiguo Testamento en donde aprendemos acerca de Abraham, Sara, Agar, Isaac e Ismael. De allí iremos al Nuevo Testamento para seguir a Pablo en su viaje misionero a Galacia.

Hablaremos del aguijón en la carne que afligía al apóstol y consideraremos lo que este aguijón pudo haber sido. Veremos cómo su mensaje fue siempre el mismo: fe para obtener la salvación y fe para el crecimiento y las bendiciones espirituales. Veremos cómo por causa de su mensaje Pablo fue hostigado en dondequiera que iba por los judaizantes legalistas con su insistencia en que la religión organizada era el único medio para obtener la salvación. A través de toda esta discusión fijaremos nuestra atención en una verdad central: la gracia de Dios derramada en el Calvario, que nos libra de todo esfuerzo propio para que vivamos vidas verdaderamente llenas del Espíritu, libres, fructíferas y gozosas.

En el capítulo primero de Gálatas leeremos el testimonio de Pablo sobre su llamado al ministerio. Veremos cómo enfatiza que fue el Señor mismo quien lo llamó, lo comisionó y lo ordenó para que llevara las buenas nuevas de salvación por gracia a los gentiles. Veremos que el conocimiento que el apóstol tenía de esta verdad le vino no de hombre alguno o por hombres, sino directamente de Dios mediante una revelación personal.

Posteriormente, en el capítulo 2 veremos cómo Pablo se enfrenta a algunos de sus enemigos entre los religiosos de su tiempo y cómo trató con ellos derrotándolos abiertamente con el mensaje de fe. Nos daremos cuenta también de la manera en que estos enemigos del evangelio, aunque temían enfrentarlo cara a cara, trabajaron en contra de lo que él estaba haciendo, introduciéndose en su ausencia para socavar lo que había empezado mediante el establecimiento de nuevas iglesias. Plantaban semillas de duda entre sus seguidores e insinuaban que no era un verdadero apóstol del Señor Jesucristo, cuestionando su carácter y su mensaje, y poniendo pesadas cargas legalistas sobre los nuevos creyentes, quienes no eran judíos y por lo tanto nunca estuvieron sujetos a la ley judía.

En el capítulo 2 Pablo hace un recuento también de dos incidentes: el primero ocurre en Jerusalén, en el cual nos da un ejemplo de un intento de recibir salvación mediante las obras; el segundo ocurre en Antioquía e ilustra el falso concepto de espiritualidad también por las obras. Al final del capítulo habla de su famosa confrontación ante toda la iglesia de Antioquía, en la cual le reprocha abiertamente al apóstol Pedro por involucrarse en el legalismo.

Luego en el capítulo 3 veremos cómo Pablo utiliza estos dos incidentes para afirmar a los gálatas tras la represión que les hace por caer en el legalismo debido a su falta de comprensión de la gracia.

En el capítulo 4 el apóstol toma el ejemplo de Abraham y sus descendientes para ilustrar este principio de fe el cual desarrolló posteriormente en el capítulo 5, precisamente utilizando a sus dos esposas y sus dos hijos para contrastar las obras de la carne con el fruto del Espíritu.

Finalmente, en el capítulo 6 veremos la conclusión que hace Pablo al examinar el interrogante de cómo puede una persona volver a ser espiritual tras haber tenido una forma de pensar carnal por tanto tiempo.

En su esquema general, el libro de Gálatas establece un paralelo con el libro de Efesios. Ambos libros discuten el tema de la gracia versus el legalismo, pero mientras Efesios enfatiza el lado positivo, Gálatas hace hincapié en el aspecto negativo de este conflicto. No es que el libro en sí mismo sea malo, sino que el apóstol hace en él un mayor énfasis en cuan maravilloso es comprender el concepto de la gracia, mientras que en Gálatas señala la estupidez de caer en el legalismo.

Al acercarnos a este libro debemos recordar que el apóstol Pablo se enteró a través de cartas recibidas de lo que estaba ocurriendo en las iglesias de Galacia durante su ausencia tras su primer viaje misionero a esta provincia, y le preocuparon tanto los acontecimientos que decidió escribir esta carta. Note que no fue a Galacia en persona a arreglar estos asuntos. Sencillamente les escribió a esas iglesias para confrontarlas en cuanto a su insensatez de volver a "obras muertas" después de haber recibido el glorioso evangelio de la gracia.

En nuestro estudio veremos que esta no es una carta dulce o suave. Pablo estaba realmente enojado con estas personas y no intentó ocultar su enojo. Podemos imaginar sus reflexiones mientras sentado a la mesa escribía estas palabras de reprensión. Fue directo con los gálatas a quienes calificó de "insensatos". (Una palabra más exacta sería "estúpidos". Examinaremos otras versiones bíblicas diferentes de la Reina Valera 1960 para mostrar que éste fue, ciertamente, el tono utilizado por Pablo al escribirles.)

El problema era básicamente que los gálatas, que empezaron a andar espiritualmente por fe, ahora intentaban completar su caminar cristiano adhiriéndose a la ley judía. Y esto ocurrió porque escucharon a los judaizantes legalistas, muchos de los cuales eran cristianos nacidos de nuevo no obstante insistían en que tanto los cristianos como los judíos debían cumplir con los estrictos códigos del Judaísmo. Los gálatas que habían acogido el mensaje de Cristo, ahora procuraban combinar el mensaje de gracia con la observancia de la ley judía. Trataban de saltar la barrera divisoria entre el legalismo y la gracia y vivir de acuerdo a los preceptos del Nuevo Testamento mientras se adherían a las normas y regulaciones del Antiguo. Pablo dejó bien en claro que tal cosa era no solamente imposible sino también una negación de la expiación y una abominación a los ojos de Dios.

Los gálatas simplemente no tenían una adecuada comprensión del Antiguo y del Nuevo Pacto. No se daban cuenta que el antiguo pacto no fue abolido sino cumplido por el nacimiento, muerte y resurrección del Mesías. El antiguo pacto todavía se estudia y se enseña pero ya no es observado. Solamente señala la venida de nuestro Señor Jesucristo quien cumplió completa y perfectamente todas las justas demandas de la ley en beneficio de quienes por fe aceptaran ese cumplimiento. Una vez que Cristo hizo el supremo sacrificio por el pecado, ya ningún otro sacrificio es necesario. Las cosas viejas pasaron; todas fueron hechas nuevas. La sombra, la figura, dio paso a la realidad.

Esto nos lleva a temas como la circuncisión —el cual es uno de los principales tópicos del libro de Gálatas— porque ella representa toda la gama de reglas y regulaciones englobadas en el antiguo pacto. Pablo enfatiza a los gálatas que aunque la circuncisión es aceptable por razones de salud, ya no tiene ningún valor espiritual.

Esta carta fue llevada a Galacia en donde se debía circular entre las cuatro iglesias que allí existían: Antioquía, Iconio, Derbe y Listra. Empecemos nuestro estudio de la acusación más fuerte que el apóstol haya hecho contra la religión, permitiéndonos ser libres de la ley del pecado y de la muerte, para que descubramos en ella la plenitud de vida en el Espíritu.

1:1 El apostolado

I. Pablo, un Apóstol

Pablo, apóstol (no de hombres ni por hombre, sino por Jesucristo y por Dios el Padre que lo resucitó de los muertos),

En el versículo inicial Pablo inmediatamente se identifica a sí mismo como el autor de este libro. El nombre "Pablo", que en el idioma griego es Paulus, significa pequeño. Éste parece ser descriptivo de la persona porque según la tradición cristiana el apóstol no era de una gran estatura física. Era más bien bajito. En el mundo natural Pablo se consideraba a sí mismo pequeño. Pero sabemos que si una persona es pequeña en su propia opinión, Dios la considera grande en el mundo espiritual.

Muchos cristianos en nuestros días presumen de ser justos en Cristo Jesús, lo cual es bíblicamente cierto, pero no es algo de lo que podamos envanecernos o sentirnos orgullosos. A menos que una persona esté consciente de que es nada en el mundo natural, no puede ser algo en el mundo espiritual. Dios mira el corazón, un corazón que no hace alarde ni presume de grandeza. Es el ser interior el que es importante, no el exterior. Me gusta el dicho que dice: "Soy más grande por dentro que por fuera." Y eso es verdad. Siendo que Jesús vive en nuestro interior, nosotros los cristianos somos más grandes interiormente que exteriormente. Aunque este cuerpo exterior se convierta en polvo, el ser interior continuará viviendo eternamente con el Señor Jesús.

Pablo hace su declaración más enfática en cuanto a su llamamiento y hace notar que él es un apóstol no de hombres (plural), ni de hombre (singular), "sino por Jesucristo y por Dios el Padre que lo resucitó de los muertos."

Lo que en realidad está diciendo Pablo es: "Soy un apóstol, pero ningún individuo ni ningún grupo me eligió. Fui ordenado para esta posición por Jesucristo y por Dios el Padre." Y señala dos aspectos negativos de su llamamiento, y uno positivo. No fue designado por ningún hombre, ni por hombres, sin por el Señor mismo.

¿Qué es un apóstol? El término "apóstol" es realmente una transcripción de la palabra griega *apóstolos,* así como lo es también la palabra "bautizar", que es transcripción de la palabra griega *baptizo,* que significa sumergir en agua. Los traductores simplemente adoptaron el vocablo griego. Lo mismo ocurrió con la palabra apóstol.

¿Qué es en realidad un "apóstol"? La concordancia de Strong lo define como "un delegado, específicamente un embajador del evangelio; un comisionado oficial de Cristo (con poderes milagrosos): apóstol, mensajero, uno que es enviado."

Efesios 4:11 menciona el oficio del apóstol como uno de los cinco dones ministeriales dados a la iglesia por el Señor Jesucristo y por Dios el Padre. Para comprender mejor este oficio aquí tiene varios aspectos del apostolado.

II. Apostolado

A. Primer oficio establecido dentro de la Iglesia de Jesucristo

Como ya hemos visto, uno de los significados de la palabra griega *apóstolos* es "enviado." Si rastreamos su uso a través de la historia veremos que proviene de la antigua lengua fenicia y que se refiere al más alto rango de un oficial en la marina fenicia (equivalente a nuestra palabra en español, "Almirante.") ¿Tiene esto algún significado hoy para nosotros? Aunque el apóstol no es superior a otros ministros en escala de autoridad, el rango si tiene importancia en la iglesia moderna.

En 1 Corintios 12:28 Pablo escribe: "Y a unos puso Dios en la iglesia, primeramente apóstoles, luego profetas, lo tercero maestros, luego los que hacen milagros, después los que sanan, los que ayudan, los que administran, los que tienen don de lenguas. Note la frase, "primeramente apóstoles."

Aunque un apóstol quizá tenga autoridad sobre una iglesia que estableció y de la cual posiblemente salió, la frase "primeramente apóstoles" no significa rango superior al de otros dones ministeriales; lo que indica es cuando fue establecido el oficio de apóstol en el cuerpo de Cristo. Después del Pentecostés, el primer oficio establecido en la iglesia fue el de apóstol. A través del resto del libro de los Hechos otros oficios llegaron a existir a medida que surgió el evangelismo y se levantaron nuevas iglesias. El siguiente oficio establecido después del de apóstol fue el de profeta; el tercero fue el de maestro, y así sucesivamente los demás ministerios.

Esto lo podemos ver en la primera área de conflicto surgido en la iglesia, en Hechos capitulo seis. El problema relacionado con la falta de atención a las viudas fue presentado a consideración de los Doce. El liderazgo de la iglesia consistía de apóstoles solamente, es decir, de quienes siguieron personalmente a Jesús. Ya por el tiempo en que los apóstoles fueron enviados a evangelizar, según lo relata Hechos 13, éstos fueron presentados delante del liderazgo de la iglesia integrado por profetas y maestros (13:1). En Hechos 14 se establecen las primeras iglesias y se ordenan los primeros pastores a los que se les llama ancianos (14:23).

Y todavía ocurre lo mismo en nuestros días. Probablemente son los apóstoles los primeros en entrar a una ciudad en donde hay poca o ninguna actividad espiritual. Evangelizan y discipulan a los creyentes hasta que se establece una iglesia. Luego ayudan a levantar el liderazgo de la iglesia y finalmente se van para comenzar de nuevo el proceso en otra ciudad o país.

B. El don ministerial dado por Jesucristo y Dios el Padre

Note en 1 Corintios 12:28 quién es el que establece estos oficios en la iglesia "Y Dios puso... en la Iglesia." Bob Yandian no se estableció así mismo en el oficio de pastor. Dios el Padre me ubicó en él.

Si usted tiene un llamado a uno de los cinco oficios ministeriales, ningún hombre se lo ha hecho; ha sido Dios. Y si Dios lo ha llamado, él se cuidará de que usted tenga amplia oportunidad de cumplir con su llamamiento. Todo lo que tiene que hacer es permanecer firme y permitirle que él lo haga a través de usted. Su parte es orar y permanecer creyendo en la Palabra. Dios desarrollará el don. No es cosa suya promoverse a sí mismo; su tarea es demostrar que es fiel. Dios se encargará del resto.

En Efesios 4:11 encontramos esta declaración: "Y él mismo constituyó a unos, apóstoles; a otros, profetas; a otros, evangelistas; a otros, pastores y maestros." ¿Quién es el que "constituyó"? Jesucristo. ¿Cómo lo sabemos? Cuatro versículos antes leemos estas palabras: "Pero a cada uno de nosotros fue dada la gracia conforme a la medida del don de Cristo." (v.7). El apóstol es un don dado (establecido) en la iglesia mediante la cooperación de Jesucristo y Dios el Padre.

Cuando Pablo dijo que él es un apóstol (del más alto rango) —elegido y comisionado para el ministerio, no de hombres ni por hombre sino por Jesucristo y Dios el Padre— estaba afirmando que su ordenación era divina (lo cual también es el caso de todo verdadero apóstol, profeta, evangelista, pastor y maestro).

Cuando Pablo hizo referencia al hecho de que él fue divinamente ordenado, y no ordenado por hombres, probablemente se refería al concilio judío de Jerusalén. Enfatizó este punto porque sus credenciales y su autoridad para ministrar como apóstol de Jesucristo estaban siendo cuestionadas por los legalistas judaizantes Ellos querían saber: "¿Quién es este Pablo?"

Fueron rápidos en señalar que él no tenía documentos que mostraran que había sido certificado como apóstol por el concilio de Jerusalén. Desde luego que esto era la verdad pues él mismo argumentaba que el origen de su apostolado no estaba en los hombres sino en Dios. Sus detractores también afirmaban que ni Pedro ni ninguno de los otros discípulos le había impuesto manos para comisionarlo como apóstol. Lo cual también era cierto pues Pablo insistió en que su apostolado no le fue conferido por ningún hombre sino por el Señor.

Esta es una importante verdad que merece nuestra atención. Ningún individuo ni ningún grupo humano traspasa o transmite los dones de los cinco ministerios. Estos provienen directamente de Dios. En la Palabra de Dios encontramos otros oficios que sí pueden transmitirse mediante la imposición de manos (Hechos 14:23; Tito 1:5). Nadie puede hacerse a sí mismo apóstol, profeta, evangelista, pastor o maestro, y nadie puede elegir o nombrar a otra persona para cualquiera de estos oficios. El derecho y el poder de nombrar individuos para los cinco ministerios lo tienen única y exclusivamente Dios el Padre y el Señor Jesucristo.

Tampoco podemos recibir estos dones ministeriales por fe. Ahora bien, soy un creyente convencido del poder de la fe personal. Creo esta verdad con todo mi corazón. Sin embargo, hay algunas cosas que no podemos recibir por fe, sencillamente creyendo y declarando que ya se tienen. Y una de ellas es el nombramiento para los cinco ministerios. Nadie puede llegar a ser un ministro del evangelio de Jesucristo simplemente declarando: "Por fe creo que soy un apóstol (profeta, evangelista, pastor o maestro)." No funcionan así las cosas. Este nombramiento es un don conferido a una persona, divina y soberanamente por Dios el Padre y el Señor Jesucristo.

El apostolado no es conferido por manos humanas o recibido por la fe personal, ni es determinado por talento; es algo que se recibe estrictamente por la gracia de Dios.

Un talento es una capacidad natural y humana innata en el individuo que la posee. En otras palabras, el talento es algo con lo cual se nace. Todos tenemos uno o más talentos naturales con los que hemos nacido. Algunos son dotados para la música, otros tienen gran talento artístico o creativo y otros han sido dotados con una habilidad natural para aprender idiomas con facilidad. Pero ninguno de estos dones naturales tiene algo que ver con los dones ministeriales. Estos los confiere Dios a los individuos independientemente de su habilidad natural.

Algunas personas piensan que sólo porque pueden tocar la guitarra ya son llamados al ministerio musical. Otros creen que porque tienen facilidad de expresión son llamados a ser pastores o evangelistas. Y otros más consideran la capacidad intelectual como un llamado a ser maestros de la Palabra de Dios. Pero eso es un error. El apostolado, como cualquier otro oficio ministerial, no es una cuestión de talento sino de elección divina.

C. El apostolado dado la iglesia no fue el mismo de los primeros apóstoles elegidos por Jesús

Los apóstoles dados a la iglesia no fueron nombrados hasta después de la resurrección del Señor Jesucristo. Este es un punto vital.

En Efesios leemos:

> Pero a cada uno de nosotros fue dada la gracia conforme a la medida del don de Cristo. Por lo cual dice:
>
> *Subiendo a lo alto,*
> *llevó cautiva la cautividad,*
> *Y dio dones a los hombres.*
>
> Y eso de que subió, ¿qué es, sino que también había descendido primero a las partes más bajas de la tierra? El que descendió, es el mismo que también subió por encima de todos los cielos para llenarlo todo. Y él mismo constituyó a unos, apóstoles; a otros, profetas; a otros, evangelistas; a otros, pastores y maestros.

Siendo que este pasaje deja en claro que Cristo ordenó y estableció los cinco ministerios después de su resurrección y su ascensión a los cielos, es obvio que existe una diferencia entre los apóstoles escogidos y mencionados en los cuatro evangelios (Mateo, Marcos, Lucas y Juan) antes de la ascensión de Cristo, y los apóstoles dados a la iglesia después de que él regresó a la diestra del Padre en los cielos. Esto se hace más evidente cuando consideramos que incluso la iglesia de Jesucristo sólo llegó a existir después de la resurrección y ascensión de nuestro Señor. Los cinco ministerios comenzaron con la venida de la era de la iglesia, la cual no empezó con el evangelio de Mateo sino en el libro de los Hechos.

Consideremos este punto por un momento. En Mateo 10:1–6 leemos cuando Jesús comisionó a sus discípulos para el ministerio:

> Entonces llamando a sus doce discípulos, les dio autoridad sobre los espíritus inmundos, para que los echasen fuera, y para sanar toda enfermedad y toda dolencia. Los nombres de los doce apóstoles son estos: primero Simón, llamado Pedro, y Andrés su hermano; Jacobo hijo de Zebedeo, y Juan su hermano; Felipe, Bartolomé, Tomás, Mateo el publicano, Jacobo hijo de Alfeo, Lebeo, por sobrenombre Tadeo, Simón el cananista, y Judas Iscariote, el que también le entregó. A estos doce envió Jesús, y les dio instrucciones, diciendo: Por camino de gentiles no vayáis, y en ciudad de samaritanos no entréis, sino id antes a las ovejas perdidas de la casa de Israel. —Mateo 10:1–6

Note que el primer versículo se refiere a estos doce hombres como discípulos mientras que en el versículo dos se les llama apóstoles. ¿Los apóstoles de los que leemos en las epístolas de Pablo son lo mismo que los mencionados en el pasaje anterior de Mateo 10? En los versículos 5 y 6 vemos que Jesús envió a estos hombres a los judíos solamente y les dio mandamiento específico de no ministrar a los gentiles o samaritanos. Eso nos plantea una pregunta interesante: ¿Está la iglesia de Jesús compuesta sólo por judíos? No, por supuesto que no. La integran tanto gentiles como judíos.

Parece claro que hay una diferencia entre los llamados apóstoles en los cuatro evangelios y los que por orden divino fueron nombrados apóstoles después del establecimiento de la iglesia de Jesucristo. Es importante que comprendamos la diferencia. Aunque la mayoría de los doce discípulos llegaron a ser verdaderos apóstoles después de la resurrección del Señor Jesús, su ministerio cambió totalmente después del día de Pentecostés cuando empezó la existencia de la iglesia. Dios ya no siguió tratando con una nación; ahora trata con todas las naciones a través de la iglesia la cual es el cuerpo de Cristo.

Cuando Pablo habló en la carta a los Efesios acerca del apostolado, no se refería al ministerio de los doce discípulos o de los setenta que el Señor envió según el relato de Lucas 10. Hablaba específicamente de quienes fueron escogidos y ordenados por Dios el Padre y el Señor Jesucristo para que fueran y ministraran el evangelio por todo el mundo. Se refería a quienes fueron nombrados por orden divina para los cinco ministerios establecidos en la iglesia.

D. Todavía existe en nuestros días

Algunas personas afirman que los milagros han cesado porque el tiempo de los apóstoles ha pasado. ¿Es cierto eso? No, ninguna de las dos afirmaciones es cierta. Los milagros no han cesado porque el tiempo de los apóstoles no ha pasado.

"¿Quiere usted decir que hoy todavía hay apóstoles?"

"Sí. Así lo creo."

Algunas iglesias predican que cuando los primero apóstoles murieron, las lenguas, las profecías y los milagros murieron con ellos. Dicen que Jesús dio los dones para comenzar la iglesia, pero que una vez que la iglesia empezó estas cosas ya no fueron necesarias y no hubo más provisión de las mismas. Pero en 1 Corintios 12:28, dice: "Y a unos puso Dios en la iglesia, primeramente apóstoles, luego profetas, lo tercero maestros, luego los que hacen milagros, después los que sanan, los que ayudan, los que administran, los que tienen don de lenguas." ¿Existe todavía la iglesia? Bueno, si Dios estableció a algunos para ser apóstoles en la iglesia, y ésta sigue viva y funcionando, ¿qué nos hace pensar que ellos no están también vivos y en operación? Si la enseñanza y la ayuda y el gobierno no han cesado (y cuál iglesia conoce usted que no enseñe, ayude y gobierne a sus miembros) ¿por qué deberíamos creer que la profecía, los milagros, las sanidades o las lenguas han cesado? Si estas cosas han cesado no es porque Dios las haya retirado sino porque sencillamente ¡las iglesias no las están practicando!

¿Cómo podemos decir que apóstoles y profetas han desaparecido cuando todavía tenemos evangelistas, pastores y maestros en nuestras iglesias? ¿En qué parte de la Biblia dice que estas funciones han sido eliminadas de la iglesia? No encontrará tal pasaje en la Biblia porque sencillamente no existe. El apostolado es una parte de las iglesias del Nuevo Testamento de hoy tanto como lo fue en el tiempo cuando Pablo escribió esta carta a las iglesias de Galacia.

Algunas personas me dicen que no conocen apóstoles hoy, pero sí los conocen. Sólo que no les damos ese nombre pues hoy los conocemos como misioneros, los que han sido enviados. Son los que van a todas partes del mundo a predicar las buenas nuevas, a hacer conversos para el Señor Jesucristo. Ellos establecen iglesias, entrenan pastores y luego van al siguiente lugar de servicio. Por eso es que debemos orar por los misioneros y darles apoyo financiero. El llamado a servir en el campo misionero es un alto llamado que Dios hace a una persona. Los apóstoles son misioneros pero no todos los misioneros son apóstoles. Muchos son llamados a ayudar a ganar a los perdidos o a dar ayuda en el ministerio en otras naciones pero no a establecer iglesias a través de un país.

El término misionero es amplio; lo usamos para identificar a quienes son llamados a la obra misionera en el exterior. El de apóstol es un llamado específico que Dios el Padre y el Señor Jesucristo le hacen a un individuo.

Ya sea que usted y yo seamos llamados, o no, a tan alto oficio, podemos hacer nuestra parte en ese ministerio con nuestras oraciones y nuestro apoyo financiero a quienes van a cumplir con el llamamiento que Dios les ha hecho.

Hay apóstoles todavía en nuestros días. Ellos son los misioneros quienes (como el apóstol Pablo) dedican su vida a llevar el evangelio a toda nación. La única diferencia entre los apóstoles de hoy y los de los tiempos de Pablo es que los de los tiempos modernos no están escribiendo las Escrituras. Hoy la Palabra de Dios está completa. Con la Revelación de Jesucristo (el

Apocalipsis) dada a Juan en la isla de Patmos se completó la Palabra, pero el don ministerial del apostolado continúa vigente hasta hoy. Y seguirá vigente hasta que regrese el Señor Jesús a esta tierra a reunirse con los suyos al final de la era de la iglesia.

E. El apostolado siempre va acompañado por dones espirituales

El oficio de apóstol lleva consigo dones espirituales. Y esto es válido con cualquiera de los cinco ministerios. Si un individuo es llamado a ser maestro de la Palabra de Dios, ha sido dotado con dones espirituales para realizar tal labor. Y esto es cierto también en el caso del profeta, el evangelista y el pastor. Todos los llamados a desempeñar cualquiera de los cinco oficios ministeriales reciben la dotación necesaria que los equipa para la tarea asignada.

En Romanos 11:29, leemos: "Porque irrevocables son los dones y el llamamiento de Dios." Los dones y el llamado van de la mano. Si usted ha sido llamado por Dios para un ministerio particular, ha sido equipado por él con los dones espirituales necesarios para desempeñar tal ministerio.

Note que la Fuente de los dones es Dios. Igualmente él es el autor de los llamamientos. Por lo tanto, si usted sabe que ha sido llamado por el Señor no se preocupe por cuál es su habilidad (o si carece de ella) para cumplir con ese llamamiento. Los dones para desempeñar el oficio vienen junto con el llamado.

Hay personas que me dicen: "Oh, sí. Para usted es fácil decirlo pues ha sido pastor por largo tiempo. Pero yo apenas empiezo en el ministerio. No estoy seguro si los dones operarán en mí si comienzo a ministrar." Yo les respondo: "No se preocupen por eso. Si han sido llamados por Dios tienen los dones en ustedes. Si mantienen su fe esos dones comenzarán a operar en el tiempo de Dios."

Aunque usted tenga ciertos dones espirituales, no puede escoger y tomar los que quiera. Por ejemplo, no puede decir: "Bueno, voy a permitir que el don de hacer milagros opere a través de mí, pero no deseo el don de lenguas." Las cosas no funcionan de ese modo. Ni puede creer y esperar cierto don que le gustaría tener. La Biblia dice que el Espíritu Santo "reparte a cada uno en particular como él quiere" (1 Corintios 12:11). No dice que usted puede tomar los que guste y rechazar los demás. El Señor le da los dones del Espíritu que mejor lo capaciten para el oficio en el cual está. Y así como él es soberano al escoger su oficio, lo es también al escoger los dones con que usted operará. Los dones y el llamamiento de Dios son irrevocables.

La Palabra nos enseña a procurar los dones mejores (1 Corintios 12:31), sin embargo, no le corresponde a usted escoger los dones sino buscarlos fervientemente los cuales harán que su oficio se realice con la mayor efectividad. Busque solamente los dones que le permitan cumplir con el llamado de Dios para usted.

Tiene todas las razones para desearlos y todo el derecho a recibirlos. Ellos vienen con el llamamiento.

F. Conferidos por Dios, no por el hombre

Como lo hemos notado en Gálatas 1:1, Pablo afirma que él fue nombrado apóstol por Dios el Padre y por el Señor Jesucristo, no por algún hombre o grupo de hombres. Esa declaración siempre provoca la pregunta: "¿Y qué en cuanto a Matías?" Para responderla miremos su historia que la encontramos en Hechos capítulo 1.

Justo antes de su ascensión a los cielos el Señor habló a sus discípulos mientras estaban reunidos con él en el Monte de los Olivos. Les dijo que esperaran en Jerusalén hasta que recibieran la promesa del Espíritu Santo y que recibirían poder para ser sus testigos "en Jerusalén, en Judea, en Samaria y hasta lo último de la tierra" (versículo 8).

Después de haberles dicho estas cosas, el Señor fue alzado y desapareció de su vista. "Y estando ellos con los ojos puestos en el cielo, entre tanto que él se iba, he aquí se pusieron junto a ellos dos varones con vestiduras blancas, los cuales también les dijeron: Varones galileos, ¿por qué estáis mirando al cielo? Este mismo Jesús, que ha sido tomado de vosotros al cielo, así vendrá como le habéis visto ir al cielo" (Versículos 10 y 11). Entonces los discípulos regresaron a Jerusalén a esperar el cumplimiento de la promesa de la venida del Espíritu Santo.

Fue mientras oraban y esperaban el derramamiento del Espíritu Santo que Pedro tuvo la idea de llenar la vacante dejada por la traición y muerte de Judas Iscariote:

> "En aquellos días Pedro se levantó en medio de los hermanos (y los reunidos eran como ciento veinte en número), y dijo: Varones hermanos, era necesario que se cumpliese la Escritura en que el Espíritu Santo habló antes por boca de David acerca de Judas, que fue guía de los que prendieron a Jesús, y era contado con nosotros, y tenía parte en este ministerio. Este, pues, con el salario de su iniquidad adquirió un campo, y cayendo de cabeza, se reventó por la mitad, y todas sus entrañas se derramaron. Y fue notorio a todos los habitantes de Jerusalén, de tal manera que aquel campo se llama en su propia lengua,

Acéldama, que quiere decir, Campo de sangre. Porque está escrito en el libro de los Salmos:

Sea hecha desierta su habitación,
Y no haya quien more en ella;

y:

Tome otro su oficio.

Es necesario, pues, que de estos hombres que han estado juntos con nosotros todo el tiempo que el Señor Jesús entraba y salía entre nosotros, comenzando desde el bautismo de Juan hasta el día en que de entre nosotros fue recibido arriba, uno sea hecho testigo con nosotros, de su resurrección. Y señalaron a dos: a José, llamado Barsabás, que tenía por sobrenombre Justo, y a Matías. Y orando, dijeron: Tú, Señor, que conoces los corazones de todos, muestra cuál de estos dos has escogido, para que tome la parte de este ministerio y apostolado, de que cayó Judas por transgresión, para irse a su propio lugar. Y les echaron suertes, y la suerte cayó sobre Matías; y fue contado con los once apóstoles." —Hechos 1:15–26

Este evento tuvo lugar después de que los discípulos estuvieron orando por unos pocos días. Debemos recordar que todavía no había sido enviado el Espíritu Santo, de modo que sus oraciones deben haber sido en su lengua nativa. Sin la presencia y el poder del Espíritu Santo Pedro tomó la iniciativa y actuó como el vocero para declarar al grupo que necesitaban elegir un reemplazo para Judas. Ahora bien, su evaluación de la situación fue acertada; se necesitaba elegir un reemplazo. Pero ni el Señor ni las Escrituras habían indicado alguna vez que eran los once discípulos los que debían elegirlo. La elección se le debía dejar al Señor.

"Pero —preguntará usted— ¿no oraron ellos y pidieron al Señor que indicara a cuál de los dos hombres había escogido?"

Sí. Pero no hay indicación de que hayan orado antes de nominarlos. Le dieron al Señor una oportunidad pero, ¿cómo podían estar seguros de que habían nominado a la persona de su elección? Pedro había señalado las que él consideraba eran las cualidades ideales para el apóstol reemplazante, pero la Escritura nunca estableció esas cualidades particulares. Esas eran las calificaciones de un apóstol para Israel. Sin embargo, hay diferencia entre un apóstol para Israel y uno para la iglesia de Jesucristo. El primero era enviado solamente a las ovejas perdidas de Israel. Cada uno de los once discípulos llenaba estos requisitos lo mismo que Justo y Matías, pero el día de Pentecostés aún no había llegado y el Espíritu Santo todavía no había sido derramado. La era de la iglesia no había empezado. Cuando eso ocurrió, el don ministerial del apóstol fue totalmente alterado. Para ser apóstol ya no se le exigiría a la persona haber estado presente desde el ministerio de Juan el Bautista hasta el día de la ascensión del Señor.

La afirmación de Pedro respecto a que el nuevo apóstol tenía que ser alguien que hubiera sido testigo presencial de la resurrección tampoco es totalmente válida. Lo que él no previó fue que un hombre llamado Saulo de Tarso podía ser testigo de ese evento camino a Damasco, cuando el Señor resucitado se le apareció personalmente.

El nombre de Matías nunca más se volvió a mencionar en el Nuevo Testamento. Los historiadores no nos han dicho que ocurrió con él. ¿Y sabe por qué? Porque Dios no escogió a Matías. Fueron los discípulos quienes lo escogieron.

Ahora bien, no he dicho que no hubiera existido un duodécimo apóstol. Lo hubo y su nombre es Pablo, "un apóstol [escogido] "no de hombres ni por hombre sino por Jesucristo y Dios el Padre quien lo levantó de los muertos" (Gálatas 1:1). ¿Qué prueba tenemos de que Pablo fue escogido por Dios como apóstol? En Hechos 9:15 el Señor dijo a Ananías respecto a Saulo: "Ve, porque instrumento escogido me es éste, para llevar mi nombre en presencia de los gentiles, y de reyes, y de los hijos de Israel." El apostolado no es algo que confiera el hombre sino solamente Dios.

G. El apostolado fue conferido a otros más, fuera de los primeros Doce Apóstoles

El punto séptimo y final que necesitamos entender es que el apostolado puede ser conferido a quien el Señor desea. Existen casos en el Nuevo Testamento en los cuales es evidente que otras personas diferentes a los doce fueron reconocidos como apóstoles. Lucas el médico (escritor del evangelio que lleva su nombre) incluye a Bernabé entre los apóstoles: "Cuando lo oyeron los apóstoles Bernabé y Pablo, rasgaron sus ropas, y se lanzaron entre la multitud, dando voces y diciendo: Varones, ¿por qué hacéis esto?" (Hechos 14:14). El mismo Pablo menciona al menos a otros cuatro a quienes identifica como apóstoles:

1. Jacobo (Santiago)

Después, pasados tres años, subí a Jerusalén para ver a Pedro, y permanecí con él quince días; pero no vi a ningún otro de los apóstoles, sino a Jacobo el hermano del Señor. —Gálatas 1:18–19

Después apareció a Jacobo; después a todos los apóstoles. —1 Corintios 15:7

2. Apolos

Pero esto, hermanos, lo he presentado como ejemplo en mí y en Apolos por amor de vosotros, para que en nosotros aprendáis a no pensar más de lo que está escrito, no sea que por causa de uno, os envanezcáis unos contra otros. Porque ¿quién te distingue? ¿O qué tienes que no hayas recibido? Y si lo recibiste, ¿por qué te glorías como si no lo hubieras recibido? Ya estáis saciados, ya estáis ricos, sin nosotros reináis. ¡Y ojalá reinaseis, para que nosotros reinásemos también juntamente con vosotros! Porque según pienso, Dios nos ha exhibido a nosotros los apóstoles como postreros, como a sentenciados a muerte; pues hemos llegado a ser espectáculo al mundo, a los ángeles y a los hombres. —1 Corintios 4:6–9

3. Silas y Timoteo

Pablo, Silvano (en Griego Silas) y Timoteo, a la iglesia de los tesalonicenses en Dios Padre y en el Señor Jesucristo: Gracia y paz sean a vosotros, de Dios nuestro Padre y del Señor Jesucristo. —1 Tesalonicenses 1:1

No buscamos gloria de los hombres; ni de vosotros, ni de otros, aunque podíamos seros carga como apóstoles de Cristo. —1 Tesalonicenses 2:6

He enfatizado estos siete puntos acerca del apostolado porque el libro de Gálatas es la defensa más fuerte que Pablo hace de su oficio ministerial. En ninguna otra parte de sus escritos hace una declaración más enfática de su apostolado que en esta carta a los Gálatas. A través de toda ella señala continuamente que fue escogido desde el vientre materno y apartado para la obra que Dios quiso que hiciera. Es como si hubiera querido asegurarse de que todo el crédito de su ministerio lo recibieran Dios y el Señor Jesucristo, no el hombre o los hombres.

1:2–14 La Fuente: Dios

I. Gracia Versus Legalismo

La mayoría de los libros del Nuevo Testamento desarrollan un tema central. Por ejemplo el libro de Efesios trata de la Iglesia, y el libro de Filipenses habla del gozo. El tema de Gálatas es la gracia versus el legalismo. Este es un tema con dos facetas: salvación por gracia y espiritualidad por gracia. Ahora bien, cuando yo uso el término legalismo me refiero a la idea de que se debe añadir algo a la gracia de Dios, ya sea para obtener salvación o para crecer espiritualmente. Generalmente esto implica hacer algún tipo de obras.

El tema básico de esta carta es la idea equivocada de que la salvación y la espiritualidad no dependen solamente de la gracia de Dios sino de algún otro elemento que se debe añadir a la gracia para recibirla o para permanecer en ella.

Para muchos esta idea parece ridícula. Nos enorgullece pensar que nunca seríamos tan tontos como para considerar que podemos hacer alguna cosa para merecer el favor de Dios. No obstante, encontramos en este libro una gran lección porque a menudo estamos más cerca de lo que imaginamos de esta forma de pensar.

Sabemos que la salvación es por fe sin añadiduras. Citamos Efesios 2:8–9: "Por gracia sois salvos, por medio de la fe; y esto no de vosotros pues es don de Dios; no por obras, para que nadie se gloríe".

Estamos bien conscientes de que la salvación no se obtiene mediante algún esfuerzo propio sino que se recibe como un don gratuito de Dios mediante la fe en su Hijo Jesucristo. Leemos que "no es por obras de justicia que nosotros hubiéramos hecho, sino por su misericordia nos salvó" (Tito 3:5). Aceptamos con facilidad la verdad bíblica de que a los ojos de Dios "nuestra justicia es como trapos de inmundicia" (Isaías 64:6), y que somos limpios sólo por "el lavamiento de la regeneración y por la renovación en el Espíritu Santo". Creemos y confesamos todo esto, y más.

Aun sabiendo que fuimos salvados por gracia mediante la fe, ni por un momento se nos ocurriría pensar que podemos perder nuestra salvación. Lo sabemos muy bien. Sin embargo, en el fondo de nuestro ser abrigamos el temor de que no estemos complaciendo a Dios; que "estamos privados de la gloria de Dios" (Romanos 3:23) y no llegamos a "la estatura de la plenitud de Cristo" (Efesios 4:13).

En otras palabras, aunque sabemos que somos salvos por gracia, no podemos evitar el sentimiento de que de alguna manera tenemos que trabajar por nuestra salvación (y hacemos énfasis en el *trabajo*). A pesar de todas nuestras declaraciones de que dependemos de la gracia de Dios, todavía nos sentimos obligados a hacer algo. Se nos hace difícil creer que no debemos preocuparnos por todo lo que tenemos o no tenemos que hacer si hemos de ser verdaderamente espirituales.

No importa lo comprensible de esta actitud, sigue siendo legalismo, igual que creer que la práctica de la circuncisión o de otra parte de la ley judía es necesaria para obtener la salvación o para ser más espirituales. Tenemos la tendencia a ser legalistas en nuestra forma de pensar, aun si el legalismo incluye hacer buenas obras como asistir fielmente a las reuniones de la iglesia, pagar el diezmo, enseñar en la escuela dominical, orar, o aún leer la Biblia. Debemos hacer estas cosas porque amamos al Señor, no para ganar su atención o su aprobación.

El legalismo desvía nuestra mirada de Dios y de las demás personas y la fija en nosotros. Llegamos a preocuparnos tanto por nuestras ideas, nuestras palabras y nuestras acciones, que perdemos de vista al Señor y a los demás. Nuestras obras o acciones son resultado más de un sentido de obligatoriedad que de un corazón amoroso e interesado. Aún el testificar puede llegar a ser legalista si lo hacemos más por obligación que por amor hacia la gente.

Existe también todo un rango de reglas y normas en muchas iglesias que enfatizan la santidad. El largo del vestido y sus mangas, si es apropiado o no usar joyas o maquillaje, si un cristiano debe ver televisión o cine, si le es permitido nadar en compañía de miembros del sexo opuesto (o si ni siquiera debería ir a nadar), y así por el estilo. Las iglesias que fijan su atención en reglas pierden el celo o entusiasmo por el evangelismo. Llegan a estar tan engreídas en sí mismas y en sus normas y regulaciones que se aíslan de las personas a las cuales deben atraer, testificar y ganar para el Señor. El resultado final es la sequedad interior de sus miembros.

Que desviemos la mirada de Dios y de los demás y la fijemos en nosotros es exactamente lo que el diablo quiere que hagamos. Una vez que empezamos a mirar ya sea a nuestra propia justicia o a nuestros propios defectos y fracasos, ya nos ha atrapado porque dejaremos de alcanzar, bendecir y ganar a otros.

Pablo lo sabía. Es por eso que escribió esta enfática carta a las iglesias de Galacia. Estaba bastante preocupado porque los Gálatas eran víctimas del legalismo, y él sabía, tal como les escribió también a los corintios, que la letra de la ley "mata, pero el espíritu da vida" (2 Corintios 3:6).

A fin de aprender y comprender plenamente el mensaje de Pablo a los Gálatas tenemos que regresar un poco en el tiempo y establecer el fundamento de lo que transpiraba el apóstol antes de que escribiera su carta. Pablo no era un apóstol enviado a los judíos sino a los gentiles. En su primer viaje misionero, él y Bernabé fueron al área de Galacia en donde fueron testigos de que muchas personas nacieron de nuevo, recibieron la llenura del Espíritu y fueron sanadas y bendecidas. Ellos organizaron a estas personas en iglesias, las iniciaron en su vida cristiana, y luego salieron para ministrar en otras áreas.

Sin embargo, tan pronto Pablo y Bernabé partieron, judíos celosos (a los cuales se les hacía difícil hacer a un lado la ley) llegaron para investigar el ministerio del apóstol, y cuando descubrieron que el mensaje que había predicado era gracia —salvación mediante simple fe en Jesucristo— inmediatamente empezaron a enseñar a estos gentiles convertidos acerca de la ley judía.

Estos convertidos jamás escucharon acerca de la ley. Pablo no les había enseñado que eran libres de ella porque nunca estuvieron bajo su dominio. Naturalmente tan pronto llegaron los líderes judíos y empezaron a enseñarles acerca de la ley, pues comenzaron a tratar de observarla y a procurar una combinación de ley y gracia.

De repente reinó la confusión. Estas personas procuraban vivir en gracia pero a la vez trataban de observar cada jota y cada tilde de la ley judía de la cual nada sabían. Pablo tuvo que escribirles para explicarles que no estaban obligados a vivir bajo un conjunto de normas y regulaciones que Jesucristo cumplió por ellos en la cruz.

Teniendo en mente este trasfondo, continuemos el estudio de Gálatas.

II. Se Establece la Autoridad (2)

1:2 todos los hermanos que están conmigo, a las iglesias de Galacia:

Pablo continúa enfatizando sus calificaciones y su autoridad como apóstol de Jesucristo, al señalar que no está solo en este ministerio sino que está acompañado por otros líderes bien calificados y reconocidos en la iglesia. Está bien consciente de lo que ha ocurrido en Galacia durante su ausencia; de cómo los judaizantes legalistas han ido para refutar el mensaje de la gracia de Cristo y para arrojar dudas sobre su carácter y apostolado. Por eso empieza su carta con la confiada afirmación en el versículo uno de que su ordenación y autoridad como apóstol vienen directamente de Dios y no de ningún hombre o grupo humano.

Con presteza señala en el versículo 2 que aunque ha sido elegido (tomado por la mano del Señor mismo) no se encuentra solo sino que trabaja con un equipo. Hay una lección aquí para nosotros en el día de hoy. Cada uno de nosotros ha sido escogido y elegido por Dios para ministrar en su nombre. Sin embargo tenemos que ser conscientes que ninguno está solo. Como miembros individuales de un equipo debemos trabajar juntos en armonía y con un propósito común a todos si es que hemos de realizar lo que Dios nos llamó a hacer.

Como miembros del cuerpo de Cristo ninguno de nosotros debe considerarse a sí mismo como una persona grande, poderosa y de exaltada posición a quien los demás deben lealtad y servidumbre. Aun el mismo Señor dijo que él no vino para ser servido sino para servir y dar su vida en rescate por muchos. También dejó bien en claro que quien quiera ser grande en el reino de Dios debe ser siervo de todos (Marcos 10:42–45).

Aunque hemos sido escogidos y ungidos individualmente por Dios, no somos en sí mismos nada especial. Debemos recordar que todos los creyentes también han sido escogidos y ungidos para la obra que el Señor les asignó. Si hemos de tener éxito como individuos en la tarea que nos fue encomendada, necesitamos un esfuerzo conjunto, un trabajo de equipo. Todos somos miembros de un equipo sobrenatural que actúa bajo el liderazgo del Espíritu Santo de Dios. Y cada uno debe contribuir al objetivo supremo del equipo, realizando su tarea individual y ayudando a los demás miembros a realizar la suya. Dios obra a través de nosotros como equipo, no como "estrellas" individuales.

Aún el gran apóstol Pablo trabajó como miembro de un equipo. El resto del equipo lo integraban Tito, Silas, Lucas, Timoteo, Tiquico y Trófimo. En el momento en que escribió esta carta los otros miembros del equipo no estaban físicamente con él. Estaban dispersos por toda la provincia de Asia, pero eran uno con él en cuanto a meta y propósito. A ellos era a quienes Pablo se refería cuando envió saludos a las iglesias en Galacia de parte de todos los que estaban con él en el ministerio.

III. Gracia y Paz (3)

1:3 Gracia y paz sean a vosotros, de Dios el Padre y de nuestro Señor Jesucristo.

Pablo aborda de inmediato el tema de este libro: la gracia de Dios. Desde el principio señala que la gracia viene de "Dios el Padre y de nuestro Señor

Jesucristo". Estas personas en Galacia dejaron la gracia reemplazándola por obras. Ese es el problema básico que Pablo discute incluso desde su saludo.

Si la gracia viene de Dios, entonces ¿de dónde vienen las obras? Del hombre. "Gracia y paz sean a vosotros de Dios", no de los hombres. Los hombres no dan gracia y paz; ellos prescriben obras. Establecen religiones. Alguien ha dicho que el cristianismo es lo que Dios ha hecho a través de Cristo para el ser humano, mientras que la religión es lo que el ser humano trata de hacer para Dios por sus propias fuerzas. La religión no se fundamenta en la gracia de Dios, el regalo, el inmerecido favor de Dios, pero mediante las obras el ser humano intenta ganar el favor de Dios por sus propios esfuerzos. Por eso es que Pablo es tan duro con quienes son lo suficientemente tontos para desechar la gracia y acogerse a las obras.

"Gracia y paz sean a vosotros". La paz es el producto de la gracia. Si mira bien notará que cuandoquiera que usted deja el verdadero mensaje de la gracia de Dios y comienza a tratar de mezclarle algo más, lo primero que empieza a perder es la paz. Se siente frustrado. Si está procurando edificar su vida cristiana sobre obras humanas, tarde o temprano sufrirá frustración.

Hay involucrado aquí un sencillo principio. Simplemente no se puede agradar a Dios mediante las obras. Hay sólo una cosa que complace a Dios y la encontramos descrita en Hebreos 11:6: "Pero sin fe es imposible agradar a Dios". No es que sea difícil agradar a Dios mediante las obras; es que es imposible. Nada complace a Dios fuera de la fe en la obra terminada de Jesucristo en la cruz. Cualquier cosa que le agreguemos a esa obra completa desagrada a nuestro Padre celestial y provoca la pérdida de nuestra paz.

¿Estoy diciendo con ello que hacer obras es equivocado? No; claro que no. Se supone que debemos obrar así como nuestro Señor obró. Y el mismo Señor declaró: "Yo tengo mayor testimonio que el de Juan; porque las obras que el Padre me dio para que cumpliese, las mismas obras que yo hago, dan testimonio de mí, que el Padre me ha enviado" (Juan 5:36). Más adelante, en Juan 14:10 Jesús explicó cómo hacía estas obras: "¿No crees que yo soy en el Padre, y el Padre en mí? Las palabras que yo os hablo, no las hablo por mi propia cuenta, sino que el Padre que mora en mí, él hace las obras".

Recordemos que nuestro Señor nos dijo que quien creyera en él haría las mismas obras que él hizo, y aún mayores (Juan 14:12). Pero, ¿cómo? La respuesta nos la dio en Juan 15:5 NVI: "Yo soy la vid y ustedes son las ramas. El que permanece en mí, como yo en él, dará mucho fruto; separados de mí no pueden ustedes hacer nada".

El fruto (las buenas obras) se produce a través de nosotros no por causa de algo que somos o hacemos por nuestra cuenta, sino por la Palabra que mora en nosotros. Las obras se producen por el mismo Espíritu que habitó en Jesús y que obró a través de él. Las obras son una evidencia del favor de Dios que está sobre nosotros, no medios para obtener o retener ese favor. Permanecemos en el favor de Dios permaneciendo en comunión con él y su Palabra no por realizar obras poderosas.

De manera que sí hacemos obras pero no para ganar la aceptación de Dios. Las hacemos porque nos ha bendecido tanto por gracia que queremos hacer algo para él. No son las obras que hacemos las que lo complacen sino la fe en él que ejercitamos. No es el dar en sí mismo lo que le agrada; es la fe que demostramos cuando voluntariamente damos como fruto de corazones agradecidos que lo alaban por sus bendiciones. No damos sólo por obedecer, o por deber u obligación. No es que le "debamos" a Dios un diez por ciento de nuestros ingresos. ¿Tendrá él necesidad de nuestro mísero diez por ciento siendo que es el dueño de todo el universo? Él pasaba bastante bien sin nuestro diezmo antes de que existiéramos y seguirá haciéndolo cuando nosotros nos hayamos ido.

No es el diez por ciento lo que lo complace; es la libertad y la carencia de egoísmo que demostramos al dar. No es la cantidad que damos lo que Dios mira sino la actitud del dador. La Biblia no dice que el Señor ama a quien da mucho; lo que dice es que ama al "dador alegre" (2 Corintios 9:7).

Ocurre algo similar al testificar. En algunas iglesias la gente considera la labor de testificar como una carga y una tarea que hay que cumplir, lo cual anula su significado y su propósito, ya sea que lo hagan como una cuota con la cual todo cristiano de cumplir, produciendo todo tipo de sentimientos de culpa en quienes piensan que no han cumplido, o que lo hagan como una cierta competencia en la cual quien logra el mayor número de convertidos gana el premio mayor del favor y la bendición de Dios. Yo jamás he entendido a quienes consideran la acción de testificar como una manera de manipular a Dios. Nunca se pretendió que fuera algo así como una faena o una competencia. Se espera que sea la consecuencia natural de un corazón tan lleno de la paz y el gozo del Señor que no puede menos que hablar de quien es la fuente de tal bendición.

Igual que ocurre con las obras, el testificar no es incorrecto, pero muchas veces el concepto que tenemos al respecto sí lo es. Testificar es bueno si lo hacemos con la motivación correcta.

Al evangelista T.L. Osborn le encantaba recordar al viejo predicador metodista que solía preguntar a sus parroquianos: "¿Ha hecho el Señor algo tan bueno para usted que no puede guardar silencio al respecto?" Cuando Dios tan gratuitamente le provee algo de tal modo que usted quiere hacer algo para él, eso es testificar. Usted quiere trabajar para él. Limpiando la alfombra de la iglesia, barriendo el piso, colectando las ofrendas, sirviendo la Comunión, cuidando los niños, dictando una clase de escuela dominical, visitando los enfermos, hablando a otros de él. No para conseguir una estrella dorada a su nombre en la lista de "bendecidos", sino sencillamente porque quiere bendecir a otros así como usted ha sido bendecido. Eso es gracia.

Una vez que usted comprende lo que es gracia empieza a entender lo que es paz. Cuando puede recibir la gracia de Dios está en posición para recibir su paz.

Cuando yo era joven asistí a un retiro de mi iglesia con una chica que fue criada bajo la disciplina de "haz esto" y "no hagas aquello". Durante toda su vida había tratado de vivir de acuerdo con un estricto código religioso. En el campamento de ese año el líder habló sobre el tema de que en Cristo somos o estamos completos. Fue enfático y repetitivo acerca del hecho de que si alguien está completo, no puede conseguir algo que lo haga "más completo". Mientras él más hablaba y a medida que la chica escuchaba, más consciente era de la verdad de tal mensaje. Por primera vez en su vida se dio cuenta de que no podía ganar la santidad (ser completa); ella ya era santa por la obra de su Salvador. Finalmente derramó lágrimas de alegría y descanso.

"Ahora veo que todo es por la gracia de Dios –dijo gimiendo–. Siento como si me hubieran quitado de encima un peso de diez toneladas. Ya no tengo que tratar de complacer a Dios; él ya está complacido conmigo. Eso arroja una luz diferente sobre este asunto. Ahora ya no trabajo para Dios por obligación sino porque deseo hacerlo".

En el momento en que ella comprendió lo que es la gracia, la paz inundó su ser. ¡Ah, si solamente más cristianos pudieran llegar a tener tal comprensión! Fe no es tratar de complacer a Dios mediante nuestras acciones, ni aún con nuestra gran fe. Es vivir de acuerdo con los principios de la Palabra que él ya nos ha provisto.

Nuestro amoroso Padre celestial ya nos proveyó la salvación, la paz, la prosperidad, el éxito, la salud, la alegría, y la vida en toda su plenitud. Y si esto es así, entonces no necesitamos esforzarnos por obtener sus bendiciones ganándonos su favor. Ya tenemos su favor, su gracia. Fue precisamente su gracia la que lo movió en primer lugar a hacer todo esto por nosotros. Sencillamente necesitamos recibir las bendiciones que acompañan su favor.

IV. Liberación (4)

1:4 El cual se dio a sí mismo por nuestros pecados para librarnos del presente siglo malo, conforme a la voluntad de nuestro Dios y Padre.

Quien se dio a sí mismo por nuestros pecados...

La palabra griega traducida como "por" en realidad significa "en cambio de". Jesucristo se dio a sí mismo en cambio de nuestros pecados. Usted habrá notado que a través de la Palabra de Dios leemos que Jesús tomó sobre sí mismo la maldición de la ley y en cambio nos dio la bendición de Dios. Nosotros recibimos redención, pero, ¿qué recibió él en cambio? Pecado. Nosotros recibimos justificación, él recibió lo contrario. Recibimos riquezas y él tomó nuestra pobreza. Él tomó nuestras enfermedades y dolencias, y en cambio nos dio salud. ¿No está usted complacido con tal intercambio? ¿No es maravilloso saber que Jesús aceptó llevar sobre sí mismo todo nuestro pecado, injusticia, pobreza y enfermedad, y en cambio nos dio justificación, santidad, riquezas y salud? Eso es lo que ocurrió en la cruz del Calvario. Esa es la verdad que el apóstol Pablo quiso que los gálatas comprendieran desde el principio: Jesús se dio a sí mismo por nosotros.

...para librarnos de este presente siglo malo...

Algunas versiones traducen esta frase como "mundo malvado" o "mundo malo." El mundo en sí mismo no es malo; es la era en la cual vivimos la que es mala. El mundo, la creación de Dios, es bueno; es que ha sido corrompido por el malo que anda suelto en él. El malo es este siglo presente. Eso significa que no durará para siempre, que es solo temporal. Jesús vendrá pronto. También es reconfortante saber que en medio de este presente siglo malo de pecado, enfermedad, pobreza y desdicha, usted y yo podemos vivir en justicia, salud, riquezas, felicidad y alegría. Todo esto por causa del intercambio que tuvo lugar en el Calvario.

Note también la palabra "librar." La liberación es potencial: él nos libra. Si hay personas en este siglo malo que no son libradas, la falta no es de Dios sino de ellas. La salvación, y todo lo que viene con ella, es potencial. Jesucristo ha hecho todo lo que podía hacer para remover el pecado y la injusticia de la gente. Él cargó todo eso sobre sí mismo cuando fue clavado en la cruz. En cambio nos dio su justicia, prosperidad y paz. Él cambió su salvación por nuestro pecado, pero él no obliga a nadie a aceptar tal intercambio. Debe ser aceptado individualmente por cada persona. Y a menos que una persona lo haga voluntariamente por sí misma, no puede beneficiarse del intercambio.

Conforme a la voluntad de nuestro Dios y Padre...

En el original griego la conjunción "y" no aparece. Esta frase se debe leer: "Conforme a la voluntad de Dios nuestro Padre." ¿Cuál es la voluntad de nuestro Padre? El apóstol Pedro dijo que Dios "no quiere que nadie se pierda sino que todos procedan al arrepentimiento" (2 Pedro 3:9). Y de

Juan aprendemos que el mandamiento de Dios es "que creamos en el nombre de su Hijo Jesucristo" (1 Juan 3:23). Jesús dijo que él fue enviado a esta tierra por el Padre para que todos los que en él crean tengan vida "y vida abundante" (Juan 10:10). Es obvio que es voluntad de Dios que todos nazcan de nuevo y disfruten vida abundante y eterna.

La vida eterna no comienza cuando morimos sino cuando recibimos al Señor Jesucristo. De igual manera la vida abundante no es algo que nos espera en el cielo; también empieza aquí y ahora. La gracia no termina con la salvación; continúa todos los días de nuestra vida, desde ahora y para siempre.

Estas palabras fueron escritas por David en el Salmo 103:

> **Bendice alma mía a Jehová y no olvides ninguno de sus beneficios. Él es quien perdona todas tus iniquidades, el que sana todas tus dolencias. El que rescata del hoyo tu vida, el que te corona de favores y misericordias; el que sacia de bien tu boca de modo que te rejuvenezcas como el águila. —Salmo 103:2–5.**

Si usted no está disfrutando todas las bendiciones de Dios: perdón, redención, sanidad, bondad, misericordia, prosperidad y fortaleza, entonces tal vez es porque sencillamente ha olvidado todos sus beneficios. A través de Jesucristo Dios ya ha hecho todo lo que puede hacer para bendecirlo. El próximo paso depende de usted.

Yo visualizo el plan de salvación (liberación) como un juego de damas. Dios ya ha hecho su movida; ahora es su turno. Él ha hecho su parte, ahora espera que nosotros hagamos la nuestra. Y nuestra parte es simplemente recibir lo que hizo por nosotros en el Calvario.

Algunas personas dicen que la fe mueve a Dios, pero eso no es cierto. La fe no mueve a Dios; él ya se ha movido. La fe nos mueve a nosotros a una posición donde podamos recibir lo que Dios ya ha hecho. La Biblia es una larga enumeración de los movimientos de Dios a través de la historia, la cual culmina en la cruz en donde tuvo lugar el gran intercambio. Allí Dios tomó nuestros pecados, los puso sobre su propio Hijo y luego los clavó en la cruz liberándonos así para siempre. En su lugar nos dio su justicia. Ese intercambio fue completo. Dios hizo su parte, ahora es nuestro turno, nuestro movimiento y ese es aceptar lo que él ya ha hecho en Jesucristo.

Nadie que vaya al infierno puede culpar al Señor de su condenación. Dios ha hecho el primer movimiento. Si la persona rehúsa aceptar lo que fue hecho para ella en Cristo, es su culpa, no de Dios. Lo mismo se puede decir del creyente nacido de nuevo que va por la vida apaleado y derrotado porque no ha recibido la plenitud de la gracia y el amor de Dios. Si esa es su situación, la falta es suya, no de Dios. Él ha hecho su parte, ahora usted necesita hacer la suya. Usted recibe la vida abundante de la misma manera que recibió la vida eterna: sencillamente por fe. Crea en el Señor Jesucristo y será salvo (liberado sanado, restaurado y prosperado).

V. A quien sea la gloria (5)

1:5 a quien sea la Gloria por los siglos de los siglos. Amen

Note la última palabra en este versículo: "Amén." Ahora bien, estamos acostumbrados a usar esta palabra al final de una oración, un himno o un sermón. Para nosotros ella señala el final de una expresión o pensamiento, pero aquí la encontramos insertada entre los versículos quinto y sexto en el primer capítulo del libro. ¿Por qué?

La razón es obvia. Esta palabra marca la conclusión del saludo de Pablo o de sus comentarios iniciales. En tres versículos (vv. 3–5), Pablo esboza todo el plan de salvación y termina con un "amén.". Para todo efecto práctico podría haber terminado la carta en este punto. En realidad había dicho todo lo que era necesario decir. Pero es lamentable que desde el versículo 6 hasta el final de la carta tiene que hablar de los problemas en las iglesias de Galacia. La solución la da en tres versículos, pero la discusión del problema toma cinco capítulos y tres cuartos adicionales.

Esta breve sección de apertura contiene todo el plan de salvación. Pero, ¿hay en ella alguna mención de la ley judía? ¿Alguna discusión del sacrificio de animales? ¿Y qué en cuanto a la circuncisión? No se dice nada de las restricciones dietéticas, ni de reglas acerca de la manera de vestir. No hay una lista de lo que se debe y no se debe hacer, ni de "haz esto y vivirás." Nada de esto. Todo el plan de la salvación es resumido en un concepto: Jesucristo fue crucificado por nuestros pecados, para que fuéramos librados de este presente siglo malo. Amén.

VI. Otro Evangelio (6–9)

En estos versículos Pablo identifica el problema. En la mayoría de sus cartas el apóstol empieza con un mensaje de tremenda edificación. Por ejemplo en Efesios comienza recordándoles a los creyentes de Éfeso acerca de lo que Dios hizo por ellos en tiempos pasados, cómo los ha bendecido con todo tipo de bendición espiritual, cómo los redimió y lo maravillosas que son las cosas de Dios. Pero en Gálatas Pablo entra de lleno al problema que tiene entre manos. Inmediatamente profiere una fuerte acusación contra estos creyentes por ser tan tontos como para aceptar un "evangelio diferente."

1:6 Estoy maravillado de que tan pronto os hayáis alejado del que os llamó por la gracia de Cristo, para seguir un evangelio diferente.

Esta expresión "estoy maravillado" podría ser traducida como asombrado o impactado. "Tan pronto" se refiere a los pocos meses en los cuales ha estado ausente.

Me maravillo que tan pronto se hayan apartado del que los llamó a la gracia de Cristo para acoger otro evangelio.

La palabra traducida como "alejados" en realidad es un término militar griego que significa "Ausente Sin Permiso o licencia (ASP). Pablo estaba entonces diciendo: "Me impacta oír que algunos de ustedes que se unieron a las filas del Señor Jesucristo hayan desertado tan rápidamente."

Estoy seguro que quienes leen esta carta se dicen a sí mismos: "Nosotros no hemos desertado." Pero sí lo han hecho. Apartarse de la gracia de Dios mezclándola con algo más, equivale a la acción ASP. Es saltar la cerca y escabullirse.

Note que en este versículo Pablo se refiere otra vez a la gracia de Cristo. En el versículo 3 él ora y pide a Dios que les conceda gracia y paz. Ahora aquí, en los versículos 6 y 7 les dice que ellos se han alejado de la gracia de Cristo para seguir otro evangelio que en realidad no es otro. "Ustedes están dejando a quien los llamó por la gracia de Cristo para pasarse a otro evangelio" (v. 6 NVI). Esto parece un poco confuso, así que miremos esta frase, "otro evangelio."

¿Cómo podría esta gente estar siguiendo "otro evangelio" que en realidad no es otro? En el idioma griego hay dos palabras que significan "otro." La una es *heteros* y la otra es *allos. Heteros* significa otro de una clase diferente. *Allos* significa otro de la misma clase. En la Versión *Reina Valera Revisada 1960* ambas palabras griegas son traducidas con la misma palabra castellana, "otro" pero no tienen exactamente el mismo significado. Por ejemplo si una persona le diera a usted una manzana y una naranja, serían dos frutas pero la segunda sería *heteros,* otra de clase diferente. Sin embargo, si usted tuviera una manzana y alguien le diera otra, la segunda manzana sería *allos,* otra de la misma clase.

Aquí Pablo está diciendo: "Estoy asombrado de que ustedes hayan desertado tan pronto de quien los llamó por la gracia de Cristo para pasarse a otro evangelio el cual no es de la misma clase sino de una clase diferente." En otras palabras el apóstol revela a esta gente que los judíos les están diciendo que su mensaje legalista es solamente otra forma del evangelio, pero ciertamente no era así. Era "otro evangelio" pero definitivamente no era el verdadero evangelio del Señor Jesucristo. Era *heteros,* otro evangelio de una clase diferente al que Pablo y Bernabé habían predicado en Galacia.

¿Hay tal cosa como un *allos*, otro evangelio de la misma clase? Sí, sí lo hay. La Biblia menciona el evangelio de gracia, el evangelio del reino, el evangelio de paz, y otros. Todos estos son evangelios de la misma clase. Todos se refieren al mismo evangelio; solamente enfatizan diferentes aspectos de él. Cuando cualquier otra cosa que no sea la gracia se mezcla con el mensaje del evangelio, deja de ser una forma diferente del mismo, y se convierte en "otro" evangelio diferente. Por eso Pablo los exhorta acerca del nuevo "evangelio" judío que ellos tan rápidamente han acogido.

1:7 No que haya otro, sino que hay algunos que os perturban y quieren pervertir el evangelio de Cristo

Para el apóstol pervertir el evangelio de Cristo es mezclarle algo más. La Biblia pronuncia una maldición sobre quien se atreva a agregarle o a quitarle al evangelio (Apocalipsis 22:18–19). Hacerlo es pervertirlo y convertirlo en otro evangelio de una clase diferente. Más adelante en la carta Pablo señala que un poco de levadura leuda toda la masa. La levadura se refiere a una sustancia extraña que se agrega a la masa para hacerla crecer. La hace parecer más grande de lo que realmente es porque la hace esponjar. Y eso es lo que una materia extraña le hace al evangelio; lo infla, lo hace parecer algo que no es.

La levadura también acelera la manifestación. Muchas veces las personas tratan de acelerar la manifestación de algo por lo cual están orando y ejercitando su fe, y que esperan recibir. Por ejemplo, quizás alguien está orando y teniendo fe por $500 que necesita para suplir una necesidad. Siempre existe la tentación de ayudarle a Dios un poquito haciéndole saber a la rica tía Susy lo que le está pidiendo al Señor. Tal intento de tomar las cosas en sus manos mientras supuestamente está confiando en Dios es un buen ejemplo de agregarle un poco de levadura a la masa. Aunque la gente trate de justificar su falta de fe y se pregunte qué mal puede hacer el procurar agilizar las cosas un poco, la respuesta es obvia. O están dependiendo solamente de Dios, o no lo están. No hay término medio. Intentar darle una ayuda a la fe es negarla por completo.

"Pero, –dirán algunos–, a veces es más rápido actuar por nuestra cuenta que esperar a que Dios actúe. ¡En ocasiones el camino de fe se hace tan largo!"

"Sí, –les respondo–, a veces es así, pero mientras esperamos y ejercitamos nuestra paciencia, nuestra fe se va perfeccionando. La próxima vez que ponga a funcionar su fe, la respuesta no demorará tanto y habrá crecido y madurado. Lo que usted recibe de Dios por la fe siempre es como una semilla; tiene la capacidad de aumentar más y más, pero no si usted la mezcla con sus propios esfuerzos. Dicha acción indica una falta de paciencia para ver que la obra de la fe sea completa. Ha pervertido el evangelio mezclándolo con sus esfuerzos propios.

1:8–9 Mas si aún nosotros, o un ángel del cielo, os anunciare otro evangelio diferente del que os hemos anunciado, sea anatema. Como antes hemos dicho, también ahora lo repito: Si alguno os predica diferente evangelio del que habéis recibido, sea anatema.

...Nosotros... un ángel... el que sea...

Estos tres términos incluyen casi cualquier forma en que una persona podría oír la Palabra de Dios. Pablo lo deja bien claro; si alguno, quien quiera que sea, predica un evangelio que no sea el verdadero evangelio de nuestro Señor Jesucristo, esa persona es maldecida; y cualquier persona que predica el verdadero evangelio, es bendecida.

Este es un punto importante. El apóstol enfatiza que no es el mensajero el que importa; el mensaje es el importante. A menudo fijamos nuestros ojos en el mensajero y ponemos en segundo plano el mensaje. Llegamos a estar tan enamorados de los grandes predicadores que no oímos lo que tienen para decir quienes están más cerca de nosotros.

¿Por qué no creímos el mensaje cuando lo oímos por primera vez? Porque pusimos más énfasis en el mensajero que lo entregaba que en el mensaje en sí mismo. Y eso es peligroso. Dios nos habla de muchas manera y a través de muchas personas, muchas veces a través de quienes menos estimamos. Necesitamos reconocer el mensaje del Señor tal como reconocemos al Señor mismo.

VII. No para complacer al hombre (10)

1:10 Pues, ¿busco ahora el favor de los hombres, o el de Dios? ¿O trato de agradar a los hombres? Pues si todavía agradara a los hombres, no sería siervo de Cristo.

¿Busco ahora el favor de los hombres?

Con esta expresión Pablo quiere decir: "¿Trato de agradar a los hombres?" Si ese hubiera sido el caso, el apóstol hubiera aceptado lo que estos judíos decían a los gálatas. Pero por el contrario se mantuvo firme contra ellos y su evangelio. Aparentemente Pablo estaba solo, pero había un equipo con él, aunque en momentos parecía que aun ellos estaban también en su contra. Muchas veces ocurre así en el ministerio. Cuando usted empieza el camino de la fe, pronto descubre que no todo el mundo va a estar con usted para apoyarlo en cada decisión y en cada instancia. De hecho rápido va a darse cuenta en quién radica su fe, si en los hombres o en Dios.

...Pues si todavía agradara a los hombres, no sería siervo de Cristo.

Note la palabra "todavía." Pablo usó esta palabra porque durante un tiempo en su vida todo lo que buscaba era complacer a los hombres. Cuando era Saulo de Tarso, el celoso fariseo, toda su existencia estaba dedicada a complacer a los poderes existentes, tanto que acechaba y perseguía a la iglesia para ascender en su religión judía.

Pero llegó el momento en que ya no más. Después de su encuentro con Cristo su vida estuvo dedicada a complacer a Dios incluso si eso implicaba ser perseguido como en efecto lo fue repetidamente hasta el fin de sus días. Ese es el precio del apostolado. Pablo sabía lo que muchos de nosotros hemos aprendido: A fin de servir a Cristo una persona tiene que estar preparada para sufrir la oposición del hombre. Un siervo complace a su Señor. Si usted busca agradar a los hombres, ellos son sus amos; usted es su siervo. Sea un servidor de Cristo y agrádelo a él.

VIII. Religión versus el Evangelio (11–14)

Note el contraste que el apóstol hace entre el evangelio de Jesucristo y la religión de los judíos, a la cual él mismo estuvo dedicado totalmente en un tiempo.

> **1:11–12 Mas os hago saber, hermanos, que el evangelio anunciado por mí, no es según hombre; pues yo ni lo recibí ni lo aprendí de hombre alguno, sino por revelación de Jesucristo.**

La primera diferencia es que la religión proviene de la mente del hombre y es transmitida a través de sus enseñanzas, pero el evangelio viene directamente de Jesucristo mediante revelación personal. Aquí Pablo enfatiza otra vez que su apostolado fue recibido del Señor y no de hombre u hombres.

1:13 Porque ya habéis oído acerca de mi conducta en otro tiempo en el judaísmo, que perseguía sobremanera a la iglesia de Dios, y la asolaba.

Porque vosotros habéis oído acerca de mi antigua manera de vivir en "la religión de los judíos" de cuan desmedidamente perseguía yo a la iglesia de Dios y trataba de destruirla: Pablo aquí empieza a hablar de su vida pasada, de su antiguo estilo de vida. Describe cómo era en el tiempo pasado, anterior a su conversión, antes de su encuentro cara a cara con Jesucristo en el camino a Damasco.

Note la frase "la religión de los judíos." El Judaísmo es una religión y la religión es el esfuerzo del hombre para lograr ser salvo mediante sus propios esfuerzos. Por eso el apóstol sigue enfatizando cuán celoso era cuando era religioso. En Filipenses 3:4–6 describe cuan devoto era al referirse a sí mismo como "hebreo de hebreos" (v.5), y al afirmar que en cuestiones de la ley judía era "irreprensible" (v.6).

No obstante, escribiendo a Timoteo, dijo: "Palabra fiel y digna de ser recibida por todos: que Cristo Jesús vino al mundo para salvar a los pecadores, de los cuales yo soy el primero" (1 Timoteo 1:15). Pablo había aprendido por experiencia personal que "por las obras de la ley nadie sería justificado" (Gálatas 2:16).

Si las obras personales pudieran salvar a alguien, Saulo de Tarso hubiera sido un buen ejemplo de ello. Si el esfuerzo personal pudiera salvar a alguna persona, Jesús no hubiera tenido que morir en la cruz. Saulo no solamente se encontró con Jesús cara a cara en el camino a Damasco, sino también consigo mismo, "el primero de los pecadores" según sus propias palabras.

1:14 y en el judaísmo aventajaba a muchos de mis contemporáneos en mi nación, siendo mucho más celoso de las tradiciones de mis padres.

Note esa palabra "tradiciones. Esa es una buena definición de religión. Pablo sabía de religión por experiencia personal. Por eso es tan consciente de los peligros de confiar en las tradiciones en vez de confiar en la gracia de Dios. Él sabe que la religión es lo peor que ha ocurrido desde la caída del hombre en el Edén. De todos los pecados y males en que podemos pensar, la religión es con mucho el peor. La religión ha causado que más personas pierdan la salvación que todos los demás pecados juntos. Y no solamente eso; la religión ha sido el peor perseguidor de la iglesia a través de la historia de la humanidad.

Ningún dictador, tirano, o régimen totalitario ha ido más lejos en causar daño a la iglesia de Jesucristo que la religión. La parte más triste es que toda la persecución, infelicidad y sufrimiento que la religión ha causado, ¡se ha infligido en nombre de Dios!

Mire a las muchas naciones hindúes de nuestros días llenas de enfermedades, hambrunas, disensiones y odio, en donde miles de personas perecen de hambre en las calles mientras el alimento camina por su lado, y no matan y comen este alimento disponible porque de acuerdo con su religión las reses son sagradas. Se les ha enseñado que una vaca puede ser la reencarnación de uno de sus propios parientes. Eso es lo que la religión hace a la gente; ella hace a los seres humanos ciegos a la verdad mientras los destruye física, mental y espiritualmente.

La religión enceguece a la gente para que no vea la verdad del evangelio. De todas las personas a las cuales les he testificado del Señor Jesucristo, las que son religiosas son de lejos las más difíciles de ganar. Están tan orgullosas de sus tradiciones, rituales y buenas obras, que se les hace casi imposible recibir salvación nada más por la fe. Piense en el joven rico que se acercó a Jesús buscando salvación. Estaba tan dedicado a la estricta observancia de la ley que no podía dejar a un lado ni sus posesiones terrenas ni su propia justicia. La religión, con su énfasis en el autoexamen y en los logros por esfuerzo propio, le ha robado a más pecadores su salvación (y a más cristianos su gozo y su paz) que cualquier otro mal bajo el sol. A la gente se le hace difícil recibir cuando está convencida de que debe realizar algo.

Pablo es un buen ejemplo de lo anterior. Cuando mencionó que podía gloriarse de su religión judía quiso señalar sus logros y su posición en ella. Y lo hizo persiguiendo a la Iglesia de Cristo. Mientras más avanzaba más decidido estaba a acabar con los cristianos que encontrara. Y mientras más cristianos eliminaba, más rápido ascendía. Estaba atrapado en un círculo vicioso. Tarde o temprano alguien tenía que ceder: o la Iglesia o Saulo de Tarso.

Cuando Jesús dijo que las puertas del infierno no prevalecerían contra su Iglesia (Mateo 16:18), quiso decir exactamente eso. Y no fue la Iglesia la que fue derribada sino Saulo camino a Damasco. Cayó del caballo a los pies del Salvador resucitado, y se levantó convertido en una nueva criatura. Desde ese día Saulo de Tarso llegó a ser Pablo, un apóstol (no de hombres ni por hombre, sino por Jesucristo y por Dios el Padre), (Gálatas 1:1). ¿Recuerda el significado de la palabra apóstol? De ser "el primero de los pecadores" fue instantáneamente promovido a ser "un enviado" en la Iglesia de Jesucristo. Esa es la diferencia entre lo que la religión hace, y lo que hace el Evangelio por nosotros.

1:15–2:10 La Revelación de Pablo

I. La revelación precede a la proclamación (15–16)

1:15 Pero cuando agradó a Dios, que me apartó desde el vientre de mi madre, y me llamó por su gracia

Pero cuando agradó a Dios, que me apartó desde el vientre de mi madre...

Pablo dijo que él fue "separado" (apartado para servir a Dios) antes de nacer. Esto también se puede decir de usted y de mí, y de todo creyente en Jesucristo. Escribiendo a los creyentes de Éfeso, el apóstol dijo: "Bendito sea el Dios y Padre de nuestro Señor Jesucristo, que nos bendijo con toda bendición espiritual en los lugares celestiales en Cristo, según nos escogió en él antes de la fundación del mundo, para que fuésemos santos y sin mancha delante de él" (Efesios 1:3–4).

...y me llamó por su gracia...

Si Dios escogió a Pablo antes de nacer, tiene que haber sido por gracia, porque ¿cómo podía él hacer alguna obra para ganarse algo que le fue conferido cuando estaba en el vientre materno? La escogencia del apóstol no fue un incidente aislado como ya lo vimos en Efesios 1. En vez de eso cada hijo de Dios ha sido escogido desde antes de la fundación del mundo. No solamente Pablo fue salvado y santificado por gracia, sino que cada creyente lo ha sido antes de tener la oportunidad de obrar para ganar o merecer ese privilegio. La salvación no depende de algo que una persona haga; depende solamente de la gracia de Dios.

Todo en la vida cristiana se recibe por gracia. Como Pablo usted y yo fuimos escogidos desde antes de la fundación del mundo para realizar los ministerios particulares a los cuales el Señor nos ha llamado. Muchos cristianos piensan que no tienen un ministerio porque no están involucrados en un trabajo de tiempo completo en la iglesia. Pero la verdad es que en la iglesia del Nuevo Testamento no hay distinción entre clérigos y laicos. Cada miembro del cuerpo de Cristo está en servicio a tiempo completo, ya sea que lo sepa o no, y que lo realice o no lo realice.

Si usted es cristiano es un ministro del evangelio de Jesucristo. Como Pablo ha sido apartado y llamado por la gracia de Dios para predicar el evangelio a todas las personas a las cuales él lo guíe, a quienes nadie más que usted puede alcanzar.

1:16 revelar a su Hijo en mí, para que yo le predicase entre los gentiles, no consulté en seguida con carne y sangre

Note lo que Pablo dice acerca del propósito de que el Hijo de Dios se le revelara: "para que le predicase..." Hay aquí una secuencia. La revelación siempre antecede a la proclamación. Nadie puede predicar realmente si primero no ha recibido revelación de Dios.

Ejerciendo mi ministerio he conocido a muchos jóvenes que parece que tienen la idea de que dado que el regreso del Señor Jesús es inminente, ellos no tienen tiempo para prepararse plenamente para el ministerio. Tienen tanto temor de que el tiempo se acabe antes de que puedan entrar al campo de servicio que se apresuran a ministrar sin tener un adecuado entrenamiento y una debida instrucción.

"Oh, me encantaría poder ir a la escuela bíblica o graduarme en un seminario, —dice alguno— pero no hay tiempo. ¡Tengo que empezar ya a predicar!"

"No, no lo hagas —le respondo—. No tienes nada que predicar todavía."

"Oh, pero, es que yo he sido llamado..."

"Seguro; pero hay que seguir una secuencia. Primero viene el llamamiento, luego la revelación y después la predicación. Somos llamados a predicar el evangelio pero eso no quiere decir que estamos listos para empezar a predicar tan pronto nacemos de nuevo. Como cualquiera otra de las bendiciones de Dios, el ministerio requiere tiempo y preparación."

"Pero, ¿pero qué tal que Jesús regrese y yo estoy todavía estudiando?

"Bueno, si así ocurre, que ocurra. Personalmente cuando Jesús venga preferiría estar todavía en la escuela preparándome para predicar, que estar fuera predicando sin tener nada que decir."

Si usted es llamado al ministerio, ubíquese en un lugar en donde Dios pueda enseñarle; en donde pueda ser instruido y preparado mental y emocionalmente así como espiritualmente. Eso es lo que Pablo hizo.

...revelar a su Hijo en mí para que le predicase entre los gentiles...

Note que Pablo no solamente recibió un llamado específico al apostolado como "un enviado" sino que sabía que había sido enviado a los gentiles. Esta palabra *gentiles* aparece varias veces en el libro de Gálatas. Ella se deriva de la palabra griega *ethne* de la cual también se deriva la palabra étnico, que tiene que ver con la raza o el origen y procedencia nativa. En este versículo la palabra se refiere a los no judíos. Pedro fue llamado básicamente a ministrar el evangelio a los hebreos y Pablo fue apartado como apóstol a los gentiles. Posteriormente a estos dos grupos se les identificaría como los de la circuncisión y los de la incircuncisión (Gálatas 2:7 y Colosenses 3:11).

...No consulté en seguida con carne y sangre.

Esto es muy importante. Después de que Pablo recibió su llamamiento, su ordenación como apóstol, no de hombres ni por hombre, sino de Dios el Padre y del Señor Jesucristo, hace notar que "no consultó ni con carne ni con sangre." Él entendió que el conocimiento y la revelación no vienen de carne y sangre sino que siempre tienen origen divino.

¿Recuerda lo que Jesús le dijo a Pedro cuando lo identificó como el Cristo, el Hijo del Dios viviente? "Bienaventurado eres, Simón, hijo de Jonás, porque no te lo reveló carne ni sangre, sino mi Padre que está en los cielos" (Mateo 16:17). Pablo recibió este llamado al ministerio directamente de Dios y le fue dicho que predicara a los gentiles, así como el Señor le había dicho a Ananías que lo estaba apartando (Hechos 9:15).

II. En el desierto (17)

1:17 ni subí a Jerusalén a los que eran apóstoles antes que yo; sino que fui a Arabia, y volví de nuevo a Damasco

En ese entonces Jerusalén era el centro de la actividad religiosa. Era la sede de la religión judía, así como el punto focal de la iglesia cristiana.

...A quienes eran apóstoles antes de mí...

Pablo está diciendo que al recibir el llamado de Dios en su vida él no consultó inmediatamente a los líderes de la iglesia. Él no se sintió obligado a correr donde Jacobo (conocido también como Santiago), el pastor de la iglesia de Jerusalén, para buscar consejo de él sino que acudió a Dios.

Finalmente se reunió con Jacobo y con Pedro pero nada indica que se haya sentido inferior a ellos, o que haya usado su revelación personal del Señor para ejercer señorío sobre ellos. Esa debe ser una lección para nosotros. No somos subordinados de los oficiales de la iglesia más de lo que podemos serlo a cualquier otro hombre. Pero a la vez no debemos sentirnos o actuar como si fuéramos superiores a alguien porque hemos recibido una revelación de Dios. Si tenemos tal conocimiento la gente llegará a reconocerlo y se dará cuenta en quien se origina.

En esta declaración Pablo revela que se considera a sí mismo un apóstol de igual rango al de cualquiera de los otros que lo fueron antes que él. Yo creo que Pablo es el duodécimo apóstol, el escogido por el Señor para tomar el lugar de Judas.

...sino que fui a Arabia...

En el tiempo que esto fue escrito la región llamada Arabia incluía un área inmensa. Qué tanto permaneció Pablo allí, no lo sabemos. Lo interesante de esta declaración es que Arabia era territorio gentil. Y fue allí donde recibió la plena revelación de Dios que posteriormente estaría compartiendo en sus escritos. Pablo fue, pues, el segundo graduado de Arabia. El primero fue Moisés.

Moisés pasó cuarenta años cuidando ovejas en Madián en donde recibió el llamado del Señor para sacar a los hijos de Israel de Egipto e introducirlos en la Tierra Prometida. Cuando Jesús fue ungido por el Espíritu Santo después de su bautismo por Juan el Bautista en el río Jordán, también fue llevado al desierto por el Espíritu de Dios. Parece ser que siempre hay un tiempo de solitaria reflexión y preparación que acompaña el llamado al ministerio.

... y volví de nuevo a Damasco...

"Y volví de nuevo a Damasco." La frase "de nuevo" indica que Pablo salió de Damasco (después de su conversión en el camino) para ir a Arabia y luego regresó después de su tiempo a solas con el Señor. Leemos sobre este evento en el capítulo noveno de los Hechos, que describe su conversión camino a Damasco, la oración de Ananías para que fuera sanado de la ceguera, la llenura con el Espíritu Santo y finalmente su bautismo en agua. Ver los versículos 1–18 y Hechos 9:19–22, que nos dicen:

> Y habiendo tomado alimento, recobró fuerzas. Y estuvo Saulo por algunos días con los discípulos que estaban en Damasco. En seguida predicaba a Cristo en las sinagogas, diciendo que éste era el Hijo de Dios. Y todos los que le oían estaban atónitos, y decían: ¿No es éste el que asolaba en Jerusalén a los que invocaban este nombre, y a eso vino acá, para llevarlos presos ante los principales sacerdotes? Pero Saulo mucho más se esforzaba, y confundía a los judíos que moraban en Damasco, demostrando que Jesús era el Cristo. –Hechos 9:19–22

Inmediatamente después de su conversión Pablo comenzó a predicar que Jesucristo es el Hijo de Dios; un mensaje básico de salvación. Usted no puede predicar lo que no tiene. En ese tiempo Pablo sólo conocía al Señor como su Salvador basado en su propia experiencia personal. Quienes son llamados al ministerio de la predicación no deberían ir más allá de lo que saben, de su propia experiencia, porque un testigo es alguien que testifica de lo que ha visto u oído. Pablo no empezó realizando grandes cruzadas evangelísticas; comenzó predicando sencillamente lo que sabía: que Jesucristo es el Hijo de Dios.

Sin embargo, no pasó mucho tiempo antes de que su campo de experiencia y conocimiento personal empezara a crecer. A medida que se hizo más fuerte también lo fueron sus poderes de persuasión y su influencia. Y así serán los nuestros si somos fieles en predicar solamente lo que sabemos y suficientemente pacientes para continuar predicando hasta que sepamos más. A medida que nuestro conocimiento aumenta, crece también nuestro ministerio.

III. Pablo en Jerusalén (18–20)

1:18–19 Después, pasados tres años, subí a Jerusalén para ver a Pedro, y permanecí con él quince días; pero no vi a ningún otro de los apóstoles, sino a Jacobo el hermano del Señor.

El versículo 18 encaja dentro de la descripción de tiempo que hacen los versículos 22 y 23 de Hechos 9:

Pasados muchos días, los judíos resolvieron en consejo matarle; pero sus asechanzas llegaron a conocimiento de Saulo. Y ellos guardaban las puertas de día y de noche para matarle. Entonces los discípulos, tomándole de noche, le bajaron por el muro, descolgándole en una canasta. – Hechos 9:23–25

La frase "muchos días" se refiere al período de tres años mencionado en Gálatas 1:18. Fue durante este tiempo que Pablo hizo su jornada a Arabia en donde recibió de Dios la revelación del Nuevo Pacto. ¿Cuánto tiempo duró esa revelación? No lo sabemos con seguridad, pero por sus demás escritos sí sabemos que fue un tiempo bien invertido. Después regresó a Damasco donde empezó a predicar y enseñar en la sinagoga judía. Su mensaje conmocionó tanto a los judíos que tuvo que huir para salvar su vida.

Cuando llegó a Jerusalén pasó dos semanas con Pedro. ¿Le hubiera gustado a usted estar presente para oír lo que Pablo le contó a Pedro que el Señor le había revelado? Estoy seguro que para Pedro fue muy bueno, porque nadie necesitaba más que Simón un fundamento estable. Sabemos que él se benefició de esta asociación con Pablo porque posteriormente en una de sus propias cartas hace referencia a las de Pablo haciendo notar que son bastante profundas y que "hay en ellas cosas difíciles de entender" pero necesarias para el cuerpo de Cristo (2 Pedro 3:15–16).

1:20 En esto que os escribo, he aquí delante de Dios que no miento.

"No miento" —dijo Pablo— porque los judíos legalistas habían llegado a
Galacia tras él para alborotar a la gente creando dudas acerca de su mensaje
y sus calificaciones como apóstol. Él tuvo que defender su apostolado de
las acusaciones de estos hombres cuyo propósito era llevar de vuelta a la
esclavitud de la ley a los desinformados e impresionables gálatas.

Si usted se dedica al ministerio de la Palabra, lo más probable es que su
mayor oposición también vendrá de la religión establecida. Como a Pablo
lo ridiculizarán y será objeto de menosprecio. Si le ocurre no se sorprenda
ni se deje vencer por ello, pero sobre todo no le dé lugar al enojo y a la
retaliación. Sea firme en sus creencias pero obre siempre con amor, tanto
hacia los que lo escuchan gustosos como con los que se oponen a su
mensaje. Pablo ejerció su autoridad como apóstol pero siempre lo hizo
con un espíritu de amor. Y así debemos hacerlo nosotros, porque ¿cómo
podemos convencer al mundo (y a la iglesia) del amor de Dios si nosotros
mismos no se lo demostramos?

IV. El tiempo de prueba (21–24)

1:21–23 Después fui a las regiones de Siria y de Cilicia, y no era conocido de vista a las iglesias de Judea, que eran en Cristo; solamente oían decir: Aquel que en otro tiempo nos perseguía, ahora predica la fe que en otro tiempo asolaba.

Después de estar por algún tiempo en Antioquía, Pablo fue a Siria y Cilicia,
pero las "iglesias de Judea" nunca lo habían visto, es decir las iglesias
establecidas como la de Jerusalén. Para nosotros hoy, esto parece extraño.
De acuerdo a nuestra mentalidad, si Pablo quería ser reconocido en todas
partes primero debió haber estado en la "Primera Iglesia" de la gran
ciudad capital. La mayoría de los jóvenes predicadores de hoy quieren
ser conocidos por las autoridades y asociarse con personas destacadas
en lugares importantes. Pero aquí tenemos a Pablo quien fue ordenado y
comisionado por el Señor Jesús mismo, que fue a empezar su ministerio en
un lugar "fuera del camino" como Damasco, sin preocuparse siquiera por
ser conocido más allá de su pequeña área de influencia.

Esa es la manera en que se debe hacer. Dios quizás lo llame algún día a un
gran ministerio, pero si lo hace, lo más probable es que lo haga empezar
en pequeña escala. Se encontrará trabajando para el Señor en un área
tranquila distante de donde ocurren todas las cosas importantes. ¿Y cuál es
la razón? Que eso es parte del programa administrativo de Dios para quien
él está entrenando.

Antes de darle un gran ministerio, le dará uno pequeño. Una vez que haya sido probado en las cosas pequeñas, estará preparado para las cosas más grandes. En los negocios de nuestro Padre siempre hay un tiempo de prueba antes del tiempo de la promoción a nuevos niveles.

Si eso le ocurre a usted, no se desanime. Si tiene lo que necesita tener para ser ascendido, lo será. La promoción vendrá pero sólo cuando esté listo para ella. Demuéstrese a sí mismo que es fiel y diligente en el lugar en que está ahora y cuando sea el momento Dios recompensará esa fidelidad y diligencia promoviéndolo a una posición de mayor responsabilidad. A mayor responsabilidad de su parte que demuestre ahora, mayor responsabilidad recibirá más adelante. Ya sea que le guste, o no, esa es la manera de actuar de Dios. "Y el que de vosotros quiera ser el primero, será siervo de todos" (Marcos 10:44).

David cuidó ovejas durante años antes de que fuera y matara al gigante Goliat. ¿Y sabe que hizo después de matar al gigante? ¡Volvió de inmediato a cuidar ovejas!

Uno pensaría que fue nombrado gobernador del país, o por lo menos capitán de los ejércitos de Israel. Por supuesto eso –y mucho más– habría de ocurrir más adelante, pero todavía no era su tiempo. David no fue exaltado inmediatamente porque no estaba preparado para ello. Todavía le faltaba madurez.

Lo mismo puede decirse del profeta Elías. No sabemos nada de los días de su juventud. Parece que entra de repente en escena cuando tiene unos treinta años de edad. Aparentemente pasó esos treinta años en preparación para la tarea que le esperaba. Como ocurre con mucha frecuencia, le tomó a Elías años de preparación y esfuerzo para convertirse en un éxito de la noche a la mañana.

Ocurrió también con José. José fue probado una y otra vez: en la casa de su padre, en la casa de Potifar, en la prisión donde fue enviado injustamente. En cualquier circunstancia trabajó para demostrar que era digno de confianza y responsabilidad, y obtuvo ambas a tal punto que un día fue promovido a la posición de segundo en autoridad en el reino después del mismo Faraón. Otro éxito "de la noche a la mañana."

Luego está el caso de nuestro Señor Jesucristo. El mismo Hijo de Dios pasó treinta de los treinta y tres años de vida terrenal en el anonimato, conocido solamente por un puñado de gente. Pero él era conocido de Dios. Y Eso es todo lo que importa, porque en la plenitud del tiempo (cuando era el tiempo apropiado) él fue conocido por lo que era: El mismo Hijo de Dios (Mateo 3:17).

Piense en eso por un momento. Durante los primeros treinta años de su vida pocos habían oído hablar de Jesús de Nazaret. Ahora, ¿cómo es que millones de personas a través de todos los siglos han oído hablar de él? En tres cortos años,

Jesús pasó de ser un anónimo carpintero galileo, a ser el centro mismo de la historia humana.

Así ocurrirá con usted si es fiel. Conocerán quién es y lo que es si confía en la Palabra y actúa de acuerdo con ella. No se exalte a sí mismo; exalte la Palabra de Dios: "Engrandécela [a la sabiduría] y ella te engrandecerá; ella te honrará, cuando tú la hayas abrazado" (Proverbios 4:8)

Si quiere ser exaltado debe ser digno de exaltación.

Muchos cristianos no son prósperos hoy sencillamente porque no se puede confiar en ellos. Dios no les da más dinero porque no son fieles con lo que tienen ahora. Si Dios no puede confiar en una persona con cien dólares, ¿por qué habría de darle mil? Los malgastaría, los derrocharía en sus propios placeres y lujos. Dios confía sus mejores bendiciones a quienes saben cómo administrarlas. "Porque a todo el que tiene, se le dará; y a todo el que no tiene, aun lo que piensa tener se le quitará" (Lucas 8:18). El mismo principio que aplica a las posesiones materiales también es válido en cuanto a poder y posición. La responsabilidad conlleva responsabilidad.

1:24 y glorificaban a Dios en mí.

Pablo no buscaba gloria, fama o riquezas. Tan solo predicaba el evangelio a todo el que podía en el sitio en que se encontrara. Como resultado su mensaje se extendió por todo el ámbito judío y llegó incluso a Jerusalén y a las otras grandes ciudades que no lo conocían personalmente pero sí sabían de él por informaciones recibidas. A donde quiera que iba lo precedía su reputación. ¿Por qué ocurría tal cosa? No era porque fuera simpático o inteligente, por su don de predicador o por su dinámica personalidad. Ocurría porque puso a Cristo en el centro de su ministerio: "Pues me propuse no saber entre vosotros cosa alguna sino a Jesucristo, y a éste crucificado (2 Corintios 2:2).

Pablo daba a Dios la gloria y por eso Dios lo honró. Y eso pasará en su ministerio también. Tan solo sea fiel en predicar la Palabra y tarde o temprano será conocido de oídas y personalmente tal como en el caso de Pablo.

V. El incidente en Jerusalén (2:1–10)

Como ya lo he dicho, el libro de Gálatas tiene un tema dual: 1) Salvación por gracia versus salvación por obras, y 2) Espiritualidad por gracia versus espiritualidad por obras. Ambos temas serán discutidos en el capítulo 2 de Gálatas. El primer tema es ilustrado por el incidente en Jerusalén que Pablo relata a las iglesias en Galacia.

> **2:1 Después, pasados catorce años, subí otra vez a Jerusalén con Bernabé, llevando también conmigo a Tito.**

Después, pasados catorce años, subí otra vez a Jerusalén...

En este versículo Pablo revela que este fue su segundo viaje a Jerusalén después de su conversión. El primero fue tres años después de que fue a ver a Pedro y pasó dos semanas con él, durante las cuales también vio a Jacobo, el hermano del Señor Jesús, pero no vio a ninguno de los otros apóstoles. Ahora este segundo viaje ocurre catorce años después del primero.

...con Bernabé, llevando también conmigo a Tito.

Esta declaración es importante porque Tito es la persona clave en esta historia que también la encontramos en el capítulo quince de los Hechos, en el cual Pablo relata la defensa que de su ministerio hicieron él y Bernabé ante la iglesia de Jerusalén. "Pero subí según una revelación, y para no correr o haber corrido en vano, expuse en privado a los que tenían cierta reputación el evangelio que predico entre los gentiles" (Versículo 2).

Ahora empezamos a comprender la razón que el apóstol tuvo para ir otra vez a Jerusalén. Nos dice que él fue a propósito para explicarles el mensaje del evangelio que había estado predicando a los gentiles. ¿Por qué después de todos estos años repentinamente decide que necesita ir a Jerusalén a explicar y defender su ministerio? La respuesta tiene que ver con lo que Pablo percibió como una creciente amenaza al evangelio de gracia que él defendía ante los gálatas en este capítulo.

Al pasar el tiempo la iglesia de Jerusalén llegó a ser muy legalista. Originalmente empezó su existencia como resultado de la conversión de miles de personas que vinieron al Señor por las predicaciones de los discípulos en el día de Pentecostés y en las reuniones posteriores. Jerusalén se convirtió en el centro de la actividad misionera cristiana a medida que los evangelistas eran enviados en todas las direcciones a llevar las buenas nuevas. Como el lugar donde estaba ubicado el templo y el centro de la cultura hebrea, Jerusalén también era un semillero del Judaísmo, el cual infiltró la iglesia allí a través de los años. Exactamente al tiempo que el apóstol fue consciente de esta situación, recibió una palabra de revelación del Señor indicándole hacer un viaje a la iglesia de Jerusalén. El tiempo en que le llegó esta revelación no fue accidental.

En catorce años Pablo nunca había ido a la iglesia de Jerusalén a contarles personalmente acerca de su ministerio y su mensaje. Lo que los creyentes de Jerusalén sabían de él y de su ministerio lo conocían de oídas. Sólo Pedro y Santiago habían hablado alguna vez con él personalmente (Gálatas 1:18–19). Ahora estaba a punto de entrar en escena en un momento crucial, llevando con él a uno de los gentiles convertidos; una acción que obligaba a pensar bien las cosas, como sin duda Pablo lo sabían muy bien. Como resultado de esta confrontación, el Judaísmo tuvo un retroceso por algún tiempo en la ciudad capital, aunque más tarde resurgió otra vez y así lo hizo de tiempo en tiempo, lo mismo que el legalismo lo ha hecho siempre a través de los siglos.

Creo que fue durante su estadía en Arabia cuando el Señor le reveló a Pablo su maravilloso plan de salvación del cual escribió desde entonces hasta el fin de su vida sobre la tierra. Si eso es cierto, los comentarios del apóstol a los gálatas subrayan su motivo para haber llevado consigo a Bernabé y especialmente a Tito durante su regreso a Jerusalén para compartir su revelación con la iglesia en ese lugar. Como gentil convertido a Cristo, no circuncidado, Tito sería un vivo ejemplo (así como una prueba) de la doctrina de salvación por gracia, y no por guardar la ley judía. De modo que la presencia de Tito con Pablo no fue después de todo casual; fue el verdadero punto crucial de su visita a la iglesia de Jerusalén. Si Tito era aceptado por los hermanos en Jerusalén, esto sería una irrefutable evidencia de la validez del apostolado de Pablo y del mensaje de salvación por gracia solamente.

2:2 Pero subí según una revelación, y para no correr o haber corrido en vano, expuse en privado a los que tenían cierta reputación el evangelio que predico entre los gentiles.

La visita del apóstol a Jerusalén no fue mera ocurrencia casual; fue divinamente planeada para el tiempo oportuno. En el momento preciso el Señor le habló a Pablo y le dijo lo que debía de hacer para llevar su mensaje de gracia a la iglesia de su ciudad natal.

... expuse en privado a los que tenían cierta reputación...

"Los que tenían cierta reputación" eran Pedro, Jacobo y Juan, los líderes en la iglesia de Jerusalén. Pablo fue muy diplomático y sabio. Antes de presentar el mensaje ante todo el cuerpo de la iglesia, concertó una cita privada con los líderes para comunicarles lo que había estado predicando a los gentiles, y los resultados de tal mensaje.

... para no correr o haber corrido en vano...

Con esta frase Pablo está diciendo sencillamente: "Yo estaba consciente de que si no manejaba esta situación con sumo cuidado podía echar a perder todo lo que estaba haciendo y había hecho hasta entonces." Esa también es una lección para nosotros especialmente para quienes estamos en el ministerio.

Es de la mayor importancia que actuemos sabiamente cuando tratemos con otras personas, tanto en la iglesia como fuera de ella. Podemos dar el mensaje correcto con las palabras correctas de parte de Dios, pero si no las comunicamos de la manera correcta podemos destruir nuestro ministerio. Aunque aprecio la integridad implícita de quienes continuamente hacen alarde de predicar siempre la Palabra de Dios sin transigencias, debo señalar que hay un peligro real en esa actitud: el peligro del orgullo espiritual.

El orgullo destruye nuestro testimonio con mayor rapidez que alguna transigencia. En ninguna otra ocasión son más necesarios la humildad, el tacto, la diplomacia, la discreción y la sabiduría, que cuando presentamos el glorioso evangelio del Señor Jesucristo.

Debemos estar siempre en guardia contra el dogmatismo que tan fácilmente termina torciendo nuestro mensaje de amor, gracia y perdón, hasta convertirlo en un mensaje de ridículo y juicio hacia quienes no ven las cosas como nosotros las vemos. Aunque apreciamos el derecho a predicar la verdad como creemos que Dios nos la ha revelado, jamás debemos abusar de ese privilegio tomándolo equivocadamente como una licencia para imponer a otros nuestras creencias y convicciones. Haremos bien en recordar que ninguno de nosotros tiene una franquicia exclusiva de la verdad.

2:3 Mas ni aun Tito, que estaba conmigo, con todo y ser griego, fue obligado a circuncidarse...

La reunión de Pablo con los tres líderes de la iglesia fue un éxito. Al recibir a su converso gentil sin exigirle sumisión a la demanda de la circuncisión judía, en esencia estaban aprobando el mensaje y ministerio de Pablo. Este punto es de vital importancia y es la razón por la que el apóstol la señala a los creyentes de Galacia, gentiles también quienes por lo tanto se identificaban con Tito.

2:4 y esto a pesar de los falsos hermanos introducidos a escondidas, que entraban para espiar nuestra libertad que tenemos en Cristo Jesús, para reducirnos a esclavitud

La *Nueva Versión Internacional,* dice: "El problema era que algunos falsos hermanos se habían infiltrado entre nosotros para coartar la libertad que tenemos en Cristo Jesús, a fin de esclavizarnos" (2:4). La victoria de Pablo no se ganaría fácilmente.

Los "falsos hermanos" judaizantes legalistas se dieron cuenta de alguna manera de la reunión que sostuvo Pablo con los líderes de la iglesia y llegaron para retarlo en presencia de los ancianos. El apóstol utilizó a Tito para convencer a todos los presentes que salvación y espiritualidad se logran por fe solamente. Como no pudieron derrotarlo en la conferencia (cara a cara), sus adversarios se dieron a la tarea de seguir su ministerio para socavarlo en privado después de que saliera de una ciudad a fin de que no pudiera defenderse a sí mismo ni a su mensaje. Eso fue exactamente lo que ocurrió en Galacia.

¿Cuál era su principal propósito? Pablo mismo lo dijo: "Esclavizarnos." Esa es la manera en que obra el legalismo. Siempre procura esclavizar a quienes han sido liberados por el evangelio.

2:5 A los cuales ni por un momento accedimos a someternos, para que la verdad del evangelio permaneciese con vosotros.

"La *Nueva Versión Internacional* aclara lo que Pablo quiso decir en este versículo, el cual traduce de la siguiente manera: "Ni por un momento accedimos a someternos a ellos, pues queríamos que se preservara entre ustedes la integridad del evangelio."

Ni por un minuto fue engañado el apóstol por estos individuos, ni se dejó intimidar por ellos. Se mantuvo firme contra sus intentos de llevarlo a él y a sus seguidores a someterse al legalismo. Y lo hizo abiertamente ante todos los líderes de la iglesia de Jerusalén.

2:6–10 Pero de los que tenían reputación de ser algo (lo que hayan sido en otro tiempo nada me importa; Dios no hace acepción de personas), a mí, pues, los de reputación nada nuevo me comunicaron. Antes por el contrario, como vieron que me había sido encomendado el evangelio de la incircuncisión, como a Pedro el de la circuncisión (pues el que actuó en Pedro para el apostolado de la circuncisión, actuó también en mí para con los gentiles), y reconociendo la gracia

> que me había sido dada, Jacobo, Cefas y Juan, que eran considerados como columnas, nos dieron a mí y a Bernabé la diestra en señal de compañerismo, para que nosotros fuésemos a los gentiles, y ellos a la circuncisión. Solamente nos pidieron que nos acordásemos de los pobres; lo cual también procuré con diligencia hacer.

Leamos en la *Nueva Versión Internacional* para asegurarnos de que captamos el mensaje de Pablo a los gálatas:

> "En cuanto a los que eran reconocidos como personas importantes –aunque no me interesa lo que fueran, porque Dios no juzga por las apariencias–, no me impusieron nada nuevo. Al contrario, reconocieron que a mí se me había encomendado predicar el evangelio a los gentiles de la misma manera que a Pedro predicarlo a los judíos. El mismo Dios que facultó a Pedro como apóstol de los judíos, me facultó también a mí como apóstol de los gentiles. En efecto, Jacobo, Pedro y Juan que eran considerados columnas, al reconocer la gracia que yo había recibido, nos dieron la mano a Bernabé y a mí en señal de compañerismo, de modo que nosotros fuéramos a los gentiles y ellos a los judíos. Sólo nos pidieron que nos acordáramos de los pobres, y eso es precisamente lo que he venido haciendo con esmero. —NVI

De modo que Pablo fue reconocido y aceptado plenamente como apóstol por la iglesia en Jerusalén, la cual también aprobó su mensaje de salvación por gracia. No intentaron imponer ninguna restricción sobre el apóstol, su ministerio o su converso gentil, aunque era de su pleno conocimiento que Tito era un griego incircunciso. De ahí que Pablo relató este incidente en Jerusalén a los creyentes en Galacia para que conocieran bien su plena y completa reivindicación ante los padres de la iglesia en Jerusalén, y para enfatizarles lo completo de su salvación por gracia por simple fe en Jesucristo y en su obra terminada en el Calvario.

El incidente de Jerusalén (vv. 1–10) ilustra el tema de Pablo de salvación por gracia. En la parte restante de este capítulo (vv. 11–17), enfatiza su segundo tema: espiritualidad por gracia.

2:11–17 La Ley

En el estudio de Gálatas hasta aquí hemos visto que el libro fue escrito por Pablo a las iglesias en Galacia para advertirlos acerca de los judaizantes legalistas que se habían introducido en su medio para tratar de atarlos a un sistema de ley al cual ellos como gentiles nunca estuvieron sujetos. Este parece ser un problema continuo con el cual el apóstol tuvo que luchar durante todo su ministerio. En donde quiera que iba la mayor oposición no provenía de los paganos romanos o de los griegos hedonistas, sino de los legalistas judíos, sus propios compatriotas. Aunque habían nacido de nuevo, eran incapaces de liberarse a sí mismos o de liberar a otros de lo que ellos percibían como las justas demandas de la ley.

A propósito, este continuo acoso y esta molestia es lo que yo creo constituía el "aguijón en la carne" de Pablo (2 Corintios 12:7). Ninguna debilidad o dolencia física pudieron, posiblemente, estorbar los pasos del apóstol o causarle mayor tormento que este "espíritu" de religiosidad que encontró en cada vuelta del camino durante el resto de su vida y ministerio terrenal.

Hasta aquí hemos dicho mucho acerca de la ley, pero ¿qué exactamente es la ley? ¿Y por qué constituía tal estorbo al mensaje de gracia que Pablo predicaba dondequiera que iba? Hay cinco aspectos básicos de la ley mosaica que consideraremos aquí antes de continuar el estudio del segundo capítulo de los Gálatas. Vamos a estudiar cuidadosamente esta ley mosaica pues ella ha tenido un profundo efecto sobre nuestro pensamiento religioso, y aun hoy lo sigue teniendo. Ya sea que la mayoría de los cristianos lo sepa, o no, nuestros puntos de vista y actitudes (así como nuestras acciones) en relación con el Nuevo Testamento, están determinadas en un alto grado por un sistema legal del Antiguo Testamento, el cual fue cumplido y descartado en la cruz del Calvario, dándonos así la libertad de vivir un estilo de vida completamente nuevo.

I. Puntos acerca de la ley

A. La ley Mosaica se encuentra en los cinco primeros libros de la Biblia

Todo el contenido de lo que los antiguos hebreos llamaban "la ley" los encontramos en sólo cinco libros del Antiguo Testamento: Génesis, Éxodo, Levítico, Números y Deuteronomio. Los Diez Mandamientos no son toda la ley judía, pero tampoco es todo el Antiguo Testamento parte de esa ley.

Cuando el Señor le mandó a Josué, "este libro de la ley" nunca se apartará de tu boca (Josué 1:8), se refería solamente a los primeros cinco libros del Antiguo Testamento. Esto era todo lo que se había escrito de la Biblia hasta ese momento.

Cuando en Mateo 5:17 el Señor Jesús dijo que "No... venido para abrogar la ley o los profetas... sino para cumplirlos" se refería a todo el Antiguo Testamento. Los primeros cinco libros de ese cuerpo de escritos sagrados contenían la ley, y el resto contenía los profetas: los profetas mayores y los profetas menores. Necesitamos recordar esa distinción en el estudio del antiguo pacto el cual vino a cumplir nuestro Salvador para nuestro beneficio. Jesús cumplió cada mandamiento y cada profecía del Antiguo Testamento acerca de él.

La ley se divide en tres categorías:

1. La Ley Moral

La ley moral la componen los Diez Mandamientos. Nunca se pretendió que este conjunto de reglas y normas fuera medio de salvación o espiritualidad para el pueblo de Dios. Entonces, ¿cuál fue su propósito? Pablo nos lo dice en Romanos 3:19–22:

> Pero sabemos que todo lo que la ley dice, lo dice a los que están bajo la ley, para que toda boca se cierre y todo el mundo quede bajo el juicio de Dios; ya que por las obras de la ley ningún ser humano será justificado delante de él; porque por medio de la ley es el conocimiento del pecado. Pero ahora, aparte de la ley, se ha manifestado la justicia de Dios, testificada por la ley y por los profetas; la justicia de Dios por medio de la fe en Jesucristo, para todos los que creen en él. Porque no hay diferencia, – Romanos 3:19–22.

El propósito de la ley moral fue mostrar al hombre que es pecador y que necesita un Salvador. Fue dado como un inalcanzable estándar de absoluta perfección de modo que el ser humano pudiera darse cuenta de su necesidad de aceptar el don gratuito de la justicia de Dios mediante la fe. Por eso es que el legalismo es tan dañino. El intento por lograr perfección por esfuerzo propio se convierte en un intento por estorbar el plan de salvación de Dios que él mismo estableció desde el principio, el cual es salvación por gracia y no por obras.

Aun en el Antiguo Testamento la salvación, la justicia de Dios, vinieron sin la ley. La fe siempre ha sido el medio de salvación y espiritualidad. La ley y los profetas manifestaron y testificaron esta verdad. La ley enseñó salvación por gracia. Cada sacrificio señalaba a Jesús y descartaba al hombre. Cada profeta enseñó salvación por gracia y habló de la venida del Señor Jesús, el único que podía redimir a la humanidad.

Nadie, no importa cuán puro o devoto sea, podrá alcanzar salvación jamás mediante su esfuerzo propio. La única forma de alcanzarla es naciendo de nuevo. La espiritualidad viene como resultado de vivir por el Espíritu. La ley moral no conduce a la salvación y tampoco a la espiritualidad. Es imposible cumplir los Diez Mandamientos de manera natural. La única forma de poder cumplirlos es viviendo una vida sobrenatural. Una persona tiene que nacer de nuevo para cumplir con la ley moral.

¿Puede usted darse cuenta entonces por qué hasta el tiempo de Jesús nadie pudo cumplir la ley? La ley no se pudo cumplir antes de la resurrección de Cristo porque nadie había nacido de nuevo todavía. Ninguno había recibido el Espíritu Santo para re-crearlo y llenarlo con poder sobrenatural. ¿Puede ver también por qué después del día de Pentecostés la ley fue desechada para siempre?

Usted y yo ya no estamos bajo la ley. Jesucristo la cumplió por nosotros. Estamos bajo una nueva dispensación llamada la gracia porque ahora vivimos, no por un conjunto de reglas y normas grabadas en piedra sino por la llenura sobrenatural de la presencia y el poder del Espíritu Santo de Dios. Por lo tanto, a medida que andamos en el Espíritu, guardamos la ley. El Espíritu nos guía en amor y nosotros guardamos todas las leyes de Dios, seamos o no seamos conscientes de ello. El amor es el cumplimiento de la ley (Gálatas 5:14).

2. Prefiguración Cristológica

La segunda parte de la ley incluía los sacrificios, el mobiliario del templo, los días de fiesta y los rituales de la adoración ceremonial judía. Su propósito era simbolizar el cumplimiento de la ley moral. Ese cumplimiento fue Cristo.

Primero la ley judía presentó el problema: nadie podía ser salvo por la ley porque nadie podía cumplirla. La ley era como una cadena con sus eslabones. Romper uno de ellos equivalía a romper toda la cadena (Ver Santiago 2:10). Por eso la gente constantemente tenía que llevar sacrificios al templo en expiación por haber quebrantado la ley. La vida bajo el antiguo sistema era un círculo vicioso de quebrantamiento de la ley y ofrecimiento de sacrificios por haberla quebrantado.

> Porque la ley, teniendo la sombra de los bienes venideros, no la imagen misma de las cosas, nunca puede, por los mismos sacrificios que se ofrecen continuamente cada año, hacer perfectos a los que se acercan.

2:11 GALATIANS

De otra manera cesarían de ofrecerse, pues los que tributan este culto, limpios una vez, no tendrían ya más conciencia de pecado.

Pero en estos sacrificios cada año se hace memoria de los pecados; Hebreos 10:1–4.

Como lo señala el escritor de la carta a los Hebreos, este continuo proceso no removía de manera permanente el pecado, la naturaleza pecaminosa o la conciencia de pecado. Por el contrario, servía solamente como un constante recordatorio a la gente de su pecaminosidad. Para esto fue diseñada la ley, para hacer a las personas conscientes de que eran pecadoras en constante necesidad de redención e incapaces de redimirse a sí mismas.

Segundo, la ley presentó la solución a ese problema: Un día vendría un salvador que cumpliría con los justos requerimientos de la ley en representación de todos los que pusieran su fe en él.

Pero estando ya presente Cristo, sumo sacerdote de los bienes venideros, por el más amplio y más perfecto tabernáculo, no hecho de manos, es decir, no de esta creación, y no por sangre de machos cabríos ni de becerros, sino por su propia sangre, entró una vez para siempre en el Lugar Santísimo, habiendo obtenido eterna redención. —Hebreos 9:11–12

Bajo el antiguo sistema, cada vez que una persona presentaba el sacrificio por su pecado, ese acto señalaba la venida el Señor Jesús quien un día guardaría y haría innecesaria la ley judía para siempre (por cuanto era imperfecta y condicionada al hombre quien es imperfecto y falible). Este sistema era solamente una sombra, una figura del sacrificio real que habría de venir. Todos los elementos rituales de la adoración judía tenían un significado. Simbolizaban la muerte, sepultura y resurrección del Mesías prometido, el Salvador de Israel, el Señor Jesucristo.

Ya envolviera ese ritual una ofrenda de granos, de vino o aceite, la presentación en el altar de los primeros frutos —las primicias—, o el sacrificio sangriento de una paloma, un cordero o un buey, siempre estaba prefigurando una cosa: la expiación, el sacrificio de la vida del Salvador por su pueblo. De ahí que todo el sistema ceremonial estaba centrado y giraba en torno a la sangre. ¿Cuál era la razón? Para recordarle constantemente a la gente la sangre del Ungido que sería derramada en remisión de su pecado.

3. La Ley Social

La tercera parte de la ley tenía que ver con reglas dietéticas, normas de sanidad e instrucciones sobre el cuidado apropiado de la tierra y las cosechas. Como la primera parte, ésta también fue cumplida con la parte segunda, la venida del Mesías. Él cumplió la ley moral y la ley social al vivir una vida perfecta, pero cumplió la prefiguración cristológica mediante su muerte, resurrección y ascensión a los cielos y al sentarse a la diestra de Dios el Padre.

B. La Ley se dio a Israel solamente

Y Moisés subió a Dios; y Jehová lo llamó desde el monte, diciendo: Así dirás a la casa de Jacob, y anunciarás a los hijos de Israel. —Éxodo 19:3

Estos son los estatutos, ordenanzas y leyes que estableció Jehová entre sí y los hijos de Israel en el monte de Sinaí por mano de Moisés. – Levítico 26:46

Pero sabemos que todo lo que la ley dice, lo dice a los que están bajo la ley, para que toda boca se cierre y todo el mundo quede bajo el juicio de Dios; —Romanos 3:19.

...que son israelitas, de los cuales son la adopción, la gloria, el pacto, la promulgación de la ley, el culto y las promesas; —Romanos 9:4.

Si la ley fue para la familia de Jacob, los hijos de Israel, a quienes Moisés dio los estatutos, juicios y leyes, entonces es razonable decir que estos estatutos, juicios y leyes no se dieron a los gentiles:

Porque ¿qué nación grande hay que tenga dioses tan cercanos a ellos como lo está Jehová nuestro Dios en todo cuanto le pedimos? —Deuteronomio 4:7.

Porque todos los que sin ley han pecado, sin ley también perecerán; y todos los que bajo la ley han pecado, por la ley serán juzgados; porque no son los oidores de la ley los justos ante Dios, sino los hacedores de la ley serán justificados. Porque cuando los gentiles que no tienen ley, hacen por naturaleza lo que es de la ley, éstos, aunque no tengan ley, son ley para sí mismos, —Romanos 2:12–14.

C. Los cristianos no están bajo la Ley Mosaica

"Porque el pecado no se enseñoreará de vosotros; pues no estáis bajo la ley, sino bajo la gracia" —Romanos 6:14

Porque yo por la ley soy muerto para la ley, a fin de vivir para Dios.
—Gálatas 2:19.

Siendo que nosotros los cristianos somos gentiles y no judíos, no estamos bajo la ley judía. Jesucristo cumplió esa ley por nosotros, dos mil años antes de que hubiéramos nacido. ¿Por qué habríamos nosotros de estar hoy atados por ella? No lo estamos. Esas son las buenas noticias del evangelio, que Jesucristo cumplió toda la ley. Cuando él dijo "consumado es" no se refería al plan de salvación porqué éste no estaría completo hasta que él ascendiera al Padre. Se refería a la ley mosaica que él había venido a cumplir (Mateo 5:17). Ahora, porque la ley se ha cumplido totalmente, pero usted y yo estamos bajo una ley superior, "la ley del Espíritu de vida en Cristo Jesús nos ha librado de la ley del pecado y de la muerte" (Romanos 8:2).

Siendo que Jesucristo cumplió la ley por nosotros hace mucho tiempo, la única manera en que usted y yo podemos cumplirla el día de hoy es creyendo en él para que así se nos acredite su vida perfecta y su justicia. Ya lo hicimos cuando recibimos todo lo que él hizo en la cruz. Él lo hizo todo por nosotros. Él obtuvo la justicia, él ganó la salvación y se hizo merecedor de la gracia para nosotros. Nosotros nada hicimos, solamente recibirlo todo por fe.

La ley procura producir vida de fuera hacia adentro, pero la debilidad de la ley estaba en la carne. La ley nunca pudo tener éxito porque todos los seres humanos tienen la naturaleza carnal, y esa naturaleza nunca puede agradar a Dios: "Los que viven según la carne no pueden agradar a Dios" (Romanos 8:8). La forma en que Cristo produjo vida fue de dentro hacia afuera. Él re-creó nuestro espíritu humano. Cuando una persona escucha los dictados del espíritu humano guiado por el Espíritu Santo que ha recibido a través de Cristo, la carne tiene que alinearse y así él guarda la ley por el poder del Espíritu Santo.

Algunas personas me dicen: "Usted está enseñando que no se espera que los cristianos guarden la ley."

"Bueno, sí y no —les respondo. No, porque no volvemos atrás a tratar de guardar la ley. Pero sí, sí la guardamos."

Como cristiano yo no quebranto la ley. ¿Sabe por qué no? Porque ando en el Espíritu, y según Pablo, quienes andan en el Espíritu cumplen la ley (Romanos 8:1).

"Sí, —me dice alguno—, pero si Dios puso los Diez Mandamientos en la Biblia, pienso que debemos tratar de cumplirlos."

"Bueno, –le respondo–, si usted piensa que son tan importantes, entonces dígamelos."

Obviamente no puede decirlos. Dirá unos pocos pero rara vez pueden decirlos todos, y casi nunca en orden.

"No entiendo, –le digo–. Usted piensa que debe cumplir o guardar algo que ni siquiera conoce lo suficientemente bien como para citarlo correctamente."

Yo sigo los Diez Mandamientos. Virtualmente los cumplo todos al mismo tiempo, pero nunca aprendí a repetirlos. Y en realidad no me preocupo por eso. Ando en el Espíritu, no por la ley. Y porque ando en el Espíritu hago todas las cosas que le agradan. Ando en amor y según nuestro Señor el amor es el cumplimiento de toda la ley (Mateo 22:37–40).

Aunque nosotros los cristianos no estamos bajo la ley, la guardamos. La guardamos de la misma manera en que Jesús lo hizo. ¿Puede imaginar usted al Señor caminando a orillas del Mar de Galilea preocupado porque quizás había quebrantado alguno de los mandamientos ese día? Yo creo que no hizo tal cosa. Él no se esforzaba por guardar la ley. Tan solo andaba en el Espíritu y por lo tanto no satisfacía los deseos de la carne. Y al no satisfacer los deseos de la carne cumplió la ley. Esa es la manera en que usted y yo la guardamos. Por el Espíritu Santo que está en nosotros.

Andar en el Espíritu produce vida de dentro hacia afuera. Produce el fruto del Espíritu: "Amor, gozo, paz, paciencia, benignidad, bondad, fe, mansedumbre, templanza; contra tales cosas no hay ley" (Gálatas 5:23–24).

D. Hoy la ley aplica solamente al no creyente.

"Conociendo esto, que la ley no fue dada para el justo, sino para los transgresores y desobedientes, para los impíos y pecadores, para los irreverentes y profanos, para los parricidas y matricidas, para los homicidas, para los fornicarios, para los sodomitas, para los secuestradores, para los mentirosos y perjuros, y para cuanto se oponga a la sana doctrina" —1 Timoteo 1:9–10.

¿Tiene la ley alguna importancia hoy? Sólo para el no creyente, el individuo no regenerado. Es el único afectado por ella. La ley todavía está allí para hacer por él lo que hizo por quienes estaban bajo su dominio: señalarle la necesidad de un salvador.

Porque nosotros que ya hemos recibido ese Salvador, ya no estamos bajo la ley sino bajo la gracia. Un día todos los que no han sido regenerados serán juzgados por la ley de acuerdo a sus obras (Mateo 25:31–46; Apocalipsis 20:12–15), pero para nosotros que estamos en Cristo Jesús, no hay juicio ni condenación. Ya hemos pasado de muerte a vida (Romanos 8:1; 1 Juan 3:14).

E. La Ley tiene sus limitaciones

En el libro de Gálatas Pablo señala cuatro limitaciones de la ley:

1. No puede justificar

Sabiendo que el hombre no es justificado por las obras de la ley, sino por la fe de Jesucristo, nosotros también hemos creído en Jesucristo, para ser justificados por la fe de Cristo y no por las obras de la ley, por cuanto por las obras de la ley nadie será justificado. —Gálatas 2:16

2. No puede dar vida

¿Luego la ley es contraria a las promesas de Dios? En ninguna manera; porque si la ley dada pudiera vivificar, la justicia fuera verdaderamente por la ley. —Gálatas 3:21

3. No puede suministrar el Espíritu Santo

Esto solo quiero saber de vosotros: ¿Recibisteis el Espíritu por las obras de la ley, o por el oír con fe? —Gálatas 3:2.

4. No puede producir milagros

Aquel, pues, que os suministra el Espíritu, y hace maravillas entre vosotros, ¿lo hace por las obras de la ley, o por el oír con fe? —Gálatas 3:5.

Este último punto es muy importante: la ley no puede producir milagros. Piense en ello por un momento. Si usted ha estado en círculos pentecostales por muchos años, podrá recordar cuando las reuniones eran marcadas por numerosos y tremendos milagros. Pero esos milagros ocurren con menos frecuencia en muchas iglesias. ¿Por qué? ¿Qué ha pasado que ha interrumpido el flujo del poder de Dios? Muy sencillo; lo que estamos viendo hoy es el resultado del legalismo.

En un principio los ministros predicaban la Palabra de Dios, y él respondía derramando su Espíritu Santo y confirmando la predicación con las señales que le seguían. Sin embargo, en algún lugar a lo largo del camino los pentecostales clásicos comenzaron a desviarse de la predicación de la Palabra y empezaron a predicar reglas, normas y códigos sobre comportamientos y la forma de hablar y de vestir. Se enredaron en decisiones tales como el largo del vestido y sus mangas. Desviaron su atención de la proclamación del evangelio de libertad, y la fijaron en cosas como denunciar el juego de cartas, el uso de lápiz labial, la forma de vestir y el ver cine. Así que el poder de Dios se cortó.

Pero hay un nuevo avivamiento de milagros y señales en estos días. ¿Y sabe por qué? Porque dejamos de predicar tanto el "haga, o no haga" y empezamos a predicar la Palabra de nuevo. Los milagros, señales y prodigios están ocurriendo otra vez. Pero, ¿sabé qué es lo maravilloso de todo esto? La gente llena del Espíritu todavía viste, habla y se comporta modestamente. Es la Palabra la que establece las normas.

Parece que algunos predicadores tienen el temor de que sí no recuerdan constantemente a la gente estas normas y regulaciones se les saldrá de las manos y comenzarán a hacer lo que quieren. Mi respuesta para ellos es: "Prediquen la Palabra y dejen que su gente se forme su propia opinión. Se asombrará de lo que el evangelio liberador de Jesucristo hace a la gente. Cuando aprenden que son verdaderamente libres para hacer lo que quieren, parece que se dan cuenta que lo que quieren es seguir el Espíritu del Señor.

Por esto, precisamente, es por lo que el Señor quiere que se predique el evangelio. Él quiere que sus hijos obedezcan porque sus corazones están llenos de amor y gratitud por todo lo que él ha hecho por ellos a través de Cristo, no porque sean constreñidos a hacer lo correcto o por temor. Prediquen el evangelio y la gente recibirá el Espíritu Santo. Entonces, cuando el Espíritu obre, las personas lo seguirán no por un sentimiento de obligación o culpa sino voluntaria y gozosamente porque donde está el Espíritu, allí hay gozo, paz y libertad.

Con esta comprensión de la ley démosle ahora una mirada al segundo de los incidentes que Pablo describe en el capítulo dos. Tenga en mente que él está escribiendo para enfatizarles la suficiencia de la gracia de Dios para "salvar por completo" a quienes se acercan a Dios, no por la ley sino a través de Jesucristo su Hijo (Hebreos 7:25 NVI).

II. El incidente en Antioquía (11–17)

Antes de entrar en los detalles de esta historia, regresemos un poco y miremos el escenario en donde ocurre lo que describen estos versículos. Como se dijo anteriormente, algún tiempo después de su inicio el día de Pentecostés, la iglesia en Jerusalén empezó a ir cuesta abajo (como les ocurre a las iglesias cuando se vuelven legalistas). El Espíritu del Señor simplemente empezó también a moverse de Jerusalén para encontrar otro lugar en el cual pudiera ministrar libremente, y encontró ese lugar en

Antioquía en donde levantó una nueva iglesia que no predicaba reglas y prohibiciones.

La mayoría de los miembros de la iglesia eran gentiles y no sabían nada de la ley judía. Por lo tanto estas personas eran libres de predicar el evangelio y de adorar a Dios en espíritu y en verdad. Todo lo que conocían era la Palabra del Señor que les había llevado Pablo en uno de sus viajes misioneros. Siendo que todo lo que tenían era la enseñanza del Nuevo Testamento de salvación por gracia, esta iglesia pudo florecer, y misioneros que salieron de ella fueron a todas partes para difundir las buenas nuevas de Jesucristo.

Con el tiempo, la iglesia en Jerusalén que por entonces se consideraba a sí misma la sede del cristianismo, oyó lo que ocurría en Antioquía e inmediatamente se sintió celosa de su aparente éxito. Porque la iglesia en Antioquía estaba constituida por gentiles y había sido establecida por Pablo, naturalmente los judíos en Jerusalén no estaban del todo seguros de su ortodoxia. Después de todo, nunca había recibido el sello de su aprobación. En vista de la situación decidieron que lo mejor era enviar allí a un representante para que investigara y rindiera después un informe de lo que encontrara.

Como Pedro era uno de los fundadores de la iglesia de Jerusalén y un devoto judío de buen testimonio, lo eligieron a él como su enviado a Antioquía. Se dirigió, pues, allá y pronto llegó a estar involucrado en los asuntos de la iglesia; de hecho tan involucrado que permaneció allí más del tiempo necesario. La iglesia en Jerusalén se preocupó lo suficiente como para enviar a otros que averiguaran qué estaba pasando exactamente. En esta ocasión enviaron a un grupo de judíos legalistas. Fue la llegada de este grupo de creyentes judíos de Jerusalén la que provocó el incidente que describe Pablo en este pasaje.

Este pasaje subraya la espiritualidad por gracia.

2:11 Pero cuando Pedro vino a Antioquía, le resistí cara a cara, porque era de condenar.

La palabra griega traducida como "resistir" significa también oponerse. De modo que este mismo Pablo, a quien la natal iglesia de Jerusalén conocía tan poco y quien generalmente no gozaba de su confianza, tuvo el valor de hablar públicamente contra el gran apóstol Pedro (a quien muchos cristianos miran hoy como el primer líder de la iglesia). ¿Por qué Pablo se opuso a Pedro? "Porque lo que hacía era condenable" (v.11 DHH). Pablo se opuso a Pedro porque lo que estaba haciendo era incorrecto.

2:12 Pues antes que viniesen algunos de parte de Jacobo, comía con los gentiles; pero después que vinieron, se retraía y se apartaba, porque tenía miedo de los de la circuncisión.

Mientras estaba en Antioquía Pedro comía y bebía con los gentiles lo cual estaba expresamente prohibido a los devotos judíos que guardaban la ley. En su opinión, ¿por qué comía Pedro con los gentiles? De seguro su menú contenía muchos alimentos que le eran prohibidos a un judío cumplidor de la ley, pero Pedro sabía que él ya no estaba bajo la ley. Él lo sabía porque el Señor se lo había revelado mediante una visión que le mostró cuando lo envió a predicar el evangelio a Cornelio y su familia quienes eran gentiles.

> Y les dijo: Vosotros sabéis cuán abominable es para un varón judío juntarse o acercarse a un extranjero; pero a mí me ha mostrado Dios que a ningún hombre llame común o inmundo; —Hechos 10:28

Pedro sabía que no debía apartarse de los no judíos. Entonces, ¿por qué lo hizo? "Porque tenía miedo de los de la circuncisión." (Gálatas 2:12). Pedro abandonó su libertad como cristiano y se sometió a los dictados de la ley judía por una sola razón: temor. Mientras estuvo solo con los gentiles comió y bebió y tuvo comunión con ellos libremente. Pero tan pronto como el grupo enviado por Jacobo desde Jerusalén entró en escena, se preocupó de lo que ellos pensarían de sus acciones.

Y esto es curioso porque Pedro ya había arreglado este asunto de las relaciones con los gentiles en la misma iglesia de Jerusalén la cual envió a estos hombres. Cuando la noticia del viaje de Pedro a predicarle a Cornelio con su familia llegó a la iglesia en Jerusalén, lo llamaron para que explicara lo que hacía relacionándose con gentiles. Leemos el relato de este incidente y la respuesta de Pedro en Hechos 11:1–18:

> Oyeron los apóstoles y los hermanos que estaban en Judea, que también los gentiles habían recibido la palabra de Dios. Y cuando Pedro subió a Jerusalén, disputaban con él los que eran de la circuncisión, diciendo: ¿Por qué has entrado en casa de hombres incircuncisos, y has comido con ellos? Entonces comenzó Pedro a contarles por orden lo sucedido, diciendo: Entonces, oídas estas cosas, callaron, y glorificaron a Dios, diciendo: ¡De manera que también a los gentiles ha dado Dios arrepentimiento para vida! —Hechos 11:1-4, 18.

Note quiénes contendían con Pedro acerca de sus tratos con los gentiles: "los que eran de la circuncisión" (Hechos 11:2). Ahora note quiénes recién habían llegado a Antioquía a investigar los asuntos allí; los que Pablo dijo que Pedro temía: "los que eran de la circuncisión."

¿No es extraño que este mismo apóstol, Pedro, quien se paró firme ante toda la iglesia de Jerusalén para defender sus acciones al ir a los gentiles y comer con ellos, esté ahora temeroso de que lo vean haciendo lo mismo con esas mismas personas? Esa es una de las razones por la cual Pablo se enojó tanto con él. Pedro sabía lo que debía hacer y no lo estaba haciendo. Pablo también estaba consciente de que Pedro, con su actitud y sus acciones erróneas, estaba extraviando a otros.

2:13 Y en su simulación participaban también los otros judíos, de tal manera que aun Bernabé fue también arrastrado por la hipocresía de ellos.

Y los demás judíos también simulaban con él; tanto que también Bernabé se involucró en su simulación.

Este pequeño acto de legalismo dividió por mitad toda la iglesia de Antioquía. Un poco de levadura leuda toda la masa. Esta palabra traducida como "simulación" es una palabra griega que significa actuar hipócritamente en concierto con alguien más.

¿Quiénes son los que actúan hipócritamente en esta situación? Los judíos. ¿Quién es el que actúa hipócritamente en concierto con ellos? Pedro, el gran apóstol, el mismo que debía haber asumido el liderazgo para promover la unidad en la iglesia (como lo había hecho en el caso de Cornelio y su familia), en vez de causar divisiones.

Otra vez encontramos aquí una lección para nosotros. Que no estemos totalmente de acuerdo con las doctrinas o prácticas de otras iglesias cristianas no es razón para separarnos o retraernos de ellos. El llamado bíblico "salid de en medio de ellos y apartaos" (2 Corintios 6:17) no se refiere a apartarnos o separarnos de nuestros hermanos y hermanas en Cristo, a pesar de su sectaria afiliación. Nada es más necesario hoy en nuestra sociedad que una iglesia de Jesucristo unida. Necesitamos que más y más iglesias (y cristianos individualmente) se unan en armonía y hermandad.

¿Cómo vamos a alcanzar al mundo con el mensaje del amor y la aceptación de Dios si no nos amamos y aceptamos entre nosotros? La unidad en Cristo es parte del mensaje de gracia. Separarnos entre nosotros en pequeñas camarillas centradas en sí mismas es simulación, es actuar hipócritamente. Dios no quiera que nosotros los cristianos nos unamos alguna vez a estos auto-justificados judíos en su simulación.

Note que Pablo enfatiza que aun Bernabé fue influenciado por las acciones de Pedro. ¿Por qué es tan importante que Bernabé se hubiera involucrado en esta simulación? Bernabé es el pastor de la iglesia en Antioquía. Se supone o se espera que el pastor sea un puente entre los varios elementos de su iglesia, no causa de división. En el momento en que el pastor de una iglesia participe personalmente en una acción segregacionista, tal iglesia está condenada a dividirse. Pablo enfatiza la importancia de la unidad entre los hermanos al condenar la causa principal o más común de división: una actitud de exclusión.

2:14 Pero cuando vi que no andaban rectamente conforme a la verdad del evangelio, dije a Pedro delante de todos: Si tú, siendo judío, vives como los gentiles y no como judío, ¿por qué obligas a los gentiles a judaizar?

La frase "delante de todos" se refiere a los miembros de la iglesia en Antioquía. Mientras que Pablo se reunió en privado con los líderes antes de presentar su caso a la iglesia en Jerusalén, no mostró tal discreción en este caso. Por el contario se paró frente a toda la congregación para denunciar a Pedro por su mala acción.

Esta no es la manera en que yo recomendaría que se manejen los problemas en la iglesia, pero obviamente Pablo pensó que este caso ameritaba medidas drásticas. Confrontó a Pedro abiertamente sabiendo que los comentarios que él le hiciera se aplicaban también a todos los judíos en esa audiencia que participaron en esa mala acción. En su carta a los Gálatas utiliza este incidente como una lección objetiva para concluir con éxito su argumento de justificación por gracia y no por guardar la ley judía.

Miremos la lógica de Pablo en su argumento de justificación por gracia sin tener en cuenta la ley. Él le dice a Pedro: "Tú eres judío, no obstante has estado viviendo como un gentil como si la ley judía no tuviera jurisdicción sobre ti. Si tú, un judío, no estás sujeto a la ley judía, entonces ¿por qué tratas de obligar a los gentiles a vivir de acuerdo a ella?"

2:15 Nosotros, judíos de nacimiento, y no pecadores de entre los gentiles.

Aquí Pablo se incluye a sí mismo en su argumento. "Judíos de nacimiento." "Y no pecadores de entre los gentiles" es parte de la expresión de la antigua actitud judía de que había en el mundo sólo dos clases de personas: judíos y pecadores. (Para los judíos antiguos, la palabra "gentil" significaba pagano, un individuo sin Dios, un pecador.)

Pablo utiliza este viejo dicho hebreo para llegar al punto que expuso en el capítulo 3: *haber nacido judío no hace a una persona descendiente de Abraham y heredero de las promesas de Dios.* Muestra que la simiente de Abraham no es una raza física sino espiritual. Por lo tanto, el verdadero judío no es el circuncidado físicamente, sino aquel cuyo corazón ha sido circuncidado mediante el nuevo nacimiento. Y la ley no es la que está escrita en tablas de piedra, sino la que Dios ha escrito en los corazones de quienes han ejercido la fe de Abraham. Estos son los verdaderos judíos.

2:16 sabiendo que el hombre no es justificado por las obras de la ley, sino por la fe de Jesucristo, nosotros también hemos creído en Jesucristo, para ser justificados por la fe de Cristo y no por las obras de la ley, por cuanto por las obras de la ley nadie será justificado.

¿Cuál diremos que fue el propósito de la ley? Mostrar que el hombre es pecador e incapaz de alcanzar justicia y salvación por sus propios esfuerzos. La ley fue dada para convencer a los hombres de su necesidad de un salvador. Su propósito fue poner al hombre cara a cara con su propia falta de justicia para que así pueda volverse a Dios y recibir gratuitamente el don de su justicia a través de su Hijo Jesucristo.

2:17 Y si buscando ser justificados en Cristo, también nosotros somos hallados pecadores, ¿es por eso Cristo ministro de pecado? En ninguna manera.

En este versículo Pablo utilizó su técnica de debate para finalmente ponerle a Pedro la soga al cuello. Lo que le dijo a Pedro fue: "Si tú y yo procuramos vivir una vida espiritual delante de Dios guardando la ley, entonces estamos diciendo que es la ley la que nos hace espirituales después de haber sido salvos por gracia. Con tus acciones estás diciendo que una persona es salva por gracia, pero a fin de ser espiritual tiene que regresar y guardar la ley."

"Pero, ¿qué hizo la ley, Pedro? ¿No fue revelar que tú eres un pecador? Naciste de nuevo por fe en Cristo Jesús. ¡Y ahora vas a volver a la ley que declara que eres pecador! ¿Sabes qué quiere decir eso? Quiere decir que Jesucristo te salvó para convertirte en un pecador. Les estás diciendo a estas personas que Jesucristo es un ministro de pecado. ¡Y eso es una blasfemia!"

Pablo dejó en claro que la ley no es el camino para llegar a ser espiritual. Si una persona es hecha digna por fe en Cristo Jesús, entonces es por fe en él que se hace espiritual. Si no pudo salvarse a sí misma por sus propios esfuerzos, tampoco puede santificarse por ellos. Como la salvación, la espiritualidad es un don de Dios, no el resultado de obras. Este es el mensaje que Pablo quería que los gálatas asimilaran, y es también la lección que quiere que nosotros aprendamos hoy.

2:18–3:5 La Gracia versus las Obras

I. La Palabra de la Reconciliación

En el estudio anterior notamos que Pablo relata a los gálatas dos incidentes. El primer incidente que tuvo lugar en Jerusalén sirvió para señalar la diferencia entre el falso concepto de salvación por obras y el mensaje del evangelio de salvación por gracia. El segundo de estos incidentes ocurrido en Antioquía enfatizó que la espiritualidad, como la salvación, es también producto de la fe "no por obras para que nadie se gloríe" (Efesios 2:9). Nadie es salvo o justificado por obras de la ley porque la ley no es más que un espejo que refleja la propia injusticia de una persona y la convence de su necesidad de recibir el don gratuito de Dios de redención y justicia.

Ningún cristiano tiene que trabajar para llegar a ser justo; es declarado justo por Dios. Esa es la manera en que es salvo. Este es el concepto básico que Pablo procuraba enseñar a los Gálatas para que nunca más fueran engañados tratando de alcanzar por sus propios esfuerzos algo que Dios ya les había dado por su gracia.

Este mensaje es al que Pablo se refiere en su segunda carta a los Corintios como "el ministerio de la reconciliación" esto es, "que Dios estaba en Cristo reconciliando consigo al mundo, no tomándoles en cuenta a los hombres sus pecados, y nos encargó a nosotros la palabra de la reconciliación." La *Nueva Versión Internacional* traduce el versículo 19, así: "Esto es, que en Cristo Dios estaba reconciliando al mundo consigo mismo, no tomándole en cuenta sus pecados y encargándonos a nosotros el mensaje de la reconciliación." Es esta "palabra de reconciliación" la que Pablo comparte con esta gente en las iglesias de Galacia.

Teniendo en mente este pensamiento, continuemos nuestro estudio en el segundo capítulo de su carta.

II. Crucificado con Cristo (18–21)

2:18 Porque si las cosas que destruí, las mismas vuelvo a edificar, transgresor me hago.

Cuando Pablo habla de edificar las cosas que destruyó se refiere a regresar a la ley en busca de justificación. Lo dice porque sabe que cuándo una persona ha nacido de nuevo, la ley es anulada en su vida; nunca volverá a ser válida para ella. En cuanto se refiere a esa persona, la ley está muerta. Regresar y tratar de resucitarla es convertirse en transgresor.

Dios nunca convierte a alguien en transgresor. Las personas lo hacen por sí mismas. Lo hacen escogiendo la ley muerta en vez de optar por el Señor viviente, lo cual es autoengaño. Es malo que una persona permita que alguien la engañe, pero es aún peor engañarse a sí misma.

2:19 Porque yo por la ley soy muerto para la ley, a fin de vivir para Dios.

La ley no tenía el propósito de dar vida; fue diseñada para dar muerte. El intento de alcanzar vida eterna a través de la ley es un intento de suicidio.

En segunda de Corintios 3:6, Pablo escribió: "Porque la letra [o la ley] mata, pero el espíritu da vida." La ley mata. Nadie conoce mejor que el mismo Pablo la veracidad de esta declaración. Hasta su conversión en el camino a Damasco él fue un fariseo, un hebreo de hebreos, "en cuanto a la justicia que es por la ley, irreprensible" (Filipenses 3:6). Cuando dijo que la ley mata, él sabía de lo que hablaba.

Cuando una persona se da cuenta que está muerta espiritualmente existe la esperanza de que acuda al Señor, el único que puede darle vida. Un propósito de la ley es causar muerte para que Dios pueda resucitar a esa persona para vida eterna. Pablo reconoció esta verdad.

2:20 Con Cristo estoy juntamente crucificado, y ya no vivo yo, mas vive Cristo en mí; y lo que ahora vivo en la carne, lo vivo en la fe del Hijo de Dios, el cual me amó y se entregó a sí mismo por mí.

La Versión Reina Valera Revisada 1960 no traduce este versículo correctamente. La frase "estoy... crucificado" debe leerse *"he sido crucificado."* El tiempo verbal en el idioma griego indica que este es un hecho pasado, una obra que ya ha sido completada. Usted y yo no estamos siendo crucificados ni estamos en un perpetuo estado de crucifixión. Como Cristo, fuimos crucificados una vez y para siempre en el momento en que nos identificamos con su crucifixión y nacimos de nuevo por la obra del Espíritu de Dios. Morimos en la cruz con nuestro Señor. Fuimos sepultados con él en su muerte. Fuimos resucitados con él a una nueva vida. Ascendimos con él y ahora estamos sentados con él en lugares celestiales (Efesios 2:5–6).

¿No se alegra usted de que Jesús ya no esté en la cruz? Y nosotros tampoco. No tenemos que andar todos los días crucificando a nuestro viejo hombre. Está muerto. Fue clavado en la cruz. Fuimos hechos nuevas criaturas. "De modo que si alguno está en Cristo, nueva criatura es; las cosas viejas pasaron; he aquí todas son hechas nuevas" (2 Corintios 5:17)

Así como Jesús nunca tiene que ir a la cruz para ser crucificado otra vez, tampoco nosotros tenemos que volver a morir una y otra vez. "Porque la ley del Espíritu de vida en Cristo Jesús me ha librado de la ley del pecado y de la muerte" (Romanos 8:2).

Una mejor traducción de Gálatas 2:20, sería: "He sido crucificado con Cristo, y ya no vivo yo, sino que Cristo vive en mí."

Pablo está diciendo que la ley lo mató. ¿Qué pasa cuando una persona muere? Cuando una persona muere no es que haya sido aniquilada. La muerte no es aniquilación. La muerte física es la separación del ser interior, del exterior. El ser interior, el ser real, se va para estar con el Señor en el cielo o con el diablo en el infierno: una de dos. La parte exterior o física de la persona permanece en la tierra ya sin nada adentro.

Eso es lo que ocurre cuando usted y yo nacemos de nuevo; nuestra vieja naturaleza, interior que una vez perteneció a Satanás, salió y el Espíritu de Jesucristo vino a vivir en nuestro cuerpo físico. Nuestros cuerpos no cambiaron. El ser exterior no cambió, fue el ser interior el que nació otra vez. No es tanto el "viejo ser [espiritual]" con el que tenemos que luchar ahora. Es la carne la que nos da tanto problema, y Satanás quien está libre en la tierra. Sin embargo, esto en realidad no es un problema porque "mayor es el que está en nosotros que el que está en el mundo" (1 Juan 4:4). Por lo tanto podemos "vencerlo por la sangre de Jesús y la palabra de nuestro testimonio" (Apocalipsis 12:11).

"Y la vida que ahora vivo (después del nuevo nacimiento) la vivo por fe en el Hijo de Dios quien me amó y se entregó a sí mismo por mí." Esta traducción nos expone mejor el doble tema del libro de Gálatas: salvación por fe, y espiritualidad por fe. Pablo enfatiza el hecho de que él estuvo muerto, fue crucificado con Cristo, luego resucitó, nació de nuevo por la fe, y la vida que ahora vivía, después de su experiencia de salvación, también era por fe.

Nuestra salvación es un don gratuito de Dios. No lo merecemos; no podemos ganarlo. Todo lo que hacemos para recibirlo es aceptarlo por fe. De la misma manera nuestra vida espiritual, después de la salvación, es por gracia; no podemos jamás merecerla o ganarla por nuestros propios esfuerzos. También es un regalo de Dios que recibimos por fe.

¿Quiere decir que ya no necesitamos orar o leer la Biblia, asistir a la iglesia u ofrendar? No con el propósito de ser justos. Tan buenas como son todas estas cosas no nos hacen justos así como no nos hicieron merecedores de la salvación. Entonces, ¿cuál es la razón de hacer obras? Las hacemos porque queremos, porque amamos a Dios y deseamos comunicarnos con él, escucharlo, aprender más de él, servirle y ser parte de su ministerio de reconciliación. Cualquiera otra razón para hacerlas es egoísta y legalista. Es tratar de que Dios haga algo por nosotros porque nosotros hemos hecho algo por él. Esa es una motivación equivocada. Nunca podemos agradar a Dios por nuestros esfuerzos personales.

Algunas personas piensan que mueven a Dios con su fe. Pero eso no es así. Dios ya se ha movido por su gracia. Todo lo que hacemos nosotros es aceptar por la fe lo que Dios ya ha hecho.

A mí me gusta pensar o verlo de esta manera: La gracia es la acción de Dios para alcanzarnos, y la fe es nuestra acción para alcanzar a Dios. Primero actúa Dios para alcanzarnos y después actuamos nosotros para responderle. Nuestra fe no hace que Dios se mueva; su gracia hace que nuestra fe se mueva. No somos salvos porque Dios responde a nuestra fe para salvarnos. La redención fue completada desde que Jesucristo se levantó de la tumba. La obra está terminada; Dios ya hizo su parte. Eso es la gracia. Ahora nuestra parte es aceptar lo que ya fue hecho por nosotros. Eso es la fe. La fe no mueve a Dios a la acción. La fe es nuestra acción en respuesta a la gracia de Dios. La gracia siempre precede a la fe.

No alcanzamos a ser justos por nuestros esfuerzos. Dios nos dio su justicia por un acto de su gracia. Ahora nosotros aceptamos esa justicia por fe, respondiendo a lo que Dios ya hizo por nosotros a través de Jesucristo.

> **2:21 No desecho la gracia de Dios; pues si por la ley fuese la justicia, entonces por demás murió Cristo.**

No frustro la gracia de Dios, porque si la justicia viniera por la ley, entonces Cristo murió en vano.

Esta palabra traducida como "frustrar" en realidad significa anular o detener. Pablo está, pues, diciendo: "No anulo la gracia de Dios con mis propios esfuerzos por ser justo; porque si la justicia se pudiera ganar por las obras de la ley, entonces para nada murió Cristo."

III. ¿Obras de la ley, u oír por la fe? (3:1–5)

> **3:1 ¡Oh gálatas insensatos! ¿Quién os fascinó para no obedecer a la verdad, a vosotros ante cuyos ojos Jesucristo fue ya presentado claramente entre vosotros como crucificado?**

La palabra traducida como insensato es cercana a nuestra palabra "estúpido." Fascinar significa también hipnotizar. Lo que Pablo está diciendo aquí es: "Oh gálatas estúpidos, ¿quién los hipnotizó? La iglesia en Jerusalén fue hipnotizada, y lo mismo le ocurrió a la de Antioquía. Y ustedes fueron engañados hasta caer en la misma trampa en que ellos cayeron. ¿Quién es el responsable de este engaño?"

Por supuesto ya sabemos la respuesta a esa pregunta. Fueron los judaizantes legalistas que entraron después de que Pablo partió de Galacia. Su propósito era engañar a los gálatas ignorantes haciéndoles cambiar su libertad en Cristo por la esclavitud a una ley a la cual nunca habían estado sujetos. Obviamente al apóstol se le hizo difícil aceptar que alguno hubiera sido tan tonto de caer en tal engaño. Sólo pudo asumir que estos astutos judaizantes con sus impresionantes credenciales y sus perspicaces argumentos se las ingeniaron para hipnotizar a los crédulos gálatas oscilando la ley ante ellos.

...ante cuyos ojos Jesucristo ha sido evidentemente crucificado entre vosotros.

El caso de los gálatas es que tenían problemas de la vista. Extraviaban su mirada para contemplar una mentira. Al hacerlo ellos se hicieron ciegos a la verdad. Llegaron a estar tan hechizados por el brillo de los judaizantes y su manera suave de hablar que cayeron dentro de su órbita. Sustituyeron el evangelio de gracia y vida por la ley del pecado y de la muerte.

La palabra "evidentemente" significa aquí claramente. Pablo estaba diciéndoles a estas personas: "¿Cómo pudieron ustedes ser tan tontos en quitar los ojos de Jesucristo quien fue claramente presentado ante ustedes, para ponerlos en la distorsión de la ley?"

3:2 Esto solo quiero saber de vosotros: ¿Recibisteis el Espíritu por las obras de la ley, o por el oír con fe?

Esto solo quiero saber de vosotros...

Pablo los conmina: "Díganme no más una cosa..."

¿Recibieron el Espíritu por las obras de la ley, o por el oír de la fe?

La pregunta que les hace es simple: "¿Recibieron el Espíritu de Dios por guardar la ley judía, o lo recibieron sencillamente por fe en Jesucristo?"

Pablo no está hablando del bautismo del Espíritu –o de ser lleno con el Espíritu– sino simplemente de recibir el Espíritu de Dios a través del nuevo nacimiento. Les pregunta si nacieron de nuevo por el Espíritu por sus propios esfuerzos, o si su redención fue un regalo de Dios que recibieron por fe solamente. Desde luego la respuesta es: por fe solamente. A pesar de lo tontos que fueron, los gálatas sabían que fueron salvos por gracia mediante la fe. Sabían que su redención la obtuvieron no por sí mismos sino que fue un regalo de Dios: no fue por obras para que ninguno tuviera de que gloriarse por haberla logrado por sus propios esfuerzos (Efesios 2:8–9).

3:3 ¿Tan necios sois? ¿Habiendo comenzado por el Espíritu, ahora vais a acabar por la carne?

Pablo quiere saber esto: "Si ustedes fueron salvos por gracia, entonces ¿por qué ahora procuran ser santificados por las obras? Si empezaron su nueva vida por ser renacidos del Espíritu, ¿por qué ahora tratan de vivir esa nueva vida por sus propios esfuerzos? ¿Son realmente tan estúpidos que no se dan cuenta que permanecen espirituales de la misma manera en que llegaron a ser espirituales, esto es por fe en Jesucristo?"

3:4 ¿Tantas cosas habéis padecido en vano? si es que realmente fue en vano.

El apóstol pregunta a los gálatas: "¿Han sufrido ustedes todas estas pruebas y tribulaciones para nada? La tribulación les vino por su fe, y su fe los mantuvo y los sacó adelante, no la ley. Después de haber pasado por tantas batallas, ¿van ahora a volverse a la ley? No fue su esfuerzo propio al guardar la ley que les acarreó oposición ni fue el hecho de guardarla el que los sacó avante en la oposición. Fue su fe en Jesucristo la que los convirtió en blanco del enemigo, y la que también les dio victoria. ¿Están ahora listos a renunciar a esa `fe la cual fue una vez dada a los santos´ (Judas 4), esa fe por la que ustedes tan fervientemente han contendido, para volverse a las obras muertas de la ley?"

Algunos cristianos no entienden la conexión entre fe y persecución. O piensan que tener fe exonera a una persona de todas las pruebas y tribulaciones, o se van al otro extremo y piensan que Dios les envía pruebas y tribulaciones para probar su fe. Ninguno de estos dos puntos de vista extremos es exacto. Los cristianos no están exentos de la persecución, pero la persecución no viene de Dios. Jesús advirtió que tendríamos tribulación en este mundo (Juan 16:33). Pero también nos dijo por qué nos vendría la tribulación. La persecución surge por causa de la Palabra de Dios (Marcos 4:17).

Más adelante él nos cuenta la causa de esa tribulación: "El ladrón no viene sino para hurtar y matar y destruir" (Juan 10:10).

Los cristianos enfrentarán pruebas y tribulación en este mundo. Seremos perseguidos por la Palabra. Pero esta persecución no es enviada por Dios para probar nuestra fe; más bien es enviada por Satanás para destruirla.

Por eso es tan importante que "contendamos ardientemente por la fe que ha sido una vez dada a los santos" (Judas 3). Al hacerlo crecemos en fe y en poder. Pero no es la persecución la que nos hace fuertes; es la fe que usamos en esa persecución la que nos fortalece.

A medida que aumenta nuestra prosperidad física y espiritual, aumentamos también la probabilidad de convertirnos en blanco de los ataques de Satanás. Algunas personas no se dan cuenta que prosperidad y persecución van juntas. ¿No les prometió Jesús a sus discípulos que junto con la recompensa en esta tierra habría también persecuciones? (Marcos 10:30) Aunque Jesús les advirtió que en este mundo tendrían tribulación, también los exhortó a no tener miedo pues él había vencido al mundo.

Para el fiel hijo de Dios, la tribulación siempre termina en victoria. Por eso Pablo les reprocha a los gálatas por ser tan tontos al abandonar la fe por la cual habían contendido, para volver a la ley que no tiene poder para derrotar al enemigo.

3:5 Aquel, pues, que os suministra el Espíritu, y hace maravillas entre vosotros, ¿lo hace por las obras de la ley, o por el oír con fe?

En este versículo Pablo está hablando de sí mismo y se refiere a la primera vez que llegó a Galacia a establecer estas iglesias a las cuales ahora está escribiendo. Con modestia señala que quien obró milagros en medio de ellos (él mismo), lo hizo por la presencia y el poder del Espíritu Santo en él, y no por las obras de la ley. La ley no puede producir milagros así como tampoco puede producir el nuevo nacimiento.

¿Son los milagros obra del Espíritu de Dios, o de la ley? ¿Ocurren las sanidades como consecuencia de enseñar la ley o son el resultado de la predicación del mensaje de fe? Aun a estos ciegos gálatas no les debe ser difícil responder estas preguntas.

Como ya lo hemos visto, el legalismo no puede producir milagros. Es la predicación de la Palabra, no la enseñanza de reglas y regulaciones, la que Dios confirma con señales y prodigios. Por eso yo estoy decidido a predicar la Palabra de Dios de pasta a pasta. Que otros ministerios hagan lo que quieran, pero yo me voy a mantener predicando el mensaje de fe porque sé que es por el oír de la fe que ocurren los milagros. La Palabra de Dios nunca cambia. "Jesucristo es el mismo, ayer, y hoy, y por los siglos" (Hebreos 13:8).

3:6–10 El Evangelio de Abraham

I. La justicia de Abraham (6)

3:6 Así Abraham creyó a Dios, y le fue contado por justicia.

Abraham nació, vivió y murió antes de que la ley existiera, no obstante fue salvo. Y fue un hombre espiritual. Y si eso fue posible para Abraham antes de que la ley existiera, sin duda alguna usted y yo podemos disfrutar la misma bendición después de que Jesús la cumplió. Y podemos hacerlo porque ni la salvación ni la espiritualidad dependen de que guardemos la ley, sino de creer en el Señor.

> ¿Qué, pues, diremos que halló Abraham, nuestro padre según la carne? Porque si Abraham fue justificado por las obras, tiene de qué gloriarse, pero no para con Dios. Porque ¿qué dice la Escritura? Creyó Abraham a Dios, y le fue contado por justicia. Pero al que obra, no se le cuenta el salario como gracia, sino como deuda; mas al que no obra, sino cree en aquel que justifica al impío, su fe le es contada por justicia. —Romanos 4:1–5

Pablo señala que ya sea en el Antiguo o en el Nuevo Testamento, el medio de salvación es el mismo: la fe. Fe es nada más ni nada menos que creerle a Dios. Eso es lo que Adán y Eva no hicieron; por eso cayeron. Siendo que la caída del hombre fue por causa de incredulidad, su restauración ocurre por creer. Abraham no fue justificado por guardar la ley judía. Esa ley ni siquiera existía en su tiempo. Fue justificado y declarado justo porque le creyó a Dios. Creerle a Dios no es algo que está limitado al Nuevo Testamento.

Cuando enseño a cualquier grupo de cristianos, una de mis preguntas favoritas es: "¿Cómo fue salva la gente en el Antiguo Testamento?" Casi siempre la respuesta es: "Por guardar la ley." Pero no es así. Si eso hubiera sido así, entonces nadie en el Antiguo Testamento, incluyendo a Abraham, hubiera podido ser salvo porque nadie pudo guardar la ley. Y si alguien hubiera podido no lo hubiera salvado porque Pablo nos dice categóricamente que "por las obras de la Ley nadie será justificado" (Gálatas 2:16). "Bueno, entonces por el sacrificio de animales" –dirá alguien. Tampoco, pues Hebreos 10:4 nos dice: "porque la sangre de los toros y de los machos cabríos no puede quitar los pecados." Entonces, ¿cómo fueron salvos los santos del Antiguo Testamento? De la misma manera que los santos del Nuevo Testamento: por gracia mediante la fe (Efesios 2:8–9).

Entonces, ¿cuál fue el propósito del sacrificio de animales en el Antiguo Testamento? ¿Por qué esa gente tuvo que hacer sacrificios continuos a Dios?

En Romanos 10:17 Pablo nos dice que: "La fe viene por el oír, y el oír por la Palabra de Dios" Los rituales del Antiguo Testamento fueron sólo una sombra de la verdadera expiación redentora que tendría lugar cuando Jesucristo, el Cordero de Dios, derramara su propia sangre por la remisión de los pecados del pueblo. Al representar ese futuro evento simbólicamente, día tras día, en el tabernáculo y en el templo usando sacrificios de animales para representar al Cordero de Dios, la gente visualizaría, por una demostración continua, la muerte expiatoria de su Salvador. Con sus ojos ellos "oirían" una y otra vez la Palabra de Dios, el mensaje de gracia del evangelio del Mesías que vendría.

En el Nuevo Testamento, después de la resurrección del Señor Jesucristo la salvación se obtiene por gracia mediante la fe en la obra terminada de Cristo en la cruz. Y en el Antiguo Testamento la gente era salvada mediante la fe en la obra futura de Cristo en la cruz. Sin embargo, en ambos casos el medio de salvación es el mismo: la gracia a través de la fe. Por eso es que Pablo se refiere a Abraham como "el padre de la fe," "el padre de todos los que creen... "Y recibió la circuncisión como señal, como sello de la justicia de la fe que tuvo cuando aún era incircunciso; para que fuese padre de todos los creyentes no circuncidados, a fin de que también a ellos la fe les sea contada por justicia; Por tanto, es por fe, para que sea por gracia, a fin de que la promesa sea firme para toda su descendencia; no solamente para la que es de la ley, sino también para la que es de la fe de Abraham, el cual es padre de todos nosotros (Romanos 4:11, 16).

La salvación viene por gracia mediante la fe, y la fe viene por el oír. En el Antiguo Testamento el oír ocurría mediante los sacrificios rituales. Cada vez que la gente veía que sus pecados eran puestos sobre la cabeza de un chivo expiatorio que luego era soltado en el desierto, veía el retrato de la venida del Mesías "el Cordero de Dios que quita el pecado del mundo" (Juan 1:29). Todas las veces que miraban que se mataba un animal y su sangre se esparcía sobre el altar del templo, se decían a sí mismos: "Ese animal simboliza al Mesías que un día vendrá para quitar mi pecado, que será puesto sobre él y será muerto y su sangre será derramada por la remisión de mi pecado. Él morirá espiritualmente para que yo pueda nacer de nuevo espiritualmente.

Note que dije que la gente en el Antiguo Testamento era salva; no dije que nacía de nuevo. Uso el término salvo o salvado para indicar que fueron justificados (considerados justos) pero no eran renacidos porque no había provisión para el nuevo nacimiento hasta después de la resurrección del Señor Jesucristo.

Fueron declarados justos, pero no llegaron a ser justos hasta que su espíritu fue re-creado y el Espíritu Santo vino a vivir en ellos. Ese evento no ocurrió hasta después del día de Pentecostés. Aunque no nacieron de nuevo hasta después de la venida del Mesías, los santos del Antiguo Testamento fueron salvados de la misma manera que lo fuimos usted y yo: por gracia mediante la fe. Ellos fueron salvos por creerle a Dios, por confiar en su promesa de redención a través de la sangre de su propio Hijo. La salvación siempre ha sido un regalo de la gracia de Dios que se recibe gratuitamente por fe, no una recompensa que se alcanza por las obras de la ley.

De modo que Abraham no fue salvo por guardar la ley. No fue salvo por obras ni por cumplir con una serie de mandamientos y prohibiciones: no hagas esto, haz aquello. Ni siquiera por haber sido circuncidado.

"Pero fue circuncidado", –dirá alguno.

"Sí, pero, ¿cuándo fue circuncidado?" –le pregunto.

> Bienaventurado el varón a quien el Señor no inculpa de pecado. ¿Es, pues, esta bienaventuranza solamente para los de la circuncisión, o también para los de la incircuncisión? Porque decimos que a Abraham le fue contada la fe por justicia. ¿Cómo, pues, le fue contada? ¿Estando en la circuncisión, o en la incircuncisión? No en la circuncisión, sino en la incircuncisión. Y recibió la circuncisión como señal, como sello de la justicia de la fe que tuvo estando aún incircunciso; para que fuese padre de todos los creyentes no circuncidados, a fin de que también a ellos la fe les sea contada por justicia —Romanos 4:8–11.

Abraham no fue salvo por ser circuncidado, más bien la circuncisión fue dada como una señal de que era salvo, separado del mundo y unido a Dios. No fue la circuncisión la que lo salvó; ésta fue sólo un sello del pacto entre él y Dios. La circuncisión no hizo el pacto, solamente atestiguó su existencia. Fue la fe la que hizo el pacto una realidad en la vida de Abraham.

Los creyentes del Nuevo Testamento no somos circuncidados hoy como una señal de nuestro pacto de salvación. En vez de eso nosotros los participantes en el nuevo pacto somos bautizados como una señal de identificación con Jesucristo en su muerte sacrificial, su sepultura y su resurrección. Nos identificamos con Cristo en su muerte, de la misma manera que los santos del Antiguo Testamento se identificaron con la venida de Cristo a través de la fe.

II. Los hijos de Abraham (7)

3:7 Sabed, por tanto, que los que son de fe, éstos son hijos de Abraham.

Note que los que son de fe, no de obras o de la ley, estos son descendientes de Abraham. Hay dos palabras en el idioma griego que en la *Versión Reina Valera–1960* se traducen como descendientes o hijos. En este caso la palabra griega es *huios*, que es correcto traducirla como hijos (tal como lo hacen otras traducciones modernas). La otra palabra es *teknon.* Consideraremos la diferencia entre estas dos palabras con más detalle cuando estudiemos el capítulo cuatro, pero en este versículo Pablo está diciendo: "Sepan, por tanto, que los que son de fe, éstos son hijos de Abraham."

Ahora bien, recordemos el relato del Génesis que nos cuenta que Abraham tuvo dos hijos [descendientes] varones, uno con su esposa Sara y el otro con su sierva Agar. De Ismael (la descendencia de Abraham y Agar), provino la raza o el pueblo que llamamos los árabes. De Isaac (descendencia de Abraham y Sara), provienen los hebreos. Así que Abraham produjo dos líneas de descendientes: árabes y judíos.

Abraham también produjo otras dos líneas de descendientes: una raza natural llamada los judíos, y una espiritual llamada la simiente de Cristo, la iglesia universal de nuestros días.

Podemos aprender mucho acerca de esta raza espiritual mirando la nación judía de hoy. El judío es un ejemplo natural de la Iglesia espiritual oculta. Algunas personas hoy tienen a los judíos como un ejemplo de cómo Dios trata con un pueblo que le es infiel, pero Dios nunca abandonó o desamparó a la nación judía. Aun cuando ellos han estado en apostasía durante dos mil años, Dios todavía honra o cumple su pacto con ellos. Puede que el pueblo quebrante el pacto con Dios, pero él nunca lo hace. Un día ese pacto se cumplirá en todos sus detalles, tal como Dios lo profetizo a través de sus siervos, pero mientras tanto sigue vigente. Por eso existe todavía hasta hoy una nación llamada Israel y continuará existiendo.

¿Qué tiene eso que ver con nosotros bajo el nuevo pacto? Mucho. Recientemente leía yo un volumen histórico titulado, "Antigua Historia de Cambridge." Aunque no era una publicación cristiana, el autor señalaba que es maravilloso trazar el surgimiento y la caída de todas las naciones teniendo en cuenta cómo han tratado a Israel. Dio varios ejemplos de gobiernos que han caído como resultado de su maltrato a los judíos. En primer lugar en esa categoría está el Tercer Reich Alemán del cual Hitler alardeaba que duraría mil años. Como bien lo sabemos, ¡no duró ni 25 años! La razón es obvia. Ninguna nación o gobierno que decida oponerse y aniquilar al pueblo del pacto puede resistir por mucho tiempo.

Hilton Sutton, una autoridad en profecía bíblica, hablaba del Sha de Irán y llamaba la atención al hecho de que fue sólo dos días después de que puso su pueblo contra Israel que fue depuesto de su trono y su régimen se derrumbó. Dios hace honor a su Palabra.

Eso debe ser motivo de gran consuelo y seguridad hoy para nosotros como partícipes del nuevo pacto. Aunque fallemos, como lo han hecho los judíos a través de los años, Dios no fallará. Él ha prometido en su Palabra no dejar ni abandonar a quienes han puesto su confianza en él, y Dios cumple sus promesas. Una vez que un individuo, o un grupo de individuos han entrado en una relación de pacto con él, esa persona o ese grupo se convierte en algo especial para Dios. Él se ocupará de cumplir su parte en tal compromiso. Una de las provisiones de ese acuerdo es protección contra quienes puedan causar daño al pueblo de su pacto.

Es importante la manera en que nosotros, como pueblo y como gobierno, tratamos a la nación de Israel. Y eso también es válido en el trato con otros cristianos, aun con los que en el momento no estén en comunión con el Señor. Esto último no importa; siguen siendo pueblo de pacto. Usted no se opone a los elegidos de Dios sin que se encuentre en oposición contra Dios. Y esa no es una posición envidiable para estar en ella. Jesús nos advirtió que no juzguemos ni condenemos a nadie. Al hacerlo solo estamos acarreando maldición sobre nuestras propias cabezas. Porque la ley que dice que cosechamos lo que sembramos; que lo que ponemos sobre otros, especialmente sobre los del pacto, se volverá sobre nosotros. Haremos bien en aprender a amar a los demás como desearíamos que nos amen: "porque esta es la ley y los profetas" (Mateo 7:12).

III. El verdadero Israel

Note en el versículo 7 que los hijos llegan a existir por medio de la fe. Entonces, ¿cómo llegan a existir los descendientes? ¿Cuál es la diferencia entre los descendientes de Abraham y los que son sus hijos? Los descendientes de Abraham son los judíos físicos o por nacimiento; los hijos son todos aquellos que ponen su fe en Cristo.

En los días de Jesús los judíos hacían alarde y se sentían orgullosos del hecho de que eran "simiente de Abraham." Pero Jesús les dijo que Dios podía levantar simiente de las piedras de la tierra (Mateo 3:9). "Yo os digo que Dios puede levantar hijos a Abraham aun de estas piedras (Mateo 3:9). La verdadera simiente de Abraham es espiritual. Llegar a ser simiente (hijo) de Abraham no depende de la raza o nacionalidad de una persona, sino de su fe. El hecho de que una persona sea judía de nacimiento, es decir por raza, no significa que lo sea espiritualmente. Este punto lo dejó bien claro el apóstol Pablo en Romanos 9:1–8:

> Verdad digo en Cristo, no miento, y mi conciencia me da testimonio en el Espíritu Santo, que tengo gran tristeza y continuo dolor en mi corazón. Porque deseara yo mismo ser anatema, separado de Cristo, por amor a mis hermanos, los que son mis parientes según la carne; que son israelitas, de los cuales son la adopción, la gloria, el pacto, la promulgación de la ley, el culto y las promesas; de quienes son los patriarcas, y de los cuales, según la carne, vino Cristo, el cual es Dios sobre todas las cosas, bendito por los siglos. Amén. No que la palabra de Dios haya fallado; porque no todos los que descienden de Israel son israelitas, ni por ser descendientes de Abraham, son todos hijos; sino: En Isaac te será llamada descendencia. Esto es: No los que son hijos según la carne son los hijos de Dios, sino que los que son hijos según la promesa son contados como descendientes. Romanos 9:1–8.

No todos los que son Israelitas son hijos de Abraham. Solamente quienes son nacidos de la promesa; esto es los que han nacido de nuevo por el Espíritu de Dios mediante la fe en Jesucristo.

Dentro de la nación de Israel hay *teknon* y hay *huios*. Están los descendientes de Abraham, los hijos por nacimiento, y los verdaderos hijos de Abraham. Los descendientes nacieron judíos, pero un día esos descendientes pusieron su fe en el Señor Jesucristo, y por esa fe fueron transformados en hijos espirituales. De la misma manera usted y yo nacimos en esta tierra, pero un día pusimos nuestra fe en el Señor Jesucristo y nos convertimos en hijos de Abraham. Llegamos a ser el verdadero Israel.

Note lo que dice Romanos 9:7: "...ni por ser descendientes de Abraham, son todos hijos; sino: En Isaac te será llamada descendencia." ¿Qué significa esto? Ismael e Isaac eran ambos simiente o descendientes de Abraham, pero Pablo anota que aunque ambos eran descendientes, solo uno era hijo. Solamente Isaac fue llamado hijo de Abraham. ¿Por qué? ¿No era Ismael tan hijo como Isaac? ¿Por qué fue Ismael rechazado e Isaac aceptado?

Algunas personas dicen que Ismael fue rechazado porque nació fuera del matrimonio, porque nació de Agar quien era una esclava. Pero eso no es así. El nacimiento natural no significa nada para Dios. No es la legitimidad del nacimiento de un individuo lo que lo hace aceptado ante Dios; es su fe la que lo hace aprobado por el Señor. Tomemos el ejemplo de Esaú y Jacob.

Ambos eran hijos legítimos de Isaac, gemelos, nacidos de una misma madre, Rebeca. Y aunque Jacob era un engañador, un sinvergüenza, recibió la bendición de Dios, mientras que Esaú, el primogénito, el heredero legítimo, fue rechazado por Dios. Esto no tiene sentido dentro de la lógica natural. Esaú quizás era una mejor persona que Jacob. ¿Por qué fue rechazado y su confiado hermano aceptado? Pablo lo explica de esta manera:

> Porque la palabra de la promesa es esta: Por este tiempo vendré, y Sara tendrá un hijo. Y no sólo esto, sino también cuando Rebeca concibió de uno, de Isaac nuestro padre (pues no habían aún nacido, ni habían hecho aún ni bien ni mal, para que el propósito de Dios conforme a la elección permaneciese, no por las obras sino por el que llama), se le dijo: El mayor servirá al menor. Como está escrito: A Jacob amé, mas a Esaú aborrecí. —Romanos 9:9–13

En este pasaje Pablo deja en claro que Dios eligió a Jacob y no a Esaú, mientras estaban todavía en el vientre. Antes de nacer, antes de que hubieran hecho algo bueno o malo el Señor aceptó a Jacob y rechazó a Esaú. ¿Por qué? Él miró hacia el futuro en sus vidas y vio la fe de Jacob y la incredulidad de Esaú. Dios hizo su elección basado en su pre-ciencia o su pre-conocimiento de la fe de los dos. Porque sabía que en el futuro Jacob creería en él y Esaú no, Dios hizo su elección entre ambos. No de acuerdo con sus acciones en el mundo natural, sino de acuerdo con su fe. No por obras, buenas o malas, sino por su fe en Dios.

Pablo utilizó este caso para demostrar que el nacimiento natural no hace a una persona aceptable ante Dios. Jacob llegó a convertirse en Israel. Engendró doce hijos que nacieron de diferentes esposas y siervas (Génesis 35:23–26). Sin embargo, todos ellos fueron hombres de fe, de modo que llegaron a ser las cabezas de las doce tribus de Israel. El nacimiento natural, legítimo o ilegítimo, no es el factor determinante en la elección de una persona por parte de Dios. Ese factor es la fe.

Tanto Mateo como Lucas nos proveen la genealogía de nuestro Señor Jesucristo, en Mateo 1, y Lucas 3. Mezclados a través de su familia natural encontramos a varios gentiles. Tres de las cuatro mujeres mencionadas en la versión de Mateo eran gentiles: Rahab, Ruth y Betsabé. Aún Jesús no era un judío puro por nacimiento. Era un hijo de Abraham no por ser un descendiente físico sino por haber nacido por el Espíritu de Dios. No es el nacimiento natural sino espiritual el que hace a un individuo hijo de Abraham y por lo tanto hijo de Dios

En Romanos 9:7 cuando Pablo dijo: "ni por ser descendientes de Abraham, son todos hijos; sino: En Isaac te será llamada descendencia" estaba diciendo que Isaac representa la fe, y que es la simiente de fe la que cuenta para Dios. Esta palabra "descendencia" es singular. Encontraremos esta palabra a través de todo el capítulo 3 de Gálatas. "(Pues no habían aún nacido, ni habían hecho aún ni bien ni mal, para que el propósito de Dios conforme a la elección permaneciese, no por las obras sino por el que llama), se le dijo: El mayor servirá al menor" (Romanos 9:11–12).

¿Recuerda lo que Pablo dijo acerca de su llamamiento en Gálatas uno? Dijo que Dios lo escogió por gracia desde el vientre de su madre porque no había tenido todavía la oportunidad de hacer algo que lo hiciera merecedor de ser escogido por Dios. La elección (la redención, la justicia) no puede ser por obras. Es enteramente la acción de Dios sin importar sus acciones buenas o malas.

"Como está escrito: A Jacob amé y a Esaú aborrecí (Romanos 9:13). Esta es una cita que el apóstol toma de Malaquías 1:2–3. Algunas personas tienen dificultad con lo que dice este pasaje. Piensan que Dios es injusto porque juzga a las personas aun antes de que hayan nacido. Pero él no es injusto. Su opinión de una persona no la determinan sus acciones; la determina la cantidad de fe que ve en su interior.

Siendo que él puede ver el fin desde el comienzo, el Señor no tiene que esperar hasta que un individuo haya vivido toda su vida para saber lo que tiene en su interior. La presencia o ausencia de fe es evidente para nuestro Padre celestial desde el momento de nuestra concepción.

La elección o escogencia que Dios hace antes de que el individuo nazca no es injusta; simplemente se basa en su presciencia o pre-conocimiento. El destino de una persona no es predeterminado o predestinado si él o ella no tienen opción en el asunto. El apóstol Pedro dirigió su primera epístola a los "elegidos según la presciencia de Dios Padre" (1 Pedro 1:2). La elección de Dios es previa al momento del nacimiento, pero se basa en el pre-conocimiento de la vida de una persona, no en lo que ella hará sino en la cantidad de fe que ella demuestre.

La elección (la salvación) es por gracia basada en la fe; no es producto de obras. Si la elección no es por obras tampoco lo es la justicia, porque nadie puede conservar por obras de la ley lo que nunca ganó por ellas. Nosotros que somos salvos por gracia mediante la fe, "somos guardados por el poder de Dios mediante la fe, para alcanzar la salvación" (1 Pedro 1:5).

La justicia, como la redención, es toda por gracia mediante la fe.

IV. Los Judíos Primero

3:8 Y la Escritura, previendo que Dios había de justificar por la fe a los gentiles, dio de antemano la buena nueva a Abraham, diciendo: *En ti serán benditas todas las naciones.*

...en ti serán benditas todas las naciones.

Esta cita es de Génesis 12:3 cuando Dios le prometió a Abraham que por cuanto creyó le creyó, bendeciría a través de él a todas las naciones. La frase "todas las naciones" se refiere no solamente a los gentiles, los no judíos, sino también a los judíos porque todavía la nación judía no existía como tal.

Y la Escritura, previendo que Dios había de justificar por la fe a los gentiles...

¿Quiénes son los gentiles? Usted y yo. Nosotros, los que no somos judíos, somos llamados gentiles o paganos en el mundo natural. ¿Cómo somos salvos? Mediante la fe. Si eso es así, ¿cómo son salvos los judíos? De la misma manera, mediante la fe. En el tiempo en que Dios hizo esta promesa a Abraham, no había judíos; todos eran gentiles o paganos, incluso Abraham. Como dice Pablo de Abraham en su carta a los Romanos:

> ¿Cómo, pues, le fue contada? ¿Estando en la circuncisión, o en la incircuncisión? No en la circuncisión, sino en la incircuncisión. Porque no por la ley fue dada a Abraham o a su descendencia la promesa de que sería heredero del mundo, sino por la justicia de la fe. Y no se debilitó en la fe al considerar su cuerpo, que estaba ya como muerto (siendo de casi cien años), o la esterilidad de la matriz de Sara. Tampoco dudó, por incredulidad, de la promesa de Dios, sino que se fortaleció en fe, dando gloria a Dios, plenamente convencido de que era también poderoso para hacer todo lo que había prometido; por lo cual también su fe le fue contada por justicia. —Romanos 4:10, 13, 19–22

Abraham no era todavía un judío físico cuando fue justificado; él fue salvo por fe, igual que cualquier otra persona. No nació siendo judío ni era uno de la circuncisión en la carne, sino que fue circuncidado después de haber creído como una señal de su relación de pacto con Dios. El primer judío fue, pues, un pagano que un día tuvo fe en Dios y desde ese día en adelante fue acepto ante el Señor por su fe. Con Abraham, el hombre de fe, Dios comenzó una nueva raza sobrenatural llamada los judíos. Si Abraham, el primer judío, fue salvo por gracia a través de la fe y no por obras, entonces sus descendientes son salvos de la misma manera. No hay entonces distinción entre judíos y gentiles. Todos son salvos de igual manera, por fe en la obra terminada del Señor Jesucristo...

A Abraham se le predicó antes el evangelio diciendo: "En ti serán benditas todas las naciones."

Abraham recibió la Palabra del Señor siendo todavía un pagano. Creer esa Palabra lo cambió de pagano a creyente. Llegó a ser el primer judío por causa de su fe. La marca o señal de la fe de Abraham fue la circuncisión. El pacto fue establecido sobre el fundamento de la fe, no de las obras. La circuncisión fue solamente la correspondiente acción de fe en la promesa de salvación de Dios por gracia. La circuncisión no salvó a Abraham; ella fue solamente una señal exterior de que había sido realmente apartado para Dios y que había recibido salvación.

¿Quién le predicó el evangelio a Abraham para que pudiera creer y ser salvo? La respuesta la encontramos en Génesis 12 donde el Señor se le aparece mientras estaba todavía en Ur de los Caldeos. Jesucristo predicó el evangelio a Abraham (v. 17). La palabra Caldeo se deriva de una antigua palabra armenia que significa adoración a la luna. Los caldeos eran paganos, adoradores de la luna. Abraham no era diferente de los demás paganos de su tiempo y de su nación. Sin embargo, viendo su fe, el Señor lo escogió de entre esa pagana sociedad y se le apareció para predicarle (o declararle) el evangelio.

¿Cuál fue el evangelio que Abraham recibió del Señor? ¿Qué significa la palabra evangelio? Buenas nuevas, o buenas noticias. ¿Cuál es la buena noticia que recibe una persona que es salva? El mensaje que dice que: "De tal manera amó Dios al mundo, que ha dado a su Hijo unigénito para que todo aquel que en él cree, no se pierda, mas tenga vida eterna" (Juan 3:16).

La gente es salva por las buenas nuevas de que el Hijo de Dios vino a esta tierra para morir por los pecados del ser humano; murió y fue sepultado y al tercer día se levantó de la tumba para ascender a los cielos. Y un día regresará para recibir a todos los que pusieron su fe y su confianza en él. ¿No es eso, básicamente, lo que le decimos a la gente que debe confesar (o declarar) a fin de ser salvos? ¿No les enseñamos "que si confesares con tu boca que Jesús es el Señor, y creyeres en tu corazón que Dios le levantó de los muertos, serás salvo (Romanos 10:9)?

Para que una persona sea salva debe oír las buenas nuevas; no puede creer si no las ha oído. Eso es lo que Pablo enfatiza ocho versículos más adelante cuando dice: "la fe viene por el oír, y el oír por la palabra de Dios" (Romanos 10:17). Si Abraham había de creer para ser salvo, tenía que oír primero de Dios porque no podía creer lo que nunca había oído. La única persona que predicaba el evangelio en los días de Abraham fue el Señor mismo. Por eso se le apareció a Abraham en Ur de los Caldeos, para declararle las buenas nuevas. Abraham le creyó a Dios, aceptó y actuó de acuerdo con la Palabra de Dios y por eso fue declarado justo. Abraham fue salvo por la gracia de Dios a través de la fe en su Hijo.

¿Qué prueba tenemos de este acto? En Juan 8:56 el Señor Jesucristo dijo a los fariseos: "Abraham vuestro padre se gozó de que había de ver mi día; y lo vio, y se gozó." Abraham vio el día de Jesucristo. Fue salvo al mirar hacia adelante a la obra futura del Salvador, así como usted y yo somos salvos por mirar hacia atrás a su obra terminada en el Calvario.

¿Cómo fue salvo Abraham, el primer judío? Por creer en el evangelio de la muerte, sepultura y resurrección del Mesías venidero. ¿Cómo recibió él el evangelio? Le fue proclamado por el Señor mismo. ¿Cómo fueron salvos los demás judíos en los días del Antiguo Testamento? Por creer el evangelio. ¿Cómo les fue predicado? Por el Señor mismo a través de los sacrificios rituales en el templo que proyectaban continuamente ante sus ojos la obra sacrificial expiatoria del futuro Mesías.

Cuando Jesús dijo a los fariseos que Abraham se regocijó al ver su día, se indignaron:

> Entonces le dijeron los judíos: Aún no tienes cincuenta años, ¿y has visto a Abraham? Jesús les dijo: De cierto, de cierto os digo: Antes que Abraham fuese, yo soy. Tomaron entonces piedras para arrojárselas; pero Jesús se escondió y salió del templo; y atravesando por en medio de ellos, se fue. —Juan 8:57-59.

¿Por qué trataron los judíos de apedrear a Jesús? Se enojaron porque se había atrevido a declarar que era Dios, el Sapientísimo, (el que todo lo sabe) el Todo suficiente, el Eterno, el Gran Yo Soy. Ellos no vieron quién era él realmente. Miraron el hombre exterior pero no percibieron el Espíritu que había en él.

Abraham reconoció al Señor y creyó en él, y vio venir su día. La acción de creer lo salvó, no sus obras.

V. Bendecidos con Abraham (9–10)

3:9 De modo que los de la fe son bendecidos con el creyente Abraham.

Los de la fe son bendecidos...

Note que no dice que los de las obras son bendecidos, sino los que son de la fe.

...con el creyente Abraham.

El creer es fe en acción. Es tomar la fe interior y ponerla en acción en el exterior.

Si usted es un cristiano y no está siendo bendecido con el creyente Abraham, debe preguntarse qué anda mal. ¿Por qué otros a su alrededor son bendecidos continuamente, mientras que usted va por la vida escasamente pasando, sin disfrutar realmente de toda su abundancia? Quizás la respuesta sea que no está tomando la fe que habita en usted y poniéndola en acción por la causa de Cristo y su reino.

Abraham no se contentó con solamente sentarse y confesar su fe. Él puso su fe en acción. La fe es como un músculo. Todos tenemos músculos pero algunos tenemos músculos más grandes y más fuertes que otros. ¿Por qué? Quienes tienen músculos fuertes generalmente están usándolos continuamente. De igual manera la gente no es bendecida por tener fe sino por ejercitarla.

No es oír la Palabra solamente lo que importa, aunque debemos oírla. Es poner en práctica la Palabra que oímos y creer que realmente produce resultados. Es poner a obrar la fe lo que produce la bendición de Abraham.

3:10 Porque todos los que dependen de las obras de la ley están bajo maldición, pues escrito está: *Maldito todo aquel que no permaneciere en todas las cosas escritas en el libro de la ley, para hacerlas.*

Esta es una cita de Deuteronomio 27:26: "Maldito el que no confirmare las palabras de esta ley para hacerlas" Deuteronomio 27:26. Lo que Pablo está diciendo aquí es que la maldición de la ley existió antes de que fuera dada la ley. ¿Cuál es a maldición triple de la ley pronunciada sobre cualquiera que no la cumple en cada uno de los detalles? Pobreza, enfermedad y muerte. ¿No existían todas estas tres cosas antes de que la ley le fuera dada al ser humano? Si existían antes y si todavía existen en el día de hoy, entonces la ley no anula la maldición. Está ahí y estará hasta el fin de esta era cuando será totalmente aniquilada y eliminada para siempre. Hasta ese día usted y yo sólo podemos ser libres de la maldición de una manera: permaneciendo en Cristo Jesús quien la tomó sobre sí mismo por nosotros en la cruz del Calvario, y al andar en el Espíritu no practicaremos las lujurias de la carne.

Como creyentes no estamos bajo maldición porque fuimos redimidos de ella. Fuimos crucificados con Cristo Jesús, no obstante vivimos, pero no nosotros sino que es Cristo quien vive en nosotros. Y la vida que ahora vivimos en la carne la vivimos en la fe del Hijo de Dios, quien nos amó y se entregó a sí mismo por nosotros (Gálatas 2:20). Nuestra nueva vida está marcada por la bendición de Abraham la cual viene sobre nosotros a medida que ejercitamos la fe. Nosotros, que somos de la fe, somos realmente bendecidos con el creyente Abraham por causa de lo que Dios ha hecho por nosotros a través de Cristo Jesús.

3:11-20 El Pacto Abrahámico

I. La Ley no es de Fe (11–12)

En el último capítulo miramos en el versículo 10 la declaración de que quienes están sujetos a la ley están bajo maldición porque "maldito todo aquel que no permaneciere en todas las cosas escritas en el libro de la ley, para hacerlas." Notamos que nadie está en capacidad de guardar cada punto de toda la ley; por lo tanto, caemos bajo la maldición de la ley. Esta no solamente nos hace esclavos de un sistema de prohibiciones y reglas que dice "haz esto, no hagas aquello" sino que en realidad nos condena porque no somos capaces de vivir bajo tal sistema. Por lo tanto la ley llega a ser nuestra condenación y no nuestra liberación. Por eso es que afirmamos que Dios nunca dio la ley como un medio de salvación sino solamente para hacer que el ser humano se diera cuenta de su incapacidad de salvarse por sí mismo. Entonces puede acudir a Dios para recibir el don gratuito de la salvación, comprado y pagado por la sangre que derramó su Hijo Jesucristo.

Una vez que se ha recibido la salvación por gracia mediante la fe, nosotros los creyentes a veces cometemos el error de tratar de complacer a Dios por medio de obras de justicia: Leemos la Biblia, oramos, ayunamos, testificamos a otros acerca de Cristo, asistimos regularmente a la iglesia, damos diezmos y ofrendas, hacemos buenas obras, y sigue la lista. Todo eso es bueno. El error que cometemos al hacer todas estas cosas es pensar que por hacerlas alcanzamos o retenemos la justicia porque estamos agradando a Dios. La verdad es que la Palabra de Dios deja bien en claro que es la fe la que complace al Señor, no las obras de la ley. No fueron las obras las que nos salvaron, y naturalmente de ello se sigue que no son las obras las que nos hacen espirituales. Por el contrario, muchas veces nuestras obras, nuestros propios esfuerzos impiden que obremos justicia porque desvían nuestra mirada de la fuente de nuestra justicia para enfocarla en nosotros mismos.

3:11 Y que por la ley ninguno se justifica para con Dios, es evidente, porque: El justo por la fe vivirá.

Continuando con esta misma idea en el versículo 11, Pablo Señala que nadie es justificado (declarado justo) por la ley sino por la fe. Somos salvos por fe para vivir una vida de fe.

Empezar nuestra vida cristiana por fe y luego intentar vivir por obras es caer de nuevo en el legalismo. Una persona no puede permanecer siendo justa por obras así como no puede llegar a ser justa por ellas. La vida cristiana es una vida de fe desde el principio hasta el fin. La Biblia nos dice que "el justo [quienes son salvos por fe] por la fe vivirá."

Entonces, ¿por qué hacemos obras? No las hacemos para ganar el favor del Señor. Él se agradó de nosotros antes de habernos salvado. Eso es la gracia: el favor de Dios. En primer lugar, fue por su gracia que fuimos salvados. Por lo tanto, si no fue por obras que logramos su favor, tampoco lo podemos retener por ellas.

Hacemos obras porque amamos al Señor y estamos agradecidos con él por sus obras maravillosas. No obramos para agradar a Dios, más bien nuestras obras son evidencia de que él ¡ya está complacido con nosotros!

En el versículo 11 vuelve a surgir el tema dual del libro de Gálatas: 1) la justificación por fe, y 2) la espiritualidad por fe. Las obras no justifican a una persona a los ojos de Dios. Quizás lo justifiquen ante los hombres pero no a la vista del Señor.

"¿Pero no dice Santiago que Abraham fue justificado por las obras?"

"Sí; sí lo dice en el capítulo 2 versículo 21 de su epístola: "¿No fue justificado por las obras Abraham nuestro padre, cuando ofreció a su hijo Isaac sobre el altar?" Esa acción fue una obra pero ella no lo justificó delante de Dios; lo justificó ante los hombres. Verá, los hombres necesitaban saber que Abraham creyó y que el Señor le contó o acreditó esa creencia como justicia. Lo mismo es verdad en nuestra vida. La gente necesita ver nuestras buenas obras y glorificar a nuestro Padre en los cielos, tal como lo dijo Jesús en Mateo 5:16. Pero él no dijo que seríamos salvos por esas buenas obras.

Entonces, si no somos salvados por buenas obras, ¿cuál es su propósito?"

El propósito de las obras no es nuestra salvación sino la de los demás. ¿Qué quiero decir con ello? Sencillamente lo siguiente: El mundo no puede ver en nuestro interior. Para ellos nosotros somos simplemente seres humanos como ellos. Nuestra apariencia externa dice que somos una cosa, pero Dios mira el corazón. Él ve la fe en nuestro corazón y esa fe lo complace. No necesitamos probarle a él nuestra fe para que nos salve, pero otras personas necesitan ver alguna manifestación externa de nuestra fe si es que han de ser convencidos de que tenemos algo que ellos no tienen. El mundo no puede ver nuestra fe; solamente puede ver los resultados de ella: nuestras buenas obras.

Las obras, como las lenguas, no son una señal para el creyente niño para el incrédulo (1 Corintios 14:22). Nuestras buenas obras no son el medio por el cual ganamos puntos con Dios; son el medio por el cual ganamos almas para Dios ¿Piensa usted que Dios está más interesado en que ganemos puntos o en que seamos como Jesús de Nazaret? ¿Cuál de estas dos cosas piensa que le agrada más? ¿Cuál de las dos cree que tendrá mayor impacto positivo sobre los incrédulos? ¿No cree usted que él está más interesado en que seamos ungidos por el Espíritu Santo con poder y que hagamos bien y sanemos a todos los oprimidos del diablo porque Dios está con nosotros? (Hechos 10:38)

...el justo por su fe vivirá.

Esta es una cita de Habacuc 2:4: "El justo por su fe vivirá." ¿Es usted justo? Si es así, ¿cómo llegó a serlo? Por fe. ¿Cómo vive ahora que es justo? Por fe. La fe introduce a una persona al reino de Dios y ella la mantiene allí una vez que entra. Empezamos por fe y no nos volvemos luego a la ley; nos mantenemos en la fe. Empezamos por fe y nos mantendremos en ella. Nosotros que somos justos, vivimos por nuestra fe.

3:12 y la ley no es de fe, sino que dice: "El que hiciere estas cosas vivirá por ellas."

Este versículo es una cita de Levítico 18:5, parte de la ley que Dios dio a los hijos de Israel a través de Moisés. "Por tanto, guardaréis mis estatutos y mis ordenanzas, los cuales haciendo el hombre, vivirá en ellos."

Si menospreciamos la fe y la verdadera espiritualidad y tratamos de alcanzar justificación por esfuerzo propio, entonces estamos obligados a vivir toda nuestra vida por la ley. Una vez que decidimos vivir por la ley estamos obligados a permanecer en ella. Deuteronomio 28 nos advierte que cualquiera que no continúa bajo la ley acarrea maldición sobre sí mismo. No es fácil continuar en la ley porque violar una parte de ella equivale a violarla toda.

Cuando los no judíos nos referimos a la ley generalmente la asociamos con los Diez Mandamientos, pero ellos no eran la totalidad de la ley judía. La ley la componen los primeros cinco libros de la Biblia. Hay alrededor de 615 mandamientos en esos cinco libros. Guardar 614 de esos mandamientos no es suficiente; ofender en uno, o violar uno siquiera es violarlos todos. Cualquiera que piense que puede ser justo por guardar la ley se ha desconectado de Dios.

Es imposible guardar todas las partes de la ley. Esa es una razón por la cual la Biblia enseña que "por las obras de la ley nadie será justificado" (Gálatas 2:16). Ninguna persona es lo suficientemente perfecta para guardar la ley todo el tiempo. Quebrantar la ley es atraer maldición sobre el transgresor.

Esa maldición todavía existe, está vigente y en operación. Por eso es que los cristianos no pueden vivir de cualquier manera que quieran y a pesar de ello prosperar en todas las áreas de su vida.

Es cierto que ya no estamos bajo el antiguo pacto o sea bajo la ley. Estamos bajo el nuevo pacto pero eso no significa que estamos sin ley. Nuestro Señor nos libró de la maldición de la ley para que la bendición de Abraham pudiera venir sobre nosotros.

Sin embargo, si nos movemos fuera de su círculo de protección cometiendo pecado conscientemente, entonces los efectos de la maldición todavía pueden venir sobre nosotros (a menos que el pecado sea eliminado).

"Bueno, si nadie pudo guardar la ley, ¿cómo es que la gente del Antiguo Testamento pudo ser justificada? ¿Qué ocurría cuando quebrantaban la ley una y otra vez?"

"Pues seguían ofreciendo sacrificios sangrientos vez tras vez. Esos sacrificios no los salvaban, tan solo señalaban al que podía salvarlos: El Mesías que vendría. Los sacrificios de animales fueron simplemente un medio de enseñarle a la gente acerca del Cristo que un día futuro vendría para ofrecerse a sí mismo como el Cordero de Dios para quitar de manera permanente el pecado del mundo. La sangre derramada en los altares del Antiguo Testamento fue símbolo de la sangre expiatoria de Jesucristo, que es la única que tiene el poder lavar el pecado y limpiar la injusticia.

Los pecados de los santos del Antiguo Testamento fueron limpiados de la misma manera en que son limpiados los suyos y los míos: por la sangre que derramó el Señor Jesucristo, porque: "sin derramamiento de sangre no se hace remisión" (Hebreos 9:22). La diferencia es que la sangre de animales nunca podía borrar los pecados; sólo podía cubrirlos hasta que la sangre del Cordero pudiera limpiarlos para siempre. Usted y yo ya no tenemos que ofrecer continuamente la sangre de animales para obtener perdón de pecados; simplemente tenemos que aplicarles la sangre de Cristo. ¿Cómo podemos hacerlo? La respuesta la encontramos en 1 Juan 1:9: "Si confesamos nuestros pecados, él es fiel y justo para perdonar nuestros pecados, y limpiarnos de toda maldad."

Si la sangre de Jesucristo limpia nuestros pecados para que podamos ser aceptos delante de Dios en primer lugar, entonces esa misma sangre continúa limpiándonos hoy de toda injusticia. Si nos limpió, también nos mantiene limpios. Luego la manera de cumplir con toda justicia y caminar bajo la protección divina no es guardar la ley sino andar en constante comunión con el Señor Jesucristo.

II. El Gran Intercambio (13–14)

A. Cristo Asume la Maldición

> 3:13 Cristo nos redimió de la maldición de la ley, hecho por nosotros maldición (porque está escrito: *Maldito todo el que es colgado en un madero*).

El tiempo verbal utilizado en esta oración en el idioma griego indica que esta es una acción pasada y terminada. Cristo nos redimió de la maldición de la ley una vez y para siempre.

...se hizo por nosotros maldición...

La forma en que el Señor nos redimió de la maldición fue tomándola sobre sí mismo. ¿Qué significa eso de que por nosotros se hizo maldición? Significa que aunque él era absolutamente justo, realmente llegó a ser pecado. Era la salud, pero llegó a ser enfermedad. Tenía las riquezas de los cielos, pero tuvo que hacerlas a un lado y asumir la pobreza. ¿Por qué hizo todo eso? Por nosotros.

En 2 Corintios 8:9, Pablo nos dice: "Porque ya conocéis la gracia de nuestro Señor Jesucristo, que por amor a vosotros se hizo pobre, siendo rico, para que vosotros con su pobreza fueseis enriquecidos." Para que nosotros llegáramos a ser lo que Cristo es, él tuvo que convertirse en lo que nosotros éramos. Él fue maldecido para que nosotros fuésemos bendecidos. Llevó nuestras enfermedades para que nosotros tuviéramos salud. Se hizo pobre para que nosotros fuéramos ricos. Estas son las tres categorías de la maldición de la ley: pobreza, enfermedad y muerte espiritual. En cada uno de estos casos Jesucristo tomó sobre sí la maldición para que nosotros pudiéramos ser libres de ella.

B. La maldición trae muerte

Consideremos el caso de la muerte espiritual. ¿Murió Jesús espiritualmente por nosotros? Miremos 2 Corintios 5:21: "Al que no conoció pecado, por nosotros lo hizo pecado, para que nosotros fuésemos hechos justicia de Dios en él." El que no conoció pecado se hizo pecado para que nosotros fuésemos hechos justicia de Dios en él. Nosotros éramos injustos y Jesucristo era justo, pero Dios hizo injusto a su propio Hijo para que nosotros pudiéramos ser justos. ¡Qué intercambio!

Nuestro Señor tomó sobre sí mismo nuestra pecaminosa naturaleza humana para que recibiéramos su justa naturaleza divina. Tomó nuestro pecado a cambio de su santidad. Si eso es así, si al recibirlo recibimos su naturaleza y su santidad, ¿por qué entonces tratamos de lograr santidad por nuestros propios esfuerzos? ¿Podríamos esperar alcanzar alguna vez por medio de nuestros débiles esfuerzos humanos lo que Dios derramó gratuitamente sobre nosotros a través de la persona de su propio querido Hijo? ¿Quién sería tan tonto como para tratar de alcanzar una justicia por sí mismo cuando ya ha recibido gratuitamente la divina justicia del mismo Hijo de Dios? ¿Puede usted ver por qué Pablo llama tontos a los gálatas? Ese intercambio parece tan bueno que por eso a algunas personas se les hace difícil creerlo. Por eso se les dificulta tanto recibirlo, porque esa es precisamente la manera en que se recibe: creyendo. Esa creencia se llama fe. La justicia de Dios en Cristo se recibe como recibe usted cualquier regalo: "Porque por gracia sois salvos, por medio de la fe; y esto no de vosotros, pues es don de Dios; no por obras para que nadie se gloríe" (Efesios 2:8–9). El mismo Pablo que escribió estas palabras también escribió en Romanos 5:17 que la justicia es un don. ¿Qué tenemos nosotros para darle a Dios a cambio de su justicia? Nada. Absolutamente nada. Si tuviéramos que dar algo a cambio para recibirla, entonces no sería un don gratuito.

En la cruz del Calvario hubo un intercambio. Cristo nos dio algo, y él tomó algo a cambio, pero lo que él tomó de nosotros no fue algo que queríamos. Tomó nuestro pecado, nuestras enfermedades y nuestra pobreza, y nos dio su justicia, su salud y sus riquezas.

¿Dónde dice que Cristo tomó nuestra enfermedad? En Isaías 53:4–5: "Ciertamente llevó él nuestras enfermedades, y sufrió nuestros dolores; y nosotros le tuvimos por azotado, por herido de Dios y abatido. Mas él herido fue por nuestras rebeliones, molido por nuestros pecados; el castigo de nuestra paz fue sobre él, y por su llaga fuimos nosotros curados."

Al respecto Mateo escribió: "Y cuando llegó la noche, trajeron a él muchos endemoniados; y con la palabra echó fuera a los demonios, y sanó a todos los enfermos; para que se cumpliese lo dicho por el profeta Isaías, cuando dijo: El mismo tomó nuestras enfermedades, y llevó nuestras dolencias." (Mateo 8:16–17

Pedro escribió: "Él mismo llevó nuestros pecados en su cuerpo sobre el madero, para que nosotros, estando muertos a los pecados, vivamos a la justicia; y por cuya herida fuisteis sanados" (1 Pedro 2:24).

Jesús asumió por nosotros la maldición de la enfermedad para que nosotros fuéramos sanados. ¿Estuvo Jesús enfermo alguna vez? No existe ningún registro de que lo estuviera. Nunca experimentó un día de enfermedad en su vida. Ciertamente no trajo ninguna enfermedad con él desde los cielos; no había ninguna allí para traer. Él proclamó que vino a esta tierra para hacer la voluntad de su Padre en los cielos. Mientras estuvo aquí "anduvo haciendo bienes y sanando a todos los oprimidos por el diablo" (Hechos 10:38). Pero cuando Jesucristo fue a la cruz del Calvario, tomó sobre sí mismo nuestras enfermedades así como nuestros pecados para que nosotros recibiéramos su sanidad lo mismo que su santidad. También tomó nuestra pobreza para que recibiéramos sus riquezas. Jesús se hizo pobre en la cruz. Cuando anduvo en la tierra fue próspero, así como fue sin pecado y sano en todo su cuerpo y su mente.

¿En dónde se hizo pecado Jesús? En la cruz. ¿Cuándo fue pobre y enfermo? En la cruz. ¿Por qué? Jesús fue estas cosas en la cruz porque está escrito: "Maldito todo el que es colgado de un madero" (no todo el que anda sobre la tierra). Por lo tanto, si Cristo se convirtió en maldición por nosotros para que nosotros fuésemos bendición, si tomó sobre sí mismo por nosotros nuestro pecado, nuestra enfermedad, nuestra pobreza y nuestra muerte espiritual para que recibiéramos su justicia, salud, riquezas y vida eterna y abundante, ¿por qué habríamos de esforzarnos para obtener estas cosas por nosotros mismos? Todo lo que tenemos que hacer, todo lo que podemos hacer es recibirlas gratuitamente como un don de Dios el Padre quién cargó nuestros pecados sobre su propio Hijo y los clavó en un madero. Eso quiere decir que si Jesús vivió una vida libre de pecado sobre esta tierra, lo mismo podemos hacer usted y yo. Si él anduvo libre de enfermedades y dolencias, usted y yo también podemos hacerlo. Si vivió libre de pobreza, igual lo podemos hacer nosotros.

"Pero Jesús dijo que él no tenía un lugar donde reclinar su cabeza."

Correcto. Eso es porque era un ministro. Eso no significa que era pobre, sólo que era itinerante. Jesús viajaba con un equipo de doce discípulos además de muchos otros que lo acompañaban a dondequiera que iba. Sin embargo no tenemos registro que alguna vez sufrieran hambre, o desnudez, o que no tuvieran donde posar por carencia de provisión. Incluso cuando envió a los setenta les encargó explícitamente que no llevaran nada con ellos, ni siquiera una muda de vestidos; no obstante cuando regresaron y él les preguntó: "Cuando os envié sin bolsa, sin alforja, y sin calzado, ¿os faltó algo? Ellos dijeron: Nada." (Lucas 22:35). Jesús nunca estuvo sin medios de subsistencia. Él tenía una bolsa de dinero que llevaba Judas Iscariote. Debe haber estado siempre bastante llena porque sabemos que Judas sustraía de su contenido. Jesús daba a los pobres, y las personas pobres no dan a los pobres. Vestía buenos vestidos. El que llevaba cuando lo arrestaron, se quedaron con él los soldados que lo crucificaron. Jesús no fue pobre. No hasta que fue a la cruz. Luego él llegó a ser pobre para que nosotros fuéramos enriquecidos.

Aunque pintores y escultores lo representan en la cruz vistiendo un trapo que le cubría las partes íntimas, históricamente eso no es exacto. Cuando los romanos crucificaban a un individuo, éste siempre estaba completamente desnudo. Esa era parte de la vergüenza de la cruz, de la cual cantamos en muchos de los antiguos himnos de fe. En el Calvario; Jesucristo, el Hijo de Dios, no solamente fue despojado de sus vestimentas sino de su misma comunión con el Padre en el cielo: "Dios mío, Dios mío, ¿Por qué me has desamparado?" (Mateo 27:46). Él fue rechazado por los hombres y rechazado por Dios. Se hizo pecado, enfermedad y pobreza por usted y por mí.

¿No se alegra usted de que Cristo tomó sobre sí la maldición para que nosotros pudiéramos tener la bendición? Él lo hizo una vez y para siempre. Pero cuando Cristo se levantó de la tumba, no resucitó pecador, enfermo o pobre. Nuestro Señor ya no es pecado, enfermedad o pobreza ¡porque ya no está muerto! Él está vivo, está bien y viviendo en gloria donde todas las riquezas de los cielos le pertenecen, y "...como él es, así somos nosotros en este mundo" (1 Juan 4:17). Eso significa que nosotros también estamos vivos, bien, y viviendo en su gloria como beneficiarios de todo lo que es suyo.

C. La Bendición de Abraham

> **3:14 para que en Cristo Jesús la bendición de Abraham alcanzase a los gentiles, a fin de que por la fe recibiésemos la promesa del Espíritu.**

Note que es la maldición de la ley (v. 13), y la bendición de Abraham. Eso es muy interesante. Si Cristo nos redimió de la maldición para que recibiéramos la bendición, ¿por qué no dice Pablo que fuimos redimidos de la maldición de la ley para que la bendición de la ley viniera sobre nosotros? ¿Por qué cambia él de la maldición de la ley a la bendición de Abraham? Porque las dos son la misma cosa. La misma bendición que usted y yo recibimos del Señor Jesucristo, es la misma que hubiéramos recibido si hubiéramos sido capaces de guardar la ley con absoluta perfección. Siendo que Jesús cumplió la ley perfectamente por nosotros, nosotros recibimos la bendición como si hubiéramos calificado y la hubiéramos cumplido. Esta bendición es la misma que Abraham recibió, no porque hubiera cumplido la ley a la perfección –todavía no había ley para guardar–, sino porque le creyó a Dios. Por lo tanto es posible andar en la bendición de la ley sin siquiera conocerla.

La ley fue añadida 430 años después de que Abraham viviera sobre esta tierra. Él nació, vivió su vida y murió antes de que Dios diera la ley. No obstante vivió en bendición. Aquí estamos usted y yo miles de años después de que se diera y se cumpliera la ley, sin embargo recibimos la misma bendición de Abraham. Si Abraham vivió libre de la ley, lo mismo podemos hacer usted y yo. Pablo estaba procurando instruir a los creyentes de Galacia: Nunca le permitan a nadie someterlos a una ley a la que ustedes, como Abraham, nunca estuvieron sujetos. "A fin de que por la fe [a través de Cristo Jesús] recibiésemos la promesa del Espíritu" (v. 14). Note que es a través de Jesús, no a través de la ley, que estamos en capacidad de recibir la promesa del Espíritu. ¿Por qué medio? Mediante la fe. Repito, no es a través de la ley que recibimos la bendición de Abraham; la recibimos de la misma manera que Abraham la recibió: a través de la fe.

II. El Pacto Abrahámico y nosotros (15–16)

> 3:15 Hermanos, hablo en términos humanos: Un pacto, aunque sea de hombre, una vez ratificado, nadie lo invalida, ni le añade.

Aquí Pablo empieza una analogía entre el pacto Abrahámico y el acuerdo legal. Con el fin de hacer claro su argumento él pone el pacto que Dios hizo con Abraham en términos humanos, comparándolo con un pacto (o contrato) realizado entre dos individuos en la tierra.

...el cual una vez ratificado, nadie lo invalida, ni le añade.

Una vez que se elabora un contrato entre dos personas y es acordado y confirmado (o ratificado) con sus firmas, desde ese momento en adelante el acuerdo es inalterable por una de las partes sin consentimiento de la otra.

Sigamos la lógica de Pablo y apliquemos esta regla al pacto Abrahámico. Este contrato entre Dios y Abraham fue elaborado y ratificado incluso antes de que fuera dada la ley.

La ley fue dada a Moisés pero el pacto se hizo entre Dios y Abraham aún mucho antes de que Moisés naciera. Por lo tanto, la ley mosaica no podía reemplazar un contrato previamente existente: el pacto Abrahámico. Si Dios hubiera roto su pacto con Abraham después de la muerte de éste, hubiera sido peor que alguien que rompe un contrato; hubiera sido un engañador porque habría esperado hasta que Abraham muriera para cambiar su contrato con él. Eso hubiera puesto a Dios por debajo del nivel humano.

> 3:16 Ahora bien, a Abraham fueron hechas las promesas, y a su simiente. No dice: Y a las simientes, como si hablase de muchos, sino como de uno: Y a tu simiente, la cual es Cristo.

Como sabemos, son necesarias dos partes para hacer un contrato. Las dos partes del contrato Abrahámico fueron Dios (primera parte quien hizo las promesas de bendición), y Abraham y su simiente –o descendencia– (la segunda parte a quien fueron hechas las promesas en mención).

... No dice: Y a las simientes, como si hablase de muchos, sino como de uno: Y a tu simiente, la cual es Cristo."

¿Quién es la simiente de Abraham quien era partícipe de su promesa de bendición? Jesucristo. Sin embargo, Cristo no tenía ninguna necesidad de este contrato. El contrato nos libera de la pobreza, la enfermedad y la muerte. Cristo no necesitaba ser liberado de estas cosas porque jamás estuvo sujeto a ellas. Como la justicia de Dios él no estaba sujeto a la injusticia. Como la encarnación de la salud divina, no estaba sujeto a la enfermedad. Como el creador de todas las riquezas, no estaba sujeto a la pobreza. Como el autor de la vida no estaba sujeto a la muerte. Como el Hijo de Dios él no estaba sujeto a ninguna de estas cosas, hasta el día en que llegó a ser pecado, hasta el momento en que tomó sobre sí mismo nuestras enfermedades, nuestra pobreza y nuestra muerte, para que nosotros recibiéramos su justicia, su salud, sus riquezas y su vida.

> Y Cristo, en los días de su carne, ofreciendo ruegos y súplicas con gran clamor y lágrimas al que le podía librar de la muerte, fue oído a causa de su temor reverente. Y aunque era Hijo, por lo que padeció aprendió la obediencia; y habiendo sido perfeccionado, vino a ser autor de eterna salvación para todos los que le obedecen; —Hebreos 5:7–9.

Como ya lo hemos dicho, Cristo tomó nuestra naturaleza como pecadores. Tomó nuestro lugar en la cruz y sufrió el castigo de nuestro pecado para que nosotros pudiéramos tomar su lugar como justos de Dios. Él se hizo pecado para que nosotros pudiéramos llegar a ser hijos. Las promesas de Dios fueron hechas a la descendencia de Abraham porque Dios sabía que era a través de la obediencia de esa descendencia que Abraham, y todas las generaciones siguientes serían justificadas. La única manera en que Abraham pudo ser declarado justo fue porque de su propia descendencia vendría un Mesías quien cumpliría toda justicia por él [por Abraham].

La única manera en que usted y yo podemos ser declarados justos por Dios a través de la fe es porque nos identificamos con Jesucristo (descendiente de Abraham), quien sufrió nuestro castigo y nos libertó de la ley del pecado y de la muerte. Sin la Descendencia de Abraham, el pacto Abrahámico nunca podría redimir a nadie. Fue a través de la simiente que vino la redención.

Es en la simiente de Abraham que usted y yo estamos incluidos en el pacto Abrahámico. En Efesios 1:3–12 Pablo trata este tema de nuestra identidad con Cristo el Redentor, Descendiente de Abraham:

> Bendito sea el Dios y Padre de nuestro Señor Jesucristo, que nos bendijo con toda bendición espiritual en los lugares celestiales en Cristo, según nos escogió en él antes de la fundación del mundo, para que fuésemos santos y sin mancha delante de él, en amor habiéndonos predestinado para ser adoptados hijos suyos por medio de Jesucristo, según el puro afecto de su voluntad, para alabanza de la gloria de su gracia, con la cual nos hizo aceptos en el Amado, en quien tenemos redención por su sangre, el perdón de pecados según las riquezas de su gracia, que hizo sobreabundar para con nosotros en toda sabiduría e inteligencia, dándonos a conocer el misterio de su voluntad, según su beneplácito, el cual se había propuesto en sí mismo, de reunir todas las cosas en Cristo, en la dispensación del cumplimiento de los tiempos, así las que están en los cielos, como las que están en la tierra. En él asimismo tuvimos herencia, habiendo sido predestinados conforme al propósito del que hace todas las cosas según el designio de su voluntad, a fin de que seamos para alabanza de su gloria, nosotros los que primeramente esperábamos en Cristo.

De acuerdo con el versículo 3, "Dios nos bendijo con toda bendición espiritual en los lugares celestiales en Cristo." Esto es tiempo pasado. Lo que significa que ya hemos sido bendecidos.

"Según nos escogió en él antes de la fundación del mundo" (v.4). Esta palabra "escoger" en el idioma griego significa llamar. Usted y yo fuimos llamados por Dios. ¿Cuándo? Desde antes de la fundación del mundo.

"Habiendo sido predestinados conforme al propósito del que hace todas las cosas (v.5)." Según el versículo 3 fuimos bendecidos por Dios desde antes de la fundación del mundo. Según el versículo 4 fuimos escogidos por Dios en Cristo desde antes de la fundación del mundo. Ahora en el versículo 5 encontramos que fuimos predestinados para ser hijos de Dios desde antes de la fundación del mundo.

"Con la cual nos hizo aceptos en el Amado" (v.6). ¿Cuándo fuimos aceptos en el amado (esto es en Cristo)? Antes de la fundación del mundo.

En el versículo 7 vemos que tenemos redención. En el versículo 8 leemos "que Dios hizo sobreabundar para con nosotros toda sabiduría e inteligencia." En el versículo 9 se nos dice que nos dio a conocer el misterio de su voluntad. En el versículo 11 descubrimos que obtuvimos una herencia. Finalmente en los versículos 11 y 12 aprendemos que esto fue planeado y ejecutado por Dios de acuerdo con su propia voluntad para que nosotros que primeramente confiamos en Cristo, llegáramos a ser para alabanza de su gloria.

Sin embargo, como en el caso de Abraham, ¿cómo pudo Dios hacer todo eso para usted y para mí antes de la fundación del mundo? Ni siquiera estábamos allí. ¿Cómo pudo Dios bendecirnos con el fiel Abraham cuando ni nosotros ni Abraham naceríamos hasta billones y billones de años después? La

única manera en que Dios pudo haber derramado todas esas bendiciones espirituales sobre nosotros antes de la fundación del mundo fue a través de un representante que estaba allí: Su nombre es Jesucristo.

Note que cada una de estas declaraciones es calificada. "Dios nos ha bendecido." ¿Dónde? "En Cristo" (v.3). "Nos ha escogido." ¿Dónde? "En él" (v. 4). "Dios nos ha predestinado para ser adoptados." ¿Cómo? "Por Jesucristo" (v.5). ¿Quién fue llamado antes de la fundación del mundo? Jesucristo. Pero él está sentado en la presencia de Dios por usted y por mí.

Cristo no necesitaba ser llamado. No necesitaba ser escogido. Él no necesitaba ninguna de estas cosas; ya las tenía. Él lo hizo todo por nosotros. Él fue nuestro representante electo. No fue elegido por nosotros para que nos representara, sino que fue elegido por Dios para ser nuestro sustituto en las cortes celestiales, tal como un día fue nuestro sustituto en la cruz del Calvario. Él pagó la pena por nosotros. La muerte de Cristo en la cruz fue nuestra muerte. Su sepultura fue nuestra sepultura; su resurrección y ascensión a los cielos para sentarse a la diestra de Dios el Padre fue nuestra resurrección, ascensión y coronación. ¡Su victoria fue nuestra victoria!

Usted y yo fuimos llamados en Cristo antes de la fundación del mundo. Antes de que se formase la tierra nuestros nombres fueron mencionados en el salón del trono en los cielos. Esa es la clase de relación que tenemos con nuestro Padre celestial. Él nos conoció personalmente por nombre. También nos identificó por nuestros nombres cuando hizo el pacto con Abraham.

"Ahora bien, a Abraham fueron hechas las promesas, y a su simiente" (v.16). Usted no encontrará su nombre o el mío mencionados específicamente en ninguna parte de los relatos del Génesis del pacto Abrahámico. Ni encontrará mención específica de ellos aquí en la discusión que hace Pablo en el capítulo dieciséis versículo 3 de Gálatas. Pero verá que el pacto fue hecho entre Dios (primera parte), y Abraham y su simiente (segunda parte). Es en esta frase "y su simiente," que usted y yo estamos incluidos en el pacto.

Jesús nos estaba representado como parte de la simiente de Abraham. "Y si vosotros sois de Cristo, ciertamente linaje de Abraham sois, y herederos según la promesa" (3:29).

El pacto Abrahámico fue, pues, hecho entre Dios y nosotros. En realidad el pacto Abrahámico dice más o menos lo siguiente: "Ahora bien, a Bob Yandian fueron hechas las promesas." Si usted es cristiano entonces puede sustituir mi nombre por el suyo en ese párrafo de Gálatas 3:16: "Ahora bien, a _____ fueron hechas las promesas."

"No dice: Y a las simientes, como si hablase de muchos, sino como de uno: Y a tu simiente, la cual es Cristo" (v.16). Este no es un contrato físico con una nación física, sino un contrato espiritual con una nación espiritual; nación de la cual usted y yo somos parte. La nación de su Amado.

Las "simientes" son los judíos. La "simiente" es el Señor Jesucristo y todos los que creen en él. Los judíos del tiempo de Jesús pensaban que ellos eran simiente de Abraham por causa de su nacionalidad, pero la "simiente" de Abraham era para bendecir a todas las naciones. Abraham produjo dos descendencias: una nación física llamada Israel, y una espiritual llamada la "simiente." El pacto fue para la raza espiritual.

Las promesas de ese contrato fueron hechas a nosotros individualmente a través de nuestro representante, el Señor Jesucristo. Nuestra parte del pacto también se cumplió por medio de nuestro representante, por su vida de perfecta obediencia al Padre celestial, por su muerte vicaria o sustituta en la cruz del Calvario. Ahora todos nosotros que estamos en Cristo Jesús tenemos el derecho a la bendición de Abraham.

IV. La Ley y el Pacto (17–20)

> **3:17 Esto, pues, digo: El pacto previamente ratificado por Dios para con Cristo, la ley que vino cuatrocientos treinta años después, no lo abroga, para invalidar la promesa.**

Una vez que el acuerdo entre Abraham y el Señor fue confirmado no podía ser cambiado por una parte sin el consentimiento de la otra. Este versículo realmente nos cuenta que fue el Señor Jesús quien apareció a Abraham y recibió el pacto de Dios el Padre.

Si Dios hubiera dado la ley judía para reemplazar el pacto Abrahámico hubiera sido culpable de romper el contrato. Si dos partes acuerdan un contrato que debe durar para siempre, y luego una de ellas lo cambia después de la muerte de la otra, se ha roto el acuerdo. Dios no podía cambiar los términos de su pacto con Abraham 430 años después de la muerte de Abraham sin ser culpable de rompimiento de contrato.

¿Rompió Abraham alguna vez su parte del contrato? Sí, varias veces. Por ejemplo en Génesis leemos que él tomó a Agar, la esclava de su esposa, y tuvo un hijo con ella. Esto fue un quebrantamiento de los mandamientos de Dios que eran fundamento sobre el cual fue hecho el pacto entre Dios y él. Abraham también mintió respecto a la relación con su esposa diciendo que era su hermana. Mentir también constituía un rompimiento del contrato. No obstante, a pesar de estas y otras ofensas cometidas por Abraham, el pacto no fue anulado.

Dios puso ese contrato en vigencia y su intención era que continuara, ya fuera que Abraham cumpliera con su parte, o no. A pesar de las acciones del hombre, Dios está decidido a cumplir su parte del acuerdo. Él ratificó el pacto, y una vez que un contrato es ratificado no puede ser alterado por sólo una de las partes involucradas.

Si esto es cierto, entonces nuestras acciones, nuestro rompimiento del contrato no lo anulan. A pesar de las muchas veces que hemos fallado en el cumplimiento de nuestra parte, Dios todavía no está de acuerdo con nosotros en romper el acuerdo. Por lo tanto nuestro pecado no altera la relación de pacto con nuestro Padre a través del Señor Jesucristo. Nuestros pecados y fallas no invalidan nuestro acuerdo contractual. Todavía somos justicia de Dios en Cristo. Todavía estamos bien, sanos, prósperos y dotados de vida eterna.

"Oh, pero yo no estoy bien" –dirá alguno.

Eso es porque no ha estado aprovechando plenamente el pacto. Éste todavía está vigente. Su enfermedad no anula el contrato. Ni su pecado ni su pobreza, ni siquiera su muerte. El pacto aún sigue firme. Dios no lo cambiará. Si usted no está disfrutando todas las bendiciones de su pacto con Dios no necesita un nuevo contrato; lo que necesita es apropiarse de todos los beneficios del que ya tiene. Y lo hace de la misma manera en que llegó a ser parte del acuerdo: a través de la fe.

3:18 Porque si la herencia es por la ley, ya no es por la promesa; pero Dios la concedió a Abraham mediante la promesa.

La venida de la ley no anuló las promesas del pacto. La bendición no fue dada a Abraham por la ley que vino 430 años después. La bendición le fue dada mediante promesa.

Suponga que yo prometo darle a mi hermano cien dólares después del culto en la iglesia, y que él acuerda recibir el regalo. ¿Quién tiene la obligación de cumplir el acuerdo? ¿Él o yo? La obligación es mía. Y lo es porque fui yo quien hizo la promesa. Yo no estoy obligado por ley sino por nuestro acuerdo. Dios hizo promesas a Abraham. La obligación de cumplir esas promesas no era de Abraham sino de Dios. No tiene nada que ver con ley alguna sino con el acuerdo. Si Dios ha prometido bendecirnos y nosotros hemos acordado recibir esa bendición, luego de quién es la obligación de cumplir con el acuerdo, ¿de nosotros o de Dios? De Dios. ¿Cuál es nuestra parte? Recibir la bendición. Dios se ha obligado a mantener su Palabra de promesa. Estamos obligados a recibir el beneficio de esa promesa simplemente alargando la mano y tomándolo. Dios promete, nosotros recibimos, y asunto arreglado.

Entonces, ¿por qué sentimos que tenemos que hacer algo para recibir nuestra sanidad, o prosperidad, o éxito o cualquiera de las otras buenas cosas que Dios nos ha prometido en su Palabra? Como ocurre con el regalo de la salvación, todo lo que se requiere de nosotros es que tengamos fe para recibirlas.

Dijimos que es por "la gracia de nuestro Señor Jesucristo que, aunque era rico, no obstante por nosotros se hizo pobre para que nosotros con su pobreza fuésemos enriquecidos" (2 Corintios 8:9). ¿Qué son las riquezas? Un regalo de gracia. También dijimos que "a Cristo, quien no conoció pecado, Dios lo hizo pecado por nosotros, para que nosotros fuésemos hechos justicia de Dios en él" (2 Corintios 5:21). Y entonces, ¿qué es la justicia? Otro regalo de Dios. Leemos que Dios cargó en Jesús todas nuestras enfermedades y flaquezas para que por su muerte en la cruz nosotros fuéramos sanados (Isaías 53:4–5). ¿Qué es la salud? ¿Qué es el bienestar físico? Regalos de la gracia de Dios.

Gracia es favor inmerecido. Es favor que se da, no porque el favorecido lo merece sino por la misericordia y el amor de quien lo otorga. Todas las promesas del pacto son gracias; regalos de Dios. Abraham fue declarado justo no por lo que hizo sino sencillamente porque le creyó a Dios, porque estaba "plenamente convencido de que era también poderoso para hacer todo lo que había prometido" (Romanos 4:21).

Dios fue quien estableció el pacto; él fue el dador. La confirmación de ese pacto también la hizo Dios. El cumplimiento y ejecución del pacto fueron realizados por Cristo. Guardar las promesas del pacto depende de nuestro Padre celestial. Entonces, ¿cuál es la parte nuestra? Nuestra parte en el pacto es ¡cosechar los beneficios! ¿Y cómo hacemos tal cosa? A través de la fe. Nosotros sencillamente creemos que los hemos recibido, tal como lo dijo nuestro Señor en Marcos 11:24. Dios hizo la provisión; nosotros nos apropiamos de lo que él ya proveyó.

> **3:19 Entonces, ¿para qué sirve la ley? Fue añadida a causa de las transgresiones, hasta que viniese la simiente a quien fue hecha la promesa; y fue ordenada por medio de ángeles en mano de un mediador.**

Si todo esto es cierto, entonces, ¿cuál fue el propósito de la ley? Si Abraham, Isaac, Jacob y José sobrevivieron sin ella todos esos siglos, después de todo, ¿para qué fue dada?

Si la ley fue "añadida," ¿eso significa que fue añadida al pacto Abrahámico? No; eso hubiera sido ilegal. "Un pacto, aunque sea de hombre, una vez ratificado, nadie lo invalida, ni le añade" (v. 15).

La ley mosaica no podía ser una adición al pacto Abrahámico; no en el sentido de ser una enmienda a ese pacto. Era sencillamente una herramienta utilizada por Dios además de (o junto con) el pacto. No era en sí misma una parte del convenio, ni tuvo el propósito de anular o alterar el acuerdo original entre Dios y el hombre. Entonces, ¿por qué fue añadida?

...Por causa de las transgresiones...

La ley fue añadida por causa de las transgresiones del hombre. Esta palabra que fue traducida como "transgresiones" sencillamente significa pecados. El propósito de la ley fue señalar la violación, por parte del ser humano, del acuerdo pactado. Si no hubiera existido la ley, el hombre nunca hubiera sido consciente de lo que Dios esperaba de él, o de cuánto había fallado en el propósito de vivir de acuerdo a esa expectativa.

...Hasta que viniese la simiente...

"Simiente" es singular. ¿Quién es la simiente de Abraham? Jesucristo. La ley fue agregada sólo hasta cuando Jesucristo vino. Entonces él la guardó, y lo hizo no eliminándola o aboliéndola, sino cumpliéndola (Mateo 5:17). Y como Jesús la cumplió, usted y yo ya no estamos sujetos a ella. La ley ya no es para hoy. Ella fue dada a Moisés hasta la venida de la simiente, el Señor Jesucristo, quien la cumplió plenamente hasta el más mínimo detalle.

En Romanos 5 Pablo aborda este tema de la ley. Note cómo empieza el versículo 20: "Además la ley entró." (La *Nueva Versión Internacional* dice: "la ley *intervino*.") Esta palabra "entró" es un término escénico tomado del teatro griego. Fue utilizado para indicar la acción de un actor secundario que entra al escenario a actuar hasta que el actor principal hace su entrada; en ese momento el actor secundario se retira del escenario.

Pablo aplicó este término a la ley mosaica, asemejándola a un actor menor cuyo papel es simplemente preparar el escenario para la entrada del actor principal. La ley entró en escena en el tiempo de Moisés, y permaneció en el escenario hasta el arribo de Jesucristo. Luego le cedió el lugar para nunca más reaparecer. La ley fue introducida por Moisés, y salió de escena cuando entró el Señor Jesús. No tiene nada que ver con nosotros hoy porque su papel en el drama de la vida se completó y llegó a su fin.

Ahora bien, mientras colgaba de la cruz nuestro Señor hizo siete declaraciones. Una de ellas fue: "Consumado es" (Juan 19:30). Hay una doctrina muy popular entre muchos cristianos hoy difundida por un teólogo del pasado que es bien conocido y a quien se lee ampliamente. Su enseñanza sostiene que cuando Cristo dijo: "Consumado es" se refería al pacto Abrahámico. Yo no estoy de acuerdo con tal aseveración. Él no hablaba del pacto sino más bien se refería a la ley mosaica. En Colosenses 2:14, Pablo nos dijo: "anulando el acta de los decretos que había contra nosotros, que nos era contraria, quitándola de en medio y clavándola en la cruz..." Nuestro Señor tomó la ley, "el acta de los decretos... que nos era contraria" y la crucificó clavándola en la cruz. Jesús dijo que él no vino para abolir la ley sino para cumplirla. Lo hizo al ser clavado él mismo en la cruz, tomando la ley sobre sí mismo. Cuando hubo sufrido el castigo y pagado la totalidad de la pena de la maldición, cumplió con toda justicia. Por lo tanto la ley es como un cheque que tiene que ser pagado y cancelado. Entonces ya pierde su validez. Todo el servicio que presta ahora es ser prueba de que la deuda fue pagada totalmente.

El pacto Abrahámico, con su bendición, todavía está vigente. Será cumplido en la segunda venida de nuestro Señor Jesucristo cuando establecerá su reino milenial sobre la tierra.

...A quien fue hecha la promesa...

Esta frase recuerda el momento cuando se hizo el pacto entre Dios y Abraham y su simiente. Esa simiente es Jesucristo. Las promesas fueron hechas a Abraham y Jesús. Cristo cumplió la parte nuestra de ese convenio cuando fue a la cruz. Y Dios cumplió su parte al darnos (a través de Jesucristo nuestro representante) sus "preciosas y grandísimas promesas" (2 Pedro 1:4). Estamos en relación de pacto con nuestro Padre celestial. En Cristo, nuestro sustituto divino, estamos agradando a Dios. También calificamos para recibir por fe la plenitud de los beneficios que nos otorga nuestra condición de hijos.

La ley no fue dada para proveer salvación sino para servir como una señal que apunta hacia la salvación. Esa salvación se encuentra solamente en la simiente a quien fueron dadas las promesas: el Señor Jesucristo. Nadie puede llegar al Padre si no es por él (Juan 14:6). Porque fue solamente a través de él que la parte del hombre en el pacto tuvo cumplimiento. Cualquiera que rechaza lo que Cristo hizo por él personalmente en la cruz del Calvario se descalifica a sí mismo para recibir la bendición del pacto. Se queda para tratar y alcanzar buena relación con Dios por sus propios méritos, y nadie puede hacerlo. Por eso es que Pablo urgía a los gálatas a no apartarse de la gracia para seguir la ilusión de la salvación a través de las obras de la ley. La ley nunca fue diseñada para salvar; solamente para señalar a Cristo. Fuera de él, no solamente no hay salvación; es que ni siquiera hay alguna esperanza de salvación.

3:20 Y el mediador no lo es de uno solo; pero Dios es uno.

3:21-29 La Ley: Nuestro Tutor o Guía

I. La Ley y las Promesas (21–22)

3:21 ¿Luego la ley es contraria a las promesas de Dios? En ninguna manera; porque si la ley dada pudiera vivificar, la justicia fuera verdaderamente por la ley

¿Es la ley contraria a las promesas de Dios?

No; la ley no está en oposición a las promesas, por el contrario, las complementa. El propósito del pacto Abrahámico no fue justificar por fe. La ley fue añadida para señalarle el pacto a la gente. Dios no nos daría dos guías opuestas entre sí. Eso hubiera sido causa de confusión y Dios no es autor de confusión sino de orden. Cuando la gente estaba tan cegada por su pecado no pudo ver, necesitó la justicia por fe provista por el pacto Abrahámico. La ley fue dada para hacerle volver su mirada hacia tal pacto. La ley sólo podía señalar la fuente de la justicia; no podía proveerla por sí misma. Si la ley la hubiera provisto no hubiera sido necesario un salvador.

3:22 Mas la Escritura lo encerró todo bajo pecado, para que la promesa que es por la fe en Jesucristo fuese dada a los creyentes.

Este punto también se menciona en Romanos 3:23: "Por cuanto todos pecaron, y están destituidos de la gloria de Dios." La afirmación de este versículo es una referencia a Deuteronomio 27:26: "Maldito el que no confirmare las palabras de esta ley para hacerlas." Siendo que es obvio que nadie puede guardar cada palabra de la ley, entonces se concluye que todo el mundo está bajo pecado, aún bajo el antiguo pacto. Por lo tanto nadie es justificado por guardar la ley, porque nadie puede hacerlo. Si una persona pudiera guardar cada jota y cada tilde de la ley, no la necesitaría para hacerla perfecta, ya lo sería. Así que otra vez vemos que la ley no hace a nadie perfecto; sólo sirve para enfatizar la imperfección humana.

Cuando Gálatas 3:22 dice que "la Escritura lo encerró todo bajo pecado" no se está refiriendo a ningún pecado específico como adulterio, mentira, engaño, robo o asesinato. Note que la palabra "pecado" está en singular. Cuandoquiera que la Biblia habla de pecado en esta forma, se refiere a la naturaleza pecaminosa, a la carne.

La mayoría de las veces usted y yo no cometemos pecados porque seamos víctimas impotentes de algún espíritu malo que echa mano de nosotros.

Los cometemos porque tenemos una naturaleza llamada la carne. Es la naturaleza carnal la que continuamente nos empuja hacia el pecado. Pero cuando llegamos a ser nuevas criaturas en Cristo recibimos un nuevo Espíritu en nuestro interior que tiene poder sobre la carne. Por eso el apóstol Juan nos recuerda que "mayor es el que está en nosotros que el que está en el mundo" (1 Juan 4:4). Ahora que hemos nacido de nuevo por el Espíritu de Dios, nuestro hombre interior, nuestra naturaleza espiritual, es más fuerte que la naturaleza del hombre exterior o sea la carne.

¿Estoy diciendo que tenemos dos naturalezas en nuestro interior (en nuestro espíritu) que están siempre en guerra entre sí? No; la lucha es del espíritu re-creado contra el cuerpo exterior, la carne. El único momento en que luchan entre sí es cuando nos salimos de la voluntad de Dios, cuando actuamos carnalmente. En la medida en que permanecemos en comunión con Dios, el poder superior puede anular el poder inferior. Si somos verdaderamente espirituales, cuando nuestra carne se levanta en oposición a nuestro espíritu, el espíritu nuestro ejerce dominio sobre la carne y eso pone fin a la rebelión.

Con frecuencia he oído que algunos describen la batalla entre la carne y el espíritu que ocurre en el creyente como si éste tuviera dos perros en su interior, uno blanco y otro negro. Estos dos animales están luchando siempre entre ellos y el que gana es aquel que el creyente alimenta porque se hace cada vez más fuerte. Pero en realidad no es así. Los cristianos no tenemos dos perros luchadores en nuestro interior. Lo que tenemos es un hombre vivo y un hombre muerto. Es sólo cuando perdemos la comunión con el Señor que el hombre muerto resucita para causarnos problemas. Mientras vivimos y andamos en el Espíritu permanecemos muertos a la carne (Romanos 6:11).

En su carta a los cristianos en Roma el apóstol Pablo trata extensamente este concepto del pecado versus el espíritu. Muy poco del contenido de la epístola a los Romanos tiene que ver con pecados individuales. Los pecados (plural) como robar, mentir y matar son síntomas del pecado (singular). El pecado en sí mismo no es un acto; ni siquiera una actitud. El pecado es una naturaleza que impulsa a una persona a pensar, a hablar, y a hacer cosas contrarias a la naturaleza de Dios. Ese es el tema de todo el capítulo siete de la carta a los Romanos. En este capítulo Pablo describe cómo llegó a darse cuenta que había una fuerza que lo impulsaba a hacer lo que su espíritu re-creado no quería hacer.

En esencia lo que Pablo dijo fue: "Yo no lo comprendo. ¿Por qué sigo haciendo las cosas que no quiero hacer, y sí hago las que no quiero? Quiero hacer el bien, pero siempre termino de alguna manera haciendo el mal. ¿Por qué? ¿Cuál es la razón de esa lucha interior?" Un día él descubrió la razón: "Oh, ¡es porque mi carne está en conflicto con mi mente!" No hay duda que recordó las palabras de Jesús en Mateo 26:41 cuando les dijo a sus discípulos que velaran y oraran "porque el espíritu está dispuesto pero la carne es débil." La palabra "dispuesto" quiere decir más que estar de acuerdo; significa estar "deseoso."

Nuestro Señor estaba diciendo que nuestro espíritu desea hacer el bien, pero que la carne no es lo suficientemente fuerte para cumplir con los justos deseos del espíritu. Eso exactamente fue lo que Pablo descubrió. Mirando sus debilidades, pecados y fallas se dio cuenta que había estado enfocando su atención en los síntomas (los actos de la carne) en vez de fijarla en la causa real de su problema (la carne en sí misma).

Cuando nacemos de nuevo Dios nos da una nueva naturaleza. La eficacia de esa nueva naturaleza para controlar nuestra vida depende de cuánta atención le damos y de lo estrecha que sea nuestra comunión con nuestro Padre celestial. El descuido de nuestra vida espiritual produce los mismos resultados que la falta de cuidado con nuestro cuerpo físico. Si queremos permanecer fuertes y saludables físicamente de tal modo que nuestro cuerpo esté en condiciones de derrotar los gérmenes y los virus, tenemos que darle descanso apropiado, nutrición y ejercicio. Y lo mismo ocurre con nuestro hombre espiritual. Si hemos de mantener dominada nuestra naturaleza carnal debemos desarrollar nuestra naturaleza espiritual mediante el descanso (meditación), la nutrición, (orar, leer y escuchar la Palabra de Dios), y ejercicio (vivir nuestra fe diariamente). No hacemos estas cosas para complacer a Dios; las hacemos para fortalecer nuestro hombre interior. Estas actividades no nos hacen justos, ¡sólo nos hacen más fuertes!

La escritura lo encerró todo bajo pecado...

La palabra "pecado" aquí se refiere a la naturaleza pecaminosa. Este versículo habla específicamente de los no creyentes, aunque los creyentes poseen aún la naturaleza carnal después del nuevo nacimiento. El creyente tiene algo con lo cual luchar: el poder del Espíritu Santo en su interior.

Algunas personas parece que tienen la idea errónea de que cuando nacieron de nuevo fueron liberadas de la carne. Eso obviamente no es así. Los cristianos nacimos de nuevo espiritualmente, pero mientras estemos en esta tierra estaremos viviendo en la carne. Pablo se refirió a esta verdad cuando en la misma carta escribió: "Lo que ahora vivo en la carne lo vivo en la fe del Hijo de Dios" (Gálatas 2:20).

Yo creo en la santificación. Pero ella no llega de la anoche a la mañana. No es instantánea, más bien es progresiva. No existe tal cosa como "una inyección" de santificación por la cual una persona llega a nacer de nuevo y nunca jamás mientras viva vuelve a pecar. Algunos cristianos van por ahí declarando que como son justos de Dios en Cristo, ya han dejado de pecar. Eso es autoengaño. Y es también algo hipócrita. Todos tenemos el potencial de pecar. Por eso es que tenemos en la Biblia a 1 Juan 1:9. Podemos confesar nuestros pecados y recibir perdón por ellos. (Ese pasaje escritural fue escrito para creyentes, no para los no creyentes.)

La santificación tiene dos facetas: espiritual y física. Espiritualmente somos santificados en el momento en que nacemos de nuevo por el Espíritu de Dios. Sin embargo, la santificación física, vivir una vida recta en la carne, toma más tiempo. Es un proceso que empezamos en el momento del nuevo nacimiento, pero dura todo el tiempo que vivamos en la tierra. En esencia somos santificados espiritualmente para que podamos vivir una vida santificada en la carne. Esa fue la idea que el apóstol quiso comunicar cuando dijo que la vida que vivía en la carne la vivía por la fe en el Hijo de Dios.

La santificación que algunos tratan de obtener es al revés. Procuran vivir una buena vida para poder nacer de nuevo. Eso también es un error. Nunca dará resultado. Nacemos de nuevo para vivir una buena vida. A menos que seamos santificados primero por el Espíritu de Dios, no tenemos poder para vivir en la carne una verdadera vida santificada. Es la presencia y el poder de quien es mayor y que está en nosotros que nos da dominio y autoridad sobre nuestra naturaleza carnal.

… para que la promesa que es por la fe en Jesucristo fuese dada a los creyentes

¿Cómo recibimos las promesas de Dios? Poniendo nuestra fe en Jesucristo.

II. Confinados bajo la Ley (23–25)

3:23 Pero antes que viniese la fe, estábamos confinados bajo la ley, encerrados para aquella fe que iba a ser revelada

Pero antes que viniese la fe, estábamos confinados bajo la ley…

Esta palabra "confinados" significa guardados. Antes que viniese la fe estábamos guardados por un carcelero: la ley. Estábamos en prisión… Encerrados para la fe que debía ser revelada después.

La prisión en la cual estábamos encerrados era nuestra propia naturaleza pecaminosa. El carcelero que nos tenía encerrados en esa prisión de nuestra naturaleza carnal era la ley, así como es la ley la que mantiene a los prisioneros encerrados en las prisiones estatales y federales de hoy. La diferencia es que los internos en las instituciones criminales saben que están tras las rejas, y nosotros no sabíamos que éramos prisioneros de la ley. Por eso es que Pablo tiene tanta dificultad de convencer a los gálatas de que ahora son libres; es que no saben que están en esclavitud. Una vez ellos fueron esclavos del pecado y el paganismo. Ahora son esclavos de la ley. Pasaron de una a otra forma de esclavitud. Se hicieron esclavos al someterse a la ley que Cristo vino a cumplir por ellos.

Por eso Pablo está tan disgustado. Ellos no se dan cuenta de que el propósito de la ley es solamente exponer el pecado, revelar a la gente que está en esclavitud para que puedan ser libres por fe en Cristo Jesús. Al volverse de la fe a la ley están haciendo exactamente lo opuesto de lo que Dios tuvo en mente. Él no estableció la ley para regular a los creyentes; lo hizo para llevar a los pecadores a Cristo. Ahora que están en Cristo los gálatas no necesitan la ley. Ella cumplió su propósito cuando Cristo vino y la cumplió.

No obstante parece que aún hoy muchas personas no entienden este principio. Muchas veces las personas más difíciles para testificarles de Cristo no son los pecadores que no saben nada de la justicia, sino las personas religiosas que piensan que la justicia es algo que obtienen por sus propios esfuerzos. Es muy difícil liberar a una persona que ni siquiera sabe que está en prisión. Tales individuos creen que cumpliendo con ciertas normas y reglas llegan a ser justificados a los ojos de Dios. La ley los mantiene encerrados en prisión, en esclavitud espiritual. Solamente cuando al fin se dan cuenta de la absoluta imposibilidad de cumplir con esas regulaciones están dispuestos a aceptar el don gratuito de Dios de la justificación y la redención, sencillamente por medio de la fe en su Hijo Jesucristo.

3:24 Así que la ley vino a ser nuestro guía encargado de conducirnos a Cristo, para que fuéramos justificados por la fe (NVI).

Así que la ley vino a ser nuestro guía...

"Por lo tanto," "de manera que," "así que," son frases que indican conclusión. Pablo empieza a darle fin a esta parte de su discusión. Las palabras "tutor," "ayo," "guía" o "maestro" se entienden hoy, pero ellas todavía dan una impresión inexacta de lo que el apóstol estaba tratando de decir. Cuando vemos estas palabras inmediatamente pensamos en un maestro de escuela, en un instructor de una institución educativa pública o privada. Pero eso no era el maestro en los días de Pablo. La palabra griega traducida como "maestro" o "ayo" en la versión *Reina Valera Revisada 1960*, es paidagogos (paidos, un muchacho + agogos, guiar, = guiar a un muchacho). Es de esta palabra que derivamos la palabra castellana *pedagogo* que significa maestro. Sin embargo, en la cultura de los antiguos griegos un pedagogo era un sirviente de una familia, a menudo un esclavo. Su rol era el de tutor-supervisor. Se le asignaba la responsabilidad de vigilar, cuidar, entrenar e instruir al niño de la familia hasta que éste llegara a cierta edad adulta. En ese momento el pedagogo era relevado de sus deberes, y el hijo asumía plena responsabilidad por sus acciones.

... conducirnos a Cristo, para que fuéramos justificados por la fe (NVI).

¿Cuál fue entonces el propósito de la ley? La ley fue nuestro pedagogo. Fue un sirviente de nuestro Padre, empleado por él para guiarnos a Cristo Jesús para que fuésemos justificados por fe en él. Note que la ley por sí misma no produjo fe; nos guio hacia la persona de Cristo por medio del cual recibimos justificación por fe.

3:25 Pero ahora que ha llegado la fe, ya no estamos sujetos al guía (o tutor) NVI.

Siendo que Cristo vino a la tierra, murió, resucitó y ascendió a los cielos en donde está ahora sentado a la diestra de Dios el Padre, ¿en dónde queda la ley, nuestro pedagogo?

Ella realizó su tarea, cumplió con sus deberes y logró su propósito. Por lo tanto, ya fue descartada. Ya no tiene autoridad o jurisdicción sobre nosotros que estamos en Cristo Jesús. Una vez que usted y yo acudimos a Cristo Jesús, nuestro anterior pedagogo ya no fue necesario. Cuando nacimos de nuevo nuestro pedagogo fue descartado y nosotros llegamos a ser responsables de nuestra propia vida. Ahora que hemos alcanzado la adultez espiritual, retroceder y tratar de someternos a un sistema que te dice haz esto, no hagas aquello, es someternos por nuestra cuenta a una esclavitud pasada y permitirle que se enseñoree de nosotros. Eso no es solamente tontería sino también la negación de nuestros derechos como hijos.

Entonces, ¿por qué la gente hace tal cosa? Habiendo alcanzado la madurez espiritual, ¿por qué los creyentes procuran regresar a un sistema de normas, reglas y mandatos? Una razón básica o elemental es la pereza. Es más fácil seguir un conjunto de leyes que pensar por sí mismo.

Una segunda razón es el temor. Muchos cristianos son tan inseguros que quieren que alguien les diga exactamente qué pensar, decir y hacer. Le temen a la responsabilidad que conlleva la libertad. Es algo así como trabajar toda la vida para alguien en vez de luchar administrando su propio negocio.

La mayoría de la gente prefiere la seguridad de ser empleados que la libertad y la responsabilidad implícita en ser su propio patrón. Eso quizá esté bien en el campo laboral, pero es peligroso en el mundo espiritual. Existen siempre quienes son felices nombrándose a sí mismos como líderes religiosos y aprovechándose de los creyentes inseguros e inmaduros. Esa es una de las causas de las sectas que surgen dentro de la iglesia y fuera de ella. Los cristianos necesitan aprender a tomar seriamente su responsabilidad como hijos adultos. Y parte de esa responsabilidad es el deber de pensar por sí mismos.

III. Completos en Cristo (26–29)

3:26 pues todos sois hijos de Dios por la fe en Cristo Jesús...

Pues todos sois hijos de Dios por la fe en Cristo Jesús.

La palabra traducida como "hijos" es la palabra griega *huios;* hay otra palabra que se ha traducido igual pero que tiene un significado un tanto diferente: *teknon*. Teknon se refiere generalmente a los judíos físicos, mientras que *huios* hace referencia a quienes han puesto su fe en Cristo. Pablo nos está diciendo que todos somos hijos de Dios. Esta palabra indica que somos hijos maduros, no niños bajo el cuidado de un pedagogo.

Ahora bien, en este pasaje el apóstol presenta la verdad espiritual o posicional en vez de la verdad temporal y terrena. Posicionalmente, en el momento en que usted y yo aceptamos a Cristo como nuestro Salvador, Dios nos ve como maduros. En Colosenses Pablo utilizó el término "completos" refiriéndose a los creyentes: "Y vosotros estáis completos en él [en Cristo], que es la cabeza de todo principado y potestad" (Colosenses 2:10). En el preciso momento en que nacimos de nuevo Dios nos vio completos. ¿En quién? En Cristo. ¿Cómo llegamos a tal posición de plenitud? Entramos a ese estado mediante la fe. En el momento en que llegamos a estar "en él" llegamos a ser completos.

Ahora bien, quizás usted no se sienta maduro, completo o justo. Tal vez recuerda demasiado bien los actos impíos que prueban sin sombra de duda que no es maduro, completo o justo. Pero recuerde que esos actos no lo hacen injusto, así como las obras de la ley no lo hacen justo. Si su justificación no ocurrió por las obras sino por fe, entonces sus malas acciones no destruyen su justicia a los ojos de Dios. Por lo tanto no deben destruir tampoco ante sus propios ojos su justicia, su madurez y su condición de completo.

Es mucho más fácil andar en justicia cuando usted se da cuenta que Dios lo ve de esa manera. Una vez que usted fija sus ojos en su meta, la senda hacia ella llega a ser más clara y más fácil de seguir. Ante todo mantenga siempre en mente que en Jesucristo usted está completo, no por causa de algo que hace o haya hecho, sino porque se le ha otorgado por Dios esa condición o ese estado. Cuando Dios lo mira, él ve a Jesucristo. Por lo tanto, usted es todo lo que él es (1 Juan 4:17).

Entonces, si fija su mirada y pone sus afectos en las cosas de arriba, va a ver que cualquier cosa por la que usted haya luchado en esta vida ya la ha alcanzado. Ya está en el punto en donde quería estar. Es mucho más fácil actuar justamente cuando usted se da cuenta que ya es justo. Es mucho más fácil actuar como santificado cuando se entera que Dios ya lo santificó. Asimismo se hace más fácil actuar con madurez cuando sabe que Dios lo ve como una persona madura.

La clave para la madurez espiritual es la verdad posicional, el hecho de que usted ya es lo que aspiraba ser.

El apóstol Pablo nos dice que por fe en Cristo Jesús somos los hijos maduros de Dios. ¿Cuándo ocurrió eso? La respuesta se encuentra en el próximo versículo.

3:27 porque todos los que habéis sido bautizados en Cristo, de Cristo estáis revestidos.

Llegamos a ser los hijos maduros de Dios cuando somos bautizados en Cristo Jesús. Ahora note la frase "de Cristo estáis revestidos." Esto lo discutiremos con más detalle en el capítulo 4 de Gálatas.

3:28 Ya no hay judío ni griego; no hay esclavo ni libre; no hay varón ni mujer; porque todos vosotros sois uno en Cristo Jesús.

En el versículo 24 vimos la palabra pedagogía. En el versículo 26 aprendimos que somos hijos maduros. En el versículo 27 encontramos que estamos "revestidos de Cristo." Ahora aquí en el versículo 28 descubrimos que en Cristo no hay diferencia entre judíos y no judíos, entre el libre y el esclavo y entre varón y mujer. El apóstol está hablando otra vez en términos espirituales. Obviamente en lo material, en el ámbito de lo físico siempre habrá distinciones que se han establecido entre las razas, las clases sociales y los sexos, pero no en el mundo espiritual. En Cristo todos somos uno.

3:29 Y si vosotros sois de Cristo, ciertamente linaje de Abraham sois, y herederos según la promesa.

Note que somos el linaje o la "simiente de Abraham." La palabra linaje está en singular. ¿Recuerda cuando vimos el versículo 16 a quién le fueron hechas las promesas del pacto Abrahámico? "A Abraham y a su simiente." En ese versículo la simiente es el Señor Jesucristo. Pablo nos dice que si estamos en Cristo, somos su simiente. ¿Cómo puede ser esto?

La respuesta es muy sencilla. Cuando Dios hizo promesas a Abraham y a su descendencia, Cristo estaba allí en espíritu (aunque tardaría siglos en nacer como hombre). No obstante, Cristo no estaba participando en ese pacto en su propio nombre sino en nombre nuestro. Las promesas fueron hechas por Dios a Abraham y a Cristo, pero Cristo no tenía necesidad de tales promesas. Participó solamente como nuestro representante. Todo lo que él hizo fue por nosotros. En realidad las promesas que Dios hizo a Abraham y a su descendencia, las hizo también a nosotros. Ahí fue donde entramos en el pacto Abrahámico. ¿Cómo entramos en él? Por fe. Por cuanto por medio de la fe somos descendientes de Abraham, somos sus herederos según la promesa.

4:1–16 Primer viaje de Pablo a Galacia

I. Nuestra Redención de la Ley (1–5)

4:1-3 Pero también digo: Entre tanto que el heredero es niño, en nada difiere del esclavo, aunque es señor de todo; sino que está bajo tutores y curadores hasta el tiempo señalado por el padre. Así también nosotros, cuando éramos niños, estábamos en esclavitud bajo los rudimentos del mundo.

En este pasaje de inicio Pablo nos compara con un heredero nacido de quien es cabeza de la familia, quien debe pasar un tiempo bajo tutores y gobernantes. Estos son tipos que representan la ley que fue nuestro pedagogo hasta el tiempo señalado por Dios para que se nos dieran los plenos derechos de la edad adulta.

4:4 Pero cuando vino el cumplimiento del tiempo, Dios envió a su Hijo, nacido de mujer y nacido bajo la ley...

La frase "nacido de mujer" se refiere al nacimiento virginal de nuestro Señor. "Nacido bajo la ley" indica que el Mesías nació bajo la ley. De hecho Jesucristo nació, vivió su vida, fue crucificado, murió, fue sepultado, resucitó y ascendió a los cielos, todo bajo la dispensación de la ley. La nueva disposición (la cual es la era de la iglesia) no comenzó hasta el día de Pentecostés con el derramamiento del Espíritu Santo.

Por eso es que usted y yo no tenemos que vivir bajo la ley. Tenemos al Espíritu Santo viviendo en nosotros como nuestro guía. Siendo que, posicionalmente, estamos en Cristo, no podemos llegar a ser más completos. ¿Puede Cristo llegar a ser más maduro? Sin embargo, en nuestro caminar cristiano en este cuerpo carnal, usted y yo continuamos creciendo y madurando. Comenzamos como bebés en Cristo, y nutriéndonos con la leche de la Palabra, crecemos y nos desarrollamos hasta que estamos listos para ingerir carne. Crecemos en la Palabra de Dios y aprendemos a ser guiados por el mismo Espíritu Santo. Es entonces cuando llegamos a ser hijos de Dios plenamente adultos: "Porque todos los que son guiados por el Espíritu de Dios, éstos son hijos de Dios" (Romanos 8:14). Saber seguir el liderazgo del Espíritu Santo es una señal de madurez espiritual.

"Oh, desearía saber cómo ser guiado por el Espíritu" —me dicen algunos creyentes. Y yo les pregunto cómo toman sus decisiones.

"Bueno, cuando enfrento algún problema o circunstancia en mi vida, me guío por la Biblia. Generalmente algún versículo o pasaje viene a mi mente y lo aplico a mi situación."

"Entonces usted está siendo guiado por el Espíritu. El Espíritu de Dios siempre nos guía de acuerdo con la Palabra del Señor. El Espíritu ha sido enviado para guiarnos a toda la Verdad (la Palabra).

"Oh, pero eso es tan sencillo. Yo pensaba que Dios hablaría a través de algún gran profeta, de un sueño, una visión, o de algún evento inusual."

Él puede hablar de esa manera y a veces lo hace. Pero la mayoría de las ocasiones Dios habla a sus hijos justamente como le habló al profeta Elías: no a través del fuerte viento, o del terremoto, o del fuego, sino a través de una voz suave y delicada (1 Reyes 19:11–12). Por eso es que en medio de las ocupaciones y la actividad de nuestra vida diaria y aún en nuestra exuberante adoración, todavía necesitamos un tiempo para estar en silencio y conocer que él es Dios. Con demasiada frecuencia buscamos una gran manifestación, un impactante pronunciamiento o profecía personal, alguna ocurrencia milagrosa o espectacular cuando sencillamente deberíamos escuchar la suave voz del Espíritu. El hijo de Dios verdaderamente maduro oye más en el silencio que lo que escucha la frenética multitud en un sonido de trompeta.

4:5 para que redimiese a los que estaban bajo la ley, a fin de que recibiésemos la adopción de hijos

Jesucristo vino a redimir a quienes estaban bajo la ley. ¿Quiénes eran? Los judíos. Luego Pablo sigue diciendo, "a fin de que recibiésemos la adopción de hijos." Cuando el apóstol habla en plural se refiere a sí mismo y a los gálatas a quienes está escribiendo. Cristo vino a redimir no solamente a los judíos sino también a los gentiles, es decir, a todos. Él vino primero a los judíos, luego a los gentiles.

Isaías se refería a toda la raza humana cuando dijo: "Todos nosotros nos descarriamos como ovejas, cada cual se apartó por su camino; mas el Señor cargó en él el pecado de todos nosotros" (Isaías 53:6). Tuvieran la ley o no, trataran o no de guardarla, toda la humanidad estaba perdida, condenada, sin esperanza, hasta que Cristo vino a dar su vida en rescate por muchos.

¿Cuál fue la triple maldición de la ley? Enfermedad, pobreza, y muerte espiritual. Todos, judíos y gentiles estaban sujetos a esa maldición. Y todos, tanto judíos como gentiles necesitaban redención a través de Jesucristo. Jesús vino a redimir a todos los que estaban bajo la maldición de la ley, que era toda la raza humana. "Por cuanto todos pecaron, y están destituidos de la Gloria de Dios" (Romanos 3:23). Él vino a redimir a todo el mundo. Los judíos estaban bajo la ley y no podían guardarla. Los gentiles estaban bajo maldición aunque no tenían la ley. Todos necesitaban redención y ésta vino en la persona del Mesías que fue enviado por Dios "para que recibiésemos la adopción de hijos."

II. Nuestra Adopción como Hijos

Este concepto de ser adoptados como hijos de Dios es uno de los más incomprendidos de toda la Biblia. La mayoría de cristianos no tiene la más mínima idea de lo que eso significa realmente. Aún los pastores y maestros de la Palabra pasan a veces por alto el significado de la analogía que aquí presenta el apóstol. Una vez leí un libro en el cual el autor usaba este texto como evidencia para sustentar su teoría de que cuando una persona es salva por fe, es un pecador que ha sido adoptado por Dios; que él o ella no son realmente familia sanguínea de Dios. Eso es totalmente falso. Nada podría estar más lejos de la verdad.

Jesús le dijo a Nicodemo que para entrar al reino de los cielos una persona tiene que "nacer de nuevo" (Juan 3:3). Pablo nos dijo: "Si alguno está en Cristo, nueva criatura es; las cosas viejas pasaron, he aquí todas son hechas nuevas" (2 Corintios 5:17). Si llegamos a ser cristianos por nacer de nuevo y somos criaturas totalmente nuevas, es ridículo decir que somos solamente pecadores que han sido adoptados por Dios. Yo no soy solamente un viejo pecador salvado por gracia. Ni usted lo es; no si está en Cristo Jesús. Éramos pecadores, pero ahora según lo dice 2 Corintios 5:21 hemos llegado a ser justicia de Dios en Cristo. Ahora somos los hijos e hijas de Dios, y puedo asegurarle que Dios no tiene pecadores en su familia. No somos pecadores; somos santos y llegamos a tener esa condición cuando fuimos lavados en la sangre de Jesús.

Pablo no dijo que los creyentes son pecadores adoptados. Dijo que somos los hijos de Dios: "Porque todos los que son guiados por el Espíritu de Dios, éstos son hijos de Dios. Pues no habéis recibido el espíritu de esclavitud para estar otra vez en temor, sino que habéis recibido el espíritu de adopción, por el cual clamamos: ¡Abba, Padre! El Espíritu mismo da testimonio a nuestro espíritu, de que somos hijos de Dios. Y si hijos, también herederos; herederos de Dios y coherederos con Cristo" (Romanos 8:14–17).

"Si somos hijos de Dios –preguntarán algunos–, ¿entonces por qué Pablo habla de nuestra `adopción´ como hijos?"

Cuando el apóstol usó el término `adopción´ este tenía para los griegos del Nuevo Testamento un significado totalmente diferente del que tiene para nosotros en nuestro tiempo. Cuando pensamos en adopción pensamos en la acción de tomar un niño de fuera de la familia y convertirlo en hijo por medios legales. Ese niño no es un verdadero descendiente de sangre (o biológico). A través del Nuevo Testamento el término adopción hace referencia a la acción de padres que "adoptaron" a sus propios niños dentro de la familia. Permítame explicarle.

La palabra griega traducida como "adopción" en la versión *Reina-Valera 1960,* es *huiothesia*. Es una palabra compuesta por dos elementos que literalmente significan "ubicación de un hijo" (en el sentido de ubicar un hijo adulto). Se utilizaba para referirse a la ceremonia en que un hijo menor se iniciaba formalmente en el estatus familiar pleno, y era investido con los derechos y privilegios de un adulto.

Para los griegos la adopción no proyectaba la imagen de tomar un niño de fuera de la familia para ubicarlo en ella mediante un proceso legal. Más bien simbolizaba madurez; la concesión de los plenos derechos de hijo a un niño menor que ya era un miembro de la familia.

En los tiempos del apóstol Pablo, un niño nacido en una familia griega era considerado un pupilo del pedagogo que le habían asignado, quien ejercía autoridad sobre él. El pedagogo tenía la responsabilidad de enseñar y entrenar al chico hasta el tiempo en que estuviera listo para asumir plena responsabilidad por sí mismo, lo cual generalmente ocurría a la edad de los 14 años. Hasta ese momento, aunque era heredero del nombre y de los bienes de su padre, el niño estaba totalmente sujeto a su pedagogo. Aunque era hijo, para todos los propósitos prácticos no tenía más derechos o privilegios que un esclavo de la familia.

Hasta que el chico llegaba a la edad indicada se le hacía vestir una capa de infante para indicar a otros que él no era aún responsable de sus propias acciones y decisiones. Cuando alcanzaba la suficiente madurez para cuidarse de sí mismo, el muchacho era presentado por su pedagogo a la cabeza de la familia como candidato para la adopción. Si demostraba con éxito su madurez, entonces pasaba por una ceremonia que se llamaba la "toga virilis" lo que significaba la ceremonia de la capa de la hombría. Se le quitaba de sobre sus hombros su capa de infancia y se le ponía la capa de adulto.

Con esa ceremonia al chico se le declaraba un hombre adulto. De ahí en adelante ya no era solamente un muchacho, un siervo que estaba bajo la autoridad de un pedagogo. Era un hijo, un heredero del padre con todos los derechos y privilegios que ese título le confería.

A esto es a lo que Pablo se refería en este pasaje acerca de nuestra adopción como hijos del Padre: "Así que ya no eres esclavo, sino hijo; y si hijo, también heredero de Dios por medio de Cristo."

¿Qué pasaba con el pedagogo después de que el muchacho era declarado hombre? Ya no era necesario. Había completado su tarea y entonces se le asignaba otra. Pero nunca más se le volvía a poner en posición de autoridad y gobierno sobre el hijo que había entrenado.

Eso es lo que ocurrió en nuestro caso. Cuando aceptamos a Cristo en nuestra vida, cuando "nos revestimos de Cristo" (nuestra capa de edad adulta), nuestro pedagogo (la ley) fue desechada. Ya no tiene autoridad o gobierno sobre nosotros porque somos hijos del Padre con todos los derechos. Todavía existe pero ahora tiene que ver solamente con quienes están bajo su jurisdicción, quienes no han acudido al Padre mediante la fe en Cristo Jesús. La ley es para los que no son justos (1 Timoteo 1:9–10).

III. Ya no más siervos sino hijos (6–7)

> **4:6 Y por cuanto sois hijos, Dios envió a vuestros corazones el Espíritu de su Hijo, el cual clama: ¡Abba, Padre!**

Ahora bien, si usted es una mujer estará pensando: "¿Cómo puedo ser yo un `hijo´ de Dios?" Pues es tan hija de Dios como cualquier varón porque esta palabra sencillamente indica un descendiente maduro. El apóstol Pablo nos dijo que en Cristo no hay judío ni griego, esclavo ni libre, varón o mujer (Gálatas 3:28). Somos uno en el cuerpo de Cristo. Y si eso es así, entonces no necesitamos unirnos a movimientos para luchar por nuestros derechos, ya sea como hombres o como mujeres. Todo lo que tenemos que hacer es reconocer la libertad y la igualdad que ya es nuestra a través de nuestro Señor Jesucristo. No hay nadie tan libre como la persona que anda en línea con la Palabra de Dios y en armonía con su Espíritu, porque a quien el Hijo libertare es verdaderamente libre (Juan 8:36).

Abba es una palabra de la lengua caldea que significa padre, igual que la palabra griega *pater* que también es traducida como padre. Parece que algunas personas piensan que *Abba* tiene algún significado profundo y místico. Van por ahí cantándola como si ella fuera algo así como una palabra mágica que de alguna manera las acerca más a Dios. Todo lo que Pablo hizo aquí fue repetir la misma palabra en dos idiomas diferentes y sencillamente no tradujo la palabra caldea. Al decir nosotros Abba Padre, estamos repitiendo: "Padre, Padre."

4:7 Así que ya no eres esclavo, sino hijo; y si hijo, también heredero de Dios por medio de Cristo.

Hay implícita aquí una intimidad con Dios; una intimidad que nos permite llamarlo "Papito" así como "Padre." La gente que estaba bajo el antiguo pacto no podía hacer eso. Hasta que el Espíritu Santo vino para vivir individualmente en el creyente ningún judío se vio a sí mismo alguna vez como hijo de Dios. Para esta nueva relación entre Dios y el hombre es que Jesús estaba preparando a los judíos cuando empezó a enseñar a sus discípulos a dirigirse a Dios como su Padre celestial. Antes de este tiempo nadie se había atrevido a acercarse a Dios de esa manera. Él no era su Padre; era Elohim, el Todopoderoso, el Eterno; él era el Creador, el Señor, el Soberano. Pero Jesús empezó a darles una vislumbre de la nueva relación que ellos tendrían una vez que llegaran a ser partícipes del nuevo pacto que Dios, a través de él, estaba estableciendo con ellos.

La verdad que Pablo estaba comunicando a los gálatas es que cuando recibieron el Espíritu de Cristo en sus corazones, ellos también se convirtieron en hijos de Dios. Ya no eran siervos sino hijos. Y si eran hijos de Dios como lo es Jesús, eran también herederos tal como Jesús. La manera en que llegaban a ser hijos y herederos era naciendo otra vez por el Espíritu de Dios.

Dijimos anteriormente que los santos del antiguo Testamento fueron salvos pero no nacidos de nuevo hasta después de Pentecostés. Nadie podía nacer del Espíritu de Dios hasta que el Espíritu fuera dado a toda la humanidad. El día de Pentecostés el Espíritu no vino exclusivamente sobre los que estaban en el aposento alto, sino sobre todos los que pusieran su confianza en Dios a través de Jesucristo su Hijo. El mismo Espíritu está con nosotros hoy; nunca nos ha abandonado. Todavía está produciendo hijos de la divinidad, dando a luz nuevos hijos e hijas de Dios. Todavía sigue llenando a los creyentes con su presencia y su poder.

En el Antiguo Testamento nadie era hijo de Dios porque la única manera de llegar a ser miembro de la familia de Dios es por nacimiento; por el nuevo nacimiento. Moisés, a pesar de lo grande que fue, no era hijo de Dios; fue un siervo en la familia de Dios (Hebreros 3:5). Elías, el gran profeta, no fue hijo de Dios sino solamente un siervo del Altísimo.

Cuando Jesucristo se levantó de los muertos llegó a ser el primogénito entre muchos hermanos (Romanos 8:29). Luego ascendió a los cielos y derramó el Espíritu Santo sobre quienes habían creído en él. El Espíritu Santo comenzó en Jerusalén e incluyó luego a todo el globo terráqueo trayendo creyentes a la familia de Dios.

Hablando de Jesucristo, Juan dijo: "Mas a todos los que le recibieron, a los que creen en su nombre, les dio potestad de ser hechos hijos de Dios" (Juan 1:12).

Juan no dice que Jesús convirtió en hijos de Dios a los que creyeron en él; solamente les dio "potestad de ser hechos hijos de Dios." Ese evento tuvo lugar después de que regresó a su Padre en los cielos. No fue Jesús quien hizo a sus seguidores hijos de Dios; fue el Espíritu Santo que los hizo nacer de nuevo. Ellos tenían el poder de convertirse en hijos de Dios por su fe en Cristo. En cierto sentido por fe ellos tenían su tiquete hacia la condición de hijos, pero tuvieron que retenerlo hasta el día de Pentecostés cuando lo presentaron para ser admitidos dentro de la familia de Dios. El renacimiento vino "por el lavamiento de la regeneración y por la renovación en el Espíritu Santo" (Tito 3:5).

"Y si hijo, también heredero de Dios por medio de Cristo" (Gálatas 5:7). Ese nuevo nacimiento trajo una nueva relación con Dios. Ya no eran siervos del Altísimo; ahora eran hijos de Dios. Dios dejó de ser solamente su Creador y Señor; ahora también era su Padre celestial.

Imagino que una de las cosas que los seguidores de Jesús decían el día de Pentecostés cuando prorrumpieron en alabanzas a Dios en sus nuevas lenguas fue, "¡Abba Padre!" Por eso es que yo procuro hacer que los nuevos convertidos le digan a Dios: "Señor, gracias por salvarme; ahora puedo llamarte Padre." Eso le da al nuevo creyente una perspectiva nueva y totalmente diferente de Dios y de sí mismo. Comienza a ver a Dios como su amoroso Padre celestial más que como un ser todopoderoso y distante. De ahí en adelante también se ve a sí mismo de una manera diferente. Ya no es un mero sujeto o siervo del Señor Dios Jehová; se ha convertido en un hijo y heredero de Dios y coheredero con Cristo.

Si Jesús es el heredero de Dios y si nosotros los creyentes somos coherederos con él, ¿de qué somos herederos?

De todas las cosas" (Hebreos 1:2).

Cuando usted y yo nacimos de nuevo dentro de la familia de Dios pasamos por una ceremonia espiritual de *toga virilis*. Nos quitaron la capa de infantes y pusieron sobre nosotros la capa de hijos maduros. Desde ese momento en adelante Dios nos declaró hijos plenamente adultos y herederos de todo lo que es suyo. Podemos ver esta herencia ilustrada en la parábola del Hijo Pródigo. ¿Recuerda lo que el padre amoroso dijo al hijo mayor que estaba enojado porque su hermano menor recibió tal bienvenida después de que había "desperdiciado la herencia"? "Hijo, tú siempre estás conmigo, y todas mis cosas son tuyas" (Lucas 15:31). Esa es nuestra condición como hijos de Dios: todo lo que él tiene es nuestro (1 Corintios 3:21–23).

¿No seríamos tontos si después de habernos otorgado la libertad y la plenitud de la condición de hijos, de repente decidiéramos volver atrás y ponernos la capa de la infancia y deliberadamente nos sometiéramos a la autoridad y el gobierno de la ley, nuestro antiguo pedagogo? Pues eso, precisamente, era lo que los gálatas estaban haciendo. Qué cosa más estúpida. Habían sido libertados de la esclavitud del pecado –liberados de la ley del pecado y de la muerte, recibidos dentro de la familia de Dios como herederos de todo lo suyo– solamente para dar la vuelta y someterse otra vez a esclavitud. Pablo no podía entender este tipo de ignorancia e insensatez.

IV. ¿Por qué volver a la esclavitud? (8–9)

4:8 Ciertamente, en otro tiempo, no conociendo a Dios, servíais a los que por naturaleza no son dioses.

Esta expresión, "por naturaleza," simplemente significa "en esencia." Pablo les pregunta: "¿Cómo es que cuando ustedes eran pecadores, en esencia servían a otras cosas que después de todo no son dioses?" Antes de su conversión a Cristo los gálatas eran paganos; eran adoradores de ídolos. Se postraban y adoraban imágenes hechas de madera y de piedra. Por supuesto sabemos que los dioses hechos por el hombre, al fin y al cabo no son dioses. No obstante Pablo no dice que ellos adoraban algo que no eran dioses; dice que "les servían." Es decir que los gálatas servían a ídolos. Servir a algo es ser siervo o esclavo de aquello a lo cual se sirve.

El apóstol les dice que antes de que llegaran a conocer a Cristo ellos eran esclavos; estaban en esclavitud. Como gentiles nunca fueron esclavos de la ley judía; en cambio eran esclavos de la ley del pecado y de la muerte. Estaban en condenación porque no habían creído en Jesús quien tiene el poder de liberar a los seres humanos; de hacer que se conviertan en hijos e hijas de Dios.

4:9 mas ahora, conociendo a Dios, o más bien, siendo conocidos por Dios, ¿cómo es que os volvéis de nuevo a los débiles y pobres rudimentos, a los cuales os queréis volver a esclavizar?

Ahora que han llegado a conocer a Dios a través de su Hijo Jesucristo – ya que él los ha libertado de la ley del pecado y de la muerte– ¿por qué se vuelven a otra forma de muerte que es la ley? Una vez estuvieron en esclavitud, atrapados por su ignorancia de Dios y de su amor. Ahora que

Cristo los ha liberado de esa trampa, ¿por qué quieren volver a otra forma de esclavitud?

Para Pablo lo que los gálatas están haciendo no tiene sentido. No puede entender cómo es que alguien que una vez fue liberado de la esclavitud del paganismo, quiera llegar a caer en la esclavitud del judaísmo. Tan mala es una servidumbre como la otra. Ambas son formas de esclavitud, formas de religión, débiles esfuerzos humanos para ganar el favor espiritual y la buena relación con Dios, sirviendo a un sistema muerto de reglas y reglamentos que tienen que ver con lo físico.

Pablo es bastante inteligente y sensato como para dejarse engañar por la idea de que reglas de comportamiento externo puedan producir un nuevo espíritu interno. Sabe que la única manera en que el ser humano puede agradar a Dios es llegando a ser uno con él mediante el nuevo nacimiento. Cuando eso ocurre, una vez que una persona se convierte en un verdadero hijo de Dios por el nuevo nacimiento espiritual, deja de ser esclavo de un sistema de reglas externas. De ahí en adelante es guiado desde el interior por el Espíritu de Dios que mora en él.

V. Guiados por el Espíritu, no por la Ley

4:10 Guardáis los días, los meses, los tiempos y los años.

Aquí Pablo empieza a reprochar a los gálatas por permitir que los legalistas judaizantes los influencien llevándolos a observar el calendario judío en vez de mantenerse firmes en la libertad que el Señor Jesús ganó para ellos mediante su sufrimiento y su muerte. Los "días" que los gálatas estaban observando eran los sábados judíos. Los gentiles en Galacia se habían convertido en guardadores u observantes de los Sabaths. Guardaban el sábado, no el domingo que es el día de descanso y adoración observado por los cristianos.

¿Recuerda cuan legalistas se habían vuelto los judíos en cuanto a guardar el Sabath? A través de los siglos habían diseñado un elaborado y complicado sistema de leyes que regulaban cada aspecto posible de la observancia del sábado. Por ejemplo, habían determinado el número exacto de pasos que se permitía dar el sábado sin que constituyera trabajo. Llegaron a ser tan minuciosos en la observancia o cumplimiento de la ley que perdieron totalmente la esencia de ella. En realidad quebrantaban el Sabath tratando de guardarlo porque trabajaban bien duro tratando de evitar el trabajo. También se esforzaban procurando imponer a los demás sus propios estándares. Tuvieron éxito en convertir la ley en tropezadero y no en punto de apoyo.

Esa clase de actitud y comportamiento no murió con los antiguos judíos. Yo recuerdo bien cuando era niño lo estrictamente que muchos cristianos guardaban el día del Señor. Había leyes sobre lo que se podía y lo que no se podía hacer el domingo, tal como los fariseos las tenían acerca del sábado. Se suponía que los cristianos por ninguna razón debían realizar ningún tipo de trabajo en domingo. Ni siquiera podían jugar béisbol. Por supuesto ni atreverse a pensar en ir de caza o de pesca, ni aún a nadar (especialmente hombres y mujeres juntos), y el ir a cine estaba totalmente descartado.

Todavía no puedo imaginar por qué algunas actividades perfectamente legales durante los seis días de la semana de repente se convertían en un enorme pecado el domingo. La misma pista de patinaje que era todo un lugar de esparcimiento el sábado en la noche, de alguna diabólica manera se transformaba en una guarida de maldad en la tarde del domingo. Pero una cosa sí era segura: si era algo que de alguna forma tenía el propósito de descansar, ¡se suponía que no se debía realizar el Día de Descanso!

Luego están las llamadas leyes azules. [1] Algunas almas, obviamente bien intencionadas, llegaron a estar tan preocupadas por todo el pecado que ocurría en el Día del Señor que decidieron que era su deber entrar en escena y darle una ayudita a Dios para conservar ese día santo, y se las arreglaron para hacer que algunas comisiones y cuerpos legislativos aprobaran leyes estrictas sobre qué se podía vender, y qué no, en domingo.

Recuerdo de una ocasión en que fui en la ciudad de Kansas a una tienda o almacén y vi ciertos departamentos cerrados porque los religiosos sectarios habían llegado y decidido qué era pecaminoso y no se debía vender. Y era algo irónico ver que se podía comprar alimentos para bebés pero no detergente. Seguramente el Señor estaba muy agradecido con esas buenas personas de la iglesia por permitir que las madres de Kansas pudieran alimentar a sus bebés, ¡aunque no pudieran lavar sus pañales!

Las leyes azules son un buen ejemplo de la manera como la iglesia de Jesucristo ha malentendido totalmente su propósito y su papel sobre esta tierra. Como cristianos somos llamados y comisionados para ir a todo el mundo y difundir las buenas nuevas del evangelio. No somos enviados para decirles a los negocios lo que pueden o no pueden vender los domingos o en cualquier otro día. Somos embajadores de Cristo, ¡no inspectores de mercancías!

Ni somos luchadores contra el pecado. Nuestro llamado no es a luchar contra el pecado sino a salvar pecadores. No tenemos que gastar nuestro tiempo y nuestras energías tratando de cerrar bares y clubes. Una vez que logremos que todos los clientes de esos establecimientos sean salvos, llenos y rebosantes del Espíritu Santo, los mismos dueños los cerrarán porque ya no tendrán ninguna clientela. La respuesta al alcoholismo, la drogadicción o la prostitución no es la prohibición, ¡es la regeneración! Si la iglesia de Jesucristo se hubiera esforzado tanto para cumplir con la Gran Comisión como lo ha hecho para acabar con el pecado, todo el mundo sería salvo y el pecado ya no sería un problema. Me pregunto cuántas almas han sido salvadas del infierno porque el grupo de alguna iglesia en algún lugar tuvo éxito en obligar a la tienda de departamentos de su comunidad a cerrar el día domingo.

[1] Leyes azules – Leyes instauradas en algunos condados y estados de la Unión Americana en donde algunos grupos religiosos ejercían una fuerte influencia, cuyo propósito era regular la observancia forzosa del Día de Reposo, y otras actividades. Originadas en Virginia, se les llamó "leyes azules" por el color del papel utilizado para su impresión en la colonia de New Haven en 1638. (Nota del Traductor)

En la iglesia en donde yo soy pastor, no creemos que sea tarea nuestra cerrar el centro comercial local. Y aún si lográramos hacerlo, no habría garantía de que los comerciantes o sus clientes irían a la iglesia el domingo. ¿Cuál comerciante querría ir a una iglesia que le ha obligado a cerrar su negocio? Además no creemos que tenemos derecho de tratar de forzar a nadie a cerrar su negocio para ajustarse a nuestras convicciones religiosas. Si nosotros en la iglesia de Jesucristo queremos y esperamos que nuestra libertad sea respetada, debemos tener cuidado de no privar a otros de sus derechos, así estemos de acuerdo, o no, con sus creencias y prácticas.

En nuestra iglesia estamos convencidos que como cristianos tenemos sólo una obligación, una responsabilidad con nuestro prójimo y esa es predicarle el glorioso evangelio de Jesucristo. ¿Cómo podemos ser eficaces al predicar si perjudicamos su negocio y le espantamos sus clientes?

Es un gran momento en la Iglesia cuando obrando con sensatez renunciamos a imponer nuestras creencias y prácticas a los demás. Cuando dejamos de juzgar y condenar al mundo por no ajustarse a nuestros estándares de consciencia o comportamiento. ¿Por qué debería hacerlo? Ellos están perdidos. Después de todo, ningún bien les haría vivir según nuestras normas; ellas no los salvarían. Ese es todo el concepto que el apóstol desea comunicar en esta carta a los gálatas, el hecho de que nadie es salvo por cumplir con preceptos religiosos. Como Jesús, no hemos sido enviados a juzgar sino a salvar. La única manera en que podremos salvar al mundo no es condenando a la gente por ser pecadora sino amándola para que llegue a ser santa.

Finalmente, es necesario que nosotros los cristianos dejemos de condenarnos unos a otros por nuestras diferencias doctrinales y al practicar nuestras creencias. Las fuertes palabras del apóstol Juan son también para la gente de nuestros días: "Si alguno dice: Yo amo a Dios, y aborrece a su hermano, es mentiroso. Pues el que no ama a su hermano a quien ha visto, ¿cómo puede amar a Dios a quien no ha visto?" (1 Juan 4:20).

Permítame parafrasear un poco esta cita: "Si un cristiano dice, yo amo a Dios y juzga y condena a sus hermanos cristianos, es un mentiroso, porque ¿cómo puede amar a Dios a quien no ve, si no ama a sus hermanos y hermanas a quienes sí puede ver?" No habrá nunca hermandad entre la gente del mundo hasta que la haya entre hermanos.

...días, meses, tiempos y años...

Al hablar de los "meses" hace referencia al ayuno iniciado por los judíos durante su cautiverio en Babilonia. Los gálatas regresaron en el tiempo y la historia hebrea para resucitar una conmemoración que no tenía nada que ver con ellos personalmente. Cuando habla de los "tiempos" Pablo se refiere a las siete fiestas regulares establecidas por los judíos. Estaban observando la Pascua (la fiesta de los Panes sin Levadura), la dedicación de las Primicias o primeros frutos, y las fiestas de Pentecostés, de las Trompetas, de la Expiación y de los Tabernáculos. ¿Puede usted ver por qué está Pablo tan disgustado con estos gentiles? ¿Por qué piensan ellos que tienen que guardar estos días de conmemoración judía, ninguno de los cuales tenía algo que ver con ellos en su contexto original?

Podemos darnos cuenta también de la insensatez de los gentiles al permitir que los judíos legalistas los intimidaran y los forzaran a guardar ordenanzas que no tenían relación con ellos personalmente. Me gustaría pensar que nosotros no seríamos tan ingenuos como para permitir que alguien nos ponga una camisa de fuerza. No obstante hoy ocurre lo mismo. Las personas llegan a una iglesia cristiana en donde nacen de nuevo y son llenas del Espíritu de Dios. Una vez que son liberadas de la esclavitud de la ley del pecado y de la muerte, muchas veces dan vuelta y caen en la trampa del legalismo. Se les enseña que ahora que son libres deben renunciar a los caminos del mundo y aprender a andar por la Palabra, generalmente interpretada por algún líder o grupo religioso nombrado por sí mismos.

El resultado final es que después de todo, las cosas no han cambiado. Ya no son más libres en la iglesia de lo que eran cuando estaban fuera de ella. Su vida todavía está atada por tradiciones, tabúes y prohibiciones. Se les dice que si no adoran a Dios de la manera prescrita, no son espirituales. Pronto se dan cuenta que se espera de ellos que se conformen o se ajusten a reglas establecidas, a ideas de otros sobre la forma apropiada de vestir y sobre normas de conducta. Se les dice cómo deben de vestir, qué deben de leer, y lo que deben escuchar y pensar. Aunque se supone que son libres, no tienen el derecho de determinar la verdad por sí mismos escuchando al Espíritu de Dios o estudiando la Palabra por su cuenta.

A pesar de sus brillantes testimonios y de sus falsas sonrisas, los creyentes de las iglesias no están en capacidad de ganar a la gente, solamente de enlistarlos en su iglesia y de meterlos dentro del mismo molde en que ellos están. En términos religiosos a eso se le llama proselitismo y es tan legalista como tratar de imponer la observancia de la ley judía a los creyentes gentiles.

La mayoría de las fiestas del calendario judío ya han sido cumplidas por el Señor Jesucristo, y las que están pendientes se cumplirán cuando él regrese en gloria a la tierra. La primera fiesta fue la Pascua, la antigua conmemoración judía de cuando el ángel de la muerte pasó por los hogares de los hijos de Israel sin hacerles daño, mientras que los primogénitos de los egipcios murieron todos. Cada familia hebrea tomó un cordero y lo sacrificó, y untó luego su sangre en el dintel de la puerta de entrada a la casa como una señal de que estaban bajo la protección de Dios.

Jesucristo fue nuestro Cordero Pascual que derramó su sangre para que nosotros fuésemos salvos. Por eso fue que su crucifixión ocurrió en el tiempo de la Fiesta de la Pascua. Los mismos judíos que fueron responsables de la crucifixión de Cristo dejaron apurados el Calvario para ir a sus hogares a participar de la Fiesta de la Pascua sin darse la menor cuenta de que habían sido testigos del hecho mismo que estaban proclamando con su conmemoración.

Luego seguía la Fiesta de los Panes sin Levadura durante la cual las mujeres debían limpiar meticulosamente sus casas y remover todo el polvo que había en ellas, porque la levadura, representada por el polvo, era tipo del pecado. La remoción o limpieza del polvo era una señal o un símbolo de la remoción del pecado efectuada por Cristo durante sus tres días y noches en el vientre de la tierra.

El primer domingo de la Fiesta de los Panes sin Levadura fue llamado de los Primeros Frutos. Esta tradición judía conmemoraba el ofrecimiento de los primeros y los mejores frutos de la cosecha para ser dedicados a Dios. Fue el día de los primeros frutos que nuestro Señor resucitó, representando lo primero y lo mejor de una larga línea de almas que serían levantadas a una vida nueva y eterna por causa de él. Usted y yo somos parte de esa inmensa cosecha que aún está por completarse. Cincuenta días después de la Pascua se celebraba la Fiesta de Pentecostés cuyo cumplimiento ocurrió cuando el Espíritu Santo fe derramado sobre todos los creyentes.

Entre Pentecostés y la fiesta siguiente había un intervalo de cinco meses. Pentecostés era en Abril; la fiesta que seguía a la de las Trompetas, se celebraba en Octubre. El intervalo de cinco meses entre las dos representa la era de la iglesia en la cual usted y yo estamos viviendo. La fiesta siguiente, que será precisamente la de las Trompetas, simboliza la fanfarria que marcará el triunfante regreso de nuestro Señor a esta tierra para empezar su reinado milenial.

En esta sucesión de fiestas la que sigue es la Fiesta de la Expiación que apunta hacia el día en que Jesucristo limpiará la tierra de todo pecado, removerá de ella a todos los pecadores y la librará de la última maldición. En Romanos 8:19–23 Pablo declaró que este es el momento por el cual toda la creación gime y sufre dolores de parto hasta el tiempo cuando se cumpla sobre la tierra la expiación final.

La fiesta final que se cumplirá será la de los Tabernáculos que fue instituida para recordarles a los judíos el tiempo en el cual Dios habitó con ellos en un tabernáculo. Este cumplimiento ocurrirá cuando Jesucristo establezca su reino aquí en la tierra, dando comienzo así a un reinado de mil años de paz.

No es necesario que los gentiles guarden o celebren estas fiestas del calendario judío porque las que no se han cumplido todavía, pronto lo serán. Debemos conocerlas y saber su significado para nosotros como cuerpo de Cristo en esta tierra pero no estamos obligados a guardarlas en su contexto original porque todas ellas apuntan hacia Cristo en quien ya estamos completos.

Y cuando habla de "años" se refiere a los siete períodos de siete años cada uno del antiguo calendario de los judíos que culminaba con el año cincuenta que era el año del Jubileo. En ese año todos los esclavos eran declarados libres y toda propiedad que había cambiado de dueño regresaba a manos de su propietario original. Ahora los cristianos no necesitamos observar el año del Jubileo porque estamos viviendo en él. En Lucas capítulo 4 leemos que Jesús entró en la sinagoga de Nazaret y le dieron el libro de las Escrituras para que leyera. Note el pasaje que leyó y la razón por la cual lo hizo.

> *"El Espíritu del Señor está sobre mí, por cuanto me ha ungido para*
> *dar buenas nuevas a los pobres; me ha enviado a sanar a los*
> *quebrantados de corazón; a pregonar libertad a los cautivos, y*
> *vista a los ciegos; a poner en libertad a los oprimidos.*
> *A predicar el año agradable del Señor."*

Y enrollando el libro, lo dio al ministro, y se sentó; y los ojos de todos en la sinagoga estaban fijos en él. Y comenzó a decirles: Hoy se ha cumplido esta Escritura delante de vosotros (Lucas 18:4–21).

Esta Escritura se cumplió. "El año agradable del Señor" ya vino. Está aquí. El Jubileo llegó. Los esclavos han sido liberados. La propiedad del justo ha retornado a los propietarios correctos. A través de toda la tierra hay regocijo y alabanzas a Dios el Padre porque nos ha redimido de nuestros opresores, ha abierto nuestros ojos, ha sanado nuestros quebrantos y nos ha restaurado la herencia tal como lo prometió.

Esto fue cierto en los días de Pablo. El año agradable ya había llegado antes de que él pusiera un pie en Galacia con el evangelio. De hecho estas fueron las buenas nuevas que él llevó a los gentiles. Oírlas los había hecho libres de la esclavitud. Ahora estaban abandonando esa libertad para someterse a la ley judía y a guardar lo que fue sólo una sombra de algo que ya había ocurrido por la venida del Señor Jesucristo. Por eso el apóstol habló a esta gente en términos tan fuertes. Quería que se dieran cuenta de la insensatez de darle la espalda a las buenas nuevas de liberación y someterse a la misma ley que Jesucristo vino a cumplir hasta en su más mínimo detalle.

VI. Sed como yo (11–12)

4:11 Me temo de vosotros, que haya trabajado en vano con vosotros.

¿Cuál es el temor de Pablo respecto a los creyentes de Galacia? Teme que con sus acciones estén deshaciendo toda la obra que él hizo en ellos. Le preocupaba el hecho de que estaban destruyendo el fundamento de fe y libertad que había edificado durante su primera visita.

4:12 Os ruego, hermanos, que os hagáis como yo, porque yo también me hice como vosotros. Ningún agravio me habéis hecho.

El apóstol les está diciendo: "Sean como yo." ¿Qué quiere decir con esto? Quiere decir que él comenzó su vida cristiana en fe, y en fe permaneció. Pablo entiende plenamente el mensaje de gracia que predicó a los gálatas y vive por él. Ahora los insta a permanecer en la gracia de Dios tal como él lo ha hecho en su propia vida.

...Porque yo soy como vosotros...

Cuando en nuestros días se predica este mensaje de fe, hay quienes tienen la tendencia a decir: "Claro, para Pablo era fácil vivir por fe; él era un apóstol, un gran hombre de fe. Pero para mí es difícil vivir de esa manera; yo no tengo nada de especial."

Consciente de que estos conversos gentiles de Galacia podrían adoptar tal actitud, el apóstol les asegura que lo que les está prescribiendo no es algo imposible. Les dice que él ha vivido por la fe y que tiene la confianza de que ellos también pueden hacerlo porque, humanamente hablando, él no es diferente a ellos. Él quiere que entiendan que él no es un ser superior. Que lo que él puede hacer, ellos también lo pueden hacer.

No es nuestra gran fe lo que nos hace especiales; es la gracia de Dios. Esa gracia está a disposición de cualquiera que sencillamente quiera recibirla. En ese sentido Pablo no tiene un don singular. Tiene el mismo don que se ofrece a todos: el don gratuito del favor de Dios.

...Ningún agravio me habéis hecho.

Pablo les está diciendo aquí simplemente: "Ustedes no me han lastimado con sus acciones. Soy el mismo que era antes. Ustedes son los que se han hecho daño a sí mismos."

VII. La debilidad de Pablo (13–16)

Con demasiada frecuencia la gente toma este pasaje fuera de contexto y lo cita como prueba de que el apóstol era un hombre enfermo. En sus esfuerzos por desacreditar el mensaje de sanidad mediante la expiación, lo relacionan con otros de varias fuentes en un intento de probar que el "aguijón en la carne" del cual habla en 2 Corintios 12:7 era una enfermedad o dolencia física. Algunos van aún más lejos al tomar las palabras del apóstol cuando dice que los gálatas aún se hubieran sacado sus propios ojos para dárselos, como una indicación de que la debilidad de Pablo era una enfermedad física. Pero tal enseñanza es mera especulación. No tenemos una prueba concluyente de qué exactamente es lo que el apóstol llamó un "aguijón en su carne."

No hay duda de que Pablo era abofeteado en su carne dondequiera que iba, como lo veremos. Pero interpretar penalidades físicas y sus persecuciones como una indicación de que no es la voluntad de Dios que sus hijos gocen de plena salud es un error tan grande como interpretar los "duros golpes" que en la vida soportan nuestros propios hijos como una prueba de que no queremos que sean sanos, prósperos o exitosos. ¿De dónde sacamos la idea de que somos mejores padres que Dios?

4:13–14 Pues vosotros sabéis que a causa de una enfermedad del cuerpo os anuncié el evangelio al principio; y no me despreciasteis

ni desechasteis por la prueba que tenía en mi cuerpo, antes bien me recibisteis como a un ángel de Dios, como a Cristo Jesús.

Pablo habló aquí de anunciar el evangelio a los gálatas "a causa de una enfermedad del cuerpo," pero pienso que un poco de investigación de la escritura nos puede dar una idea de lo que pudo haber sido esa enfermedad.

Note la frase del versículo 13, "al principio." Ella nos dice cuando fue que les anunció el evangelio "por enfermedad." Fue durante su primer viaje misionero a Galacia (que recordemos no es un ciudad sino una provincia en la cual Pablo estableció iglesias en cuatro ciudades: Antioquía, Iconio, Derbe y Listra). Leamos el relato del primer viaje a esa provincia y observemos a Pablo y a Bernabé desde su salida de Antioquía:

> Aconteció en Iconio que entraron juntos en la sinagoga de los judíos, y hablaron de tal manera que creyó una gran multitud de judíos, y asimismo de griegos. Mas los judíos que no creían excitaron y corrompieron los ánimos de los gentiles contra los hermanos. Por tanto, se detuvieron allí mucho tiempo, hablando con denuedo, confiados en el Señor, el cual daba testimonio a la palabra de su gracia, concediendo que se hiciesen por las manos de ellos señales y prodigios. Y la gente de la ciudad estaba dividida: unos estaban con los judíos, y otros con los apóstoles. Pero cuando los judíos y los gentiles, juntamente con sus gobernantes, se lanzaron a afrentarlos y apedrearlos, habiéndolo sabido, huyeron a Listra y Derbe, ciudades de Licaonia, y a toda la región circunvecina, y allí predicaban el evangelio. Y cierto hombre de Listra estaba sentado, imposibilitado de los pies, cojo de nacimiento, que jamás había andado. Este oyó hablar a Pablo, el cual, fijando en él sus ojos, y viendo que tenía fe para ser sanado, dijo a gran voz: Levántate derecho sobre tus pies. Y él saltó, y anduvo. –Hechos 14:1–10

Pablo y Bernabé tuvieron bastante éxito en su primer viaje a Galacia, pero no lo lograron sin oposición. Tuvieron que huir de Iconio y Listra para evitar ser apedreados por la multitud de judíos que fueron incitados contra ellos. Fue en Listra, donde el Espíritu Santo les había concedido hacer prodigios y maravillas, por mano de Pablo y Bernabé que obró otro poderoso milagro. Un hombre cojo de nacimiento, fue sanado.

En el libro Cristo el Sanador, un clásico sobre el tema de la sanidad, encontramos una extensa discusión de los puntos de vista de varios teólogos acerca del tema de la supuesta "debilidad en la carne" de Pablo. Una de las teorías expuestas es que el apóstol sufrió de una seria afección ocular llamada oftalmia, una condición marcada por un constante dolor, y una continua supuración de agua y pus. El autor de esta teoría sugiere que por causa de este estado infeccioso Pablo se veía horrible. Afirma también que el dolor causado por esta afección pudo haber sido como si algo hubiera estado punzando sus ojos, de ahí su referencia al "aguijón en la carne."

Cuando Pablo fijó sus ojos en el cojo en Listra, ¿hubo alguna indicación de que el apóstol tuviera alguna dificultad al mirarlo fijamente? No, no la hubo. ¿Alguna mención de que tuviera dolor o incomodidad visual? No. ¿Es razonable pensar que este lisiado hubiera sido estimulado a tener fe en su propia sanidad física si el hombre que le estaba predicando el mensaje de sanidad hubiera tenido una apariencia repulsiva por causa de su horrible enfermedad? No es muy probable.

¿Cuál pudo haber sido realmente la causa de la debilidad sufrida por Pablo durante su primera estancia en Galacia? Note lo que sucedió después de haber efectuado este milagro de sanidad.

> Entonces la gente, visto lo que Pablo había hecho, alzó la voz, diciendo en lengua licaónica: Dioses bajo la semejanza de hombres han descendido a nosotros. Y a Bernabé llamaban Júpiter, y a Pablo, Mercurio, porque éste era el que llevaba la palabra. Y el sacerdote de Júpiter, cuyo templo estaba frente a la ciudad, trajo toros y guirnaldas delante de las puertas, y juntamente con la muchedumbre quería ofrecer sacrificios. Cuando lo oyeron los apóstoles Bernabé y Pablo, rasgaron sus ropas, y se lanzaron entre la multitud, dando voces y diciendo: Varones, ¿por qué hacéis esto? Nosotros también somos hombres semejantes a vosotros, que os anunciamos que de estas vanidades os convirtáis al Dios vivo, que hizo el cielo y la tierra, el mar, y todo lo que en ellos hay. En las edades pasadas él ha dejado a todas las gentes andar en sus propios caminos; si bien no se dejó a sí mismo sin testimonio, haciendo bien, dándonos lluvias del cielo y tiempos fructíferos, llenando de sustento y de alegría nuestros corazones. Y diciendo estas cosas, difícilmente lograron impedir que la multitud les ofreciese sacrificio —Hechos 14:11–18.

Como resultado de la curación del cojo la gente de Listra creyó que Pablo y Bernabé eran dioses griegos en forma de hombres. Note en el versículo 15 lo que Pablo les dijo: "Varones, ¿por qué hacéis esto? Nosotros también somos hombres con pasiones semejantes a las vuestras." Eso nos recuerda sus palabras en Gálatas 4:12: "Os ruego, hermanos, que os hagáis como yo, porque yo también me hice como vosotros." ¿Por qué esta gente quería adorar a Pablo y a Bernabé? Porque el Espíritu Santo había realizado milagros a través de ellos, de modo que los vieron como dioses.

Note otra vez en Gálatas 4:14 lo que Pablo dice respecto a la forma en que lo habían recibido la primera vez que estuvo en Galacia: "No me despreciasteis ni desechasteis por la prueba que tenía en mi cuerpo, antes bien me recibisteis como a un ángel de Dios, como a Cristo Jesús." El apóstol les recuerda que cuando él les llevó por primera vez el evangelio de gracia, lo recibieron como a Jesucristo mismo.

Pablo y Bernabé tuvieron que hablar rápido y fuerte para persuadir a la gente de Listra que ellos no eran dioses griegos en figura humana, sino representantes del verdadero Dios, creador de los cielos y la tierra. Toda esta conmoción atrajo la atención de los judíos. El siguiente pasaje describe lo que ocurrió después:

> Entonces vinieron unos judíos de Antioquía y de Iconio, que persuadieron a la multitud, y habiendo apedreado a Pablo, le arrastraron fuera de la ciudad, pensando que estaba muerto. Pero rodeándole los discípulos, se levantó y entró en la ciudad; y al día siguiente salió con Bernabé para Derbe. Y después de anunciar el evangelio a aquella ciudad y de hacer muchos discípulos, volvieron a Listra, a Iconio y a Antioquía, confirmando los ánimos de los discípulos, exhortándoles a que permaneciesen en la fe, y diciéndoles: Es necesario que a través de muchas tribulaciones entremos en el reino de Dios. Y constituyeron ancianos en cada iglesia, y habiendo orado con ayunos, los encomendaron al Señor en quien habían creído —Hechos 14:19–23.

Pablo fue apedreado por los judíos en Listra. La mayoría de los eruditos bíblicos concuerdan en que el apóstol estaba realmente muerto, pero que Dios lo restauró a la vida. Algunos van aún más lejos y especulan que este quizás haya sido el tiempo durante el cual él fue llevado al tercer cielo donde vio cosas inefables (2 Corintios 12). Ya sea que esto haya sido así, o no, el hecho es que Pablo fue considerado muerto por la multitud que lo arrastró hasta fuera de la ciudad y dejó allí lo que consideraron era un cadáver. Mientras los discípulos lo rodeaban fue revivido, se puso en pie e inmediatamente regresó a la ciudad. De allí Pablo y Bernabé continuaron su jornada misionera recorriendo de nuevo el camino a través de toda la provincia de Galacia, visitando las ciudades de Derbe, Iconio y Antioquía, además de regresar a visitar a Listra.

¿Cuál cree usted que haya sido la apariencia y la condición física de Pablo después de haber sido apedreado y arrastrado fuera de la ciudad en Listra?

¿No mostraría en su cuerpo alguna señal de la paliza que recién había sufrido? Estoy seguro que sí. Probablemente tenía hematomas en todo su cuerpo. Su declaración en cuanto a que los gálatas estuvieron dispuestos a sacarse los ojos para dárselos podría ser una indicación de que sus ojos estaban temporalmente lastimados, tal vez negros o inflamados cuando él y Bernabé recorrieron las ciudades de Galacia. De todos modos, creo que es mucho mayor la evidencia de que la debilidad que soportó el apóstol mientras predicaba el evangelio en Galacia, era una afección temporal y provocada por seres humanos, la cual finalmente superó, y no alguna enfermedad física crónica y debilitadora con la cual hubiera tenido que vivir durante toda su vida.

... no me despreciasteis ni desechasteis por la prueba que tenía en mi cuerpo, antes bien me recibisteis como a un ángel de Dios, como a Cristo Jesús.

La frase "la prueba que tenía en mi cuerpo" realmente significa eso: una prueba. Él sencillamente está diciendo: "Cuando fui a ustedes la primera vez, estaba sufriendo la prueba de mi fe, la cual he soportado, pero ustedes no permitieron que mi repulsiva condición física les impidiera recibirme como hubieran recibido al mismo Señor."

4:15 ¿Dónde, pues, está esa satisfacción que experimentabais? Porque os doy testimonio de que si hubieseis podido, os hubierais sacado vuestros propios ojos para dármelos.

Es como si Pablo estuviera diciendo: "Si fueron tan amables en recibirme como un mensajero de Dios, ¿por qué han rechazado el mensaje que les di acogiendo a otro mensajero con un mensaje diferente? Mi mensaje sigue siendo el mismo. Ustedes primero me amaron y ahora me odian. Yo no he cambiado, ustedes lo han hecho. Tuvieron tal simpatía y se identificaron tanto con mi dolencia física y mi sufrimiento que si les hubiera sido posible me hubieran dado sus propios ojos (su mano derecha) para ayudarme".

4:16 (DHH) Y ahora, ¿acaso me he vuelto enemigo de ustedes, solamente porque les he dicho la verdad?

¿Qué ha ocurrido que ha cambiado ese espíritu amoroso y la hermandad que compartimos? ¿Los he traicionado acaso, que ya no confían en mí? No he hecho otra cosa diferente a lo que hice al principio cuando llegué donde ustedes. ¿Por eso me he convertido en su enemigo?

4:17–31 Sara y Agar

I. Preocupación de Pablo por los Gálatas (17–20)

4:17 Tienen celo por vosotros, pero no para bien, sino que quieren apartaros de nosotros para que vosotros tengáis celo por ellos.

Tienen celo por vosotros, pero no para bien...

¿Quiénes son los que tienen celos? Los judaizantes legalistas. De acuerdo con la concordancia de Strong, la palabra "celos" significa "tener un cálido sentimiento hacia o contra alguien o algo." Así que podríamos parafrasear este versículo diciendo que "Estos judaizantes legalistas están ansiosos por cortejarlos a ustedes pero sus intenciones no son buenas."

...quieren apartarlos de nosotros.

Pablo les dice: "Están tratando de cortejarlos para ganar su afecto." El apóstol compara a los judaizantes con adúlteros que procuran seducir a personas casadas e incitarlas a tener una aventura extramatrimonial. Procura advertirlos para que no se dejen extraviar por el fingido afecto y las palabras seductoras de estos astutos judíos porque su íntimo motivo es egoísta: quieren destruir la relación que los creyentes gálatas tienen con el Señor.

4:18 Bueno es mostrar celo en lo bueno siempre, y no solamente cuando estoy presente con vosotros.

El apóstol les dice que es bueno ser cortejado por alguien cuando las intenciones de quien lo hace son buenas.

Quiere que quien los corteje sea alguien que predica su mismo mensaje. Pero ahora que él está lejos de ellos los advierte respecto a no dejarse desviar de su relación de pacto por seductores infieles.

4:19 Hijitos míos, por quienes vuelvo a sufrir dolores de parto, hasta que Cristo sea formado en vosotros.

Aquí pareciera que Pablo se está dirigiendo a los gálatas como si no fueran creyentes al decirles que vuelve a sufrir "dolores de parto" (que ora intensamente) hasta que Cristo sea formado en ellos. Pero no es eso lo que quiere decir. Estos son creyentes que ya han nacido de nuevo pero se han apartado de la Palabra de Dios y se han vuelto legalistas en sus obras. Los dolores de parto mencionados por él se refieren a su oración intercesora por ellos. La primera vez que tuvo dolores de parto por los gálatas fue para llevarlos a tener un nuevo nacimiento. Ahora están en el reino de Dios y él quiere saber si su trabajo de parto no ha terminado. Continúa orando por ellos para que su naturaleza sea conformada a la imagen de Cristo quien vive en su interior en la persona del Espíritu Santo.

Eso debería ser una lección para nosotros hoy. Sólo porque las personas hayan renacido no significa que ya no sea necesario que oremos por ellas. Cuando nacen de nuevo aún siguen siendo bebés en la fe en Cristo, como los gálatas. Todavía necesitan ser formados, modelados y desarrollados. Requieren nuestra intercesión, que oremos por ellos.

Aún los creyentes maduros y las iglesias establecidas necesitan nuestro apoyo. Pablo dijo que él oró por los efesios "habiendo oído de vuestra fe en el Señor Jesús, y de vuestro amor para con todos los santos" (Efesios 1:15). E hizo lo mismo por los colosenses (Colosenses 1:3–4). Ninguno de nosotros está tan desarrollado ni es tan maduro en el Señor como para no necesitar el apoyo de otros creyentes para vencer las pruebas, tentaciones y obstáculos que el enemigo pone frente a nosotros para desanimarnos y destruirnos.

En la iglesia debemos orar juntos con nuestros hermanos y hermanas en Cristo, y sostenernos, fortalecernos y animarnos unos a otros, llevando las cargas de los demás, perdonándonos mutuamente, levantando al débil y al caído, dándonos esperanza y aliento y edificándonos unos a otros, "hasta que todos lleguemos a la unidad de la fe y del conocimiento del Hijo de Dios, a un varón perfecto, a la medida de la estatura de la plenitud de Cristo" (Efesios 4:13).

4:20 quisiera estar con vosotros ahora mismo y cambiar de tono, pues estoy perplejo en cuanto a vosotros.

En esta carta el apóstol no trata con suavidad a sus destinatarios. Por el contrario, tiene que ser duro con ellos. Les reprocha su insensatez y su error; los corrige verbalmente y llega al punto de decirles "gálatas estúpidos" (traducción de Phillips). Pero ahora les aclara que en realidad no quisiera hablarles en ese tono. La única razón por la cual lo hace es porque tiene serias dudas en cuanto a su compromiso.

La *Nueva Versión Internacional* capta aquí el estado de ánimo de Pablo, cuando traduce Gálatas 4:17–20 de la siguiente manera:

Esos que muestran mucho interés por ganárselos a ustedes no abrigan buenas intenciones. Lo que quieren es alejarlos de nosotros para que ustedes se entreguen a ellos. Está bien mostrar interés, con tal de que haya buenas intenciones, y de que sea siempre y no sólo cuando yo estoy con ustedes. Queridos hijos, por quienes vuelvo a sufrir dolores de parto hasta que Cristo sea formado en ustedes, ¡cómo quisiera estar ahora con ustedes y hablarles de otra manera, porque lo que están haciendo me tiene perplejo!

II. Los dos hijos de Abraham (21–23)

4:21 Decidme, los que queréis estar bajo la ley: ¿no habéis oído la ley?

La palabra griega traducida aquí como "oír" en realidad significa entender. En el versículo 21 el apóstol empieza a introducir el capítulo 5 en el cual enfatiza dos temas: la libertad en Cristo y vivir por el Espíritu. Empieza la introducción de estos dos temas haciendo a los gálatas una desconcertante pregunta: "¿Ustedes que quieren estar bajo la ley, no la entienden?"

Parece extraño que Pablo haga esta pregunta a personas a quienes a través de tres capítulos y medio ha estado reprochando respecto a la ley. ¿No se da él cuenta que esta gente tenía que conocer la ley para poder guardarla? Sí, él era consciente de ello. Y también sabe que hay una diferencia entre conocer la ley o saber algo de ella, y entenderla plenamente. Es posible tener un conocimiento de algo pero no entender su significado.

Por ejemplo, ¿cuántos judíos ortodoxos de hoy entienden plenamente la ley que con tanto cuidado guardan o cumplen? ¿Cuántos se dan cuenta que todo lo que hay en ella, cada uno de sus rituales y requerimientos, señalan a Jesucristo? Conocen la letra de la ley pero en realidad no saben lo que esa letra simboliza. La leen, la ven bien pero no son capaces de mirar más allá a la persona que ella señala.

Pero no es nada nuevo. Era una verdad en los días de Jesús. ¿Recuerda lo que él dijo a los fariseos que cuestionaban su autoridad? "Ustedes escudriñan las Escrituras porque piensan que en ellas tienen la vida eterna, pero ellas son las que dan testimonio de mí" (Juan 5:39). Los escribas y fariseos conocían perfectamente la ley. Guardaban todos sus detalles pero pasaban por alto su esencia.

Ella no podía salvarlos; solamente apuntaba hacia Jesús. Cuando él estuvo ante ellos en carne y hueso se negaron a reconocerlo. Se aferraron a la letra de la ley y rechazaron el vivo cumplimiento de ella. Eso fue algo no solamente tonto sino trágico. Porque por causa de su celo equivocado los fariseos perdieron la salvación que tan desesperadamente buscaban. Ese es el mensaje que Pablo trata de transmitirles a los gálatas que le han dado la espalda a la puerta y se han vuelto a la señal.

> **4:22-23 Porque está escrito que Abraham tuvo dos hijos; uno de la esclava, el otro de la libre. Pero el de la esclava nació según la carne; mas el de la libre, por la promesa.**

Aquí el apóstol devela ante estos gálatas espiritualmente ciegos lo que en fin de cuentas es la ley. Para explicarles la ley y su propósito él volvió a recorrer todo el camino hasta llegar al tiempo de Abraham quien vivió 430 años antes de que ella existiera. Utiliza a los dos hijos de Abraham como ejemplos o tipos de la ley y de la gracia, y de las obras de la carne y el fruto del Espíritu. Discutiremos estos ejemplos más detalladamente a medida que seguimos la lógica del apóstol mediante la comparación de la descendencia de una esclava y la de una mujer libre.

III. Sara y Agar (24–27)

> **4:24 Lo cual es una alegoría, pues estas mujeres son los dos pactos; el uno proviene del monte Sinaí, el cual da hijos para esclavitud; éste es Agar.**

Lo cual es una alegoría...

Cuando Pablo dice que los dos descendientes son una "alegoría" quiere decir que son una analogía. Ellos representan algo más allá de lo que son en sí mismos. Sabemos que esto es cierto porque aún el mismo Abraham representa algo mucho más universal y eterno de lo que él mismo imaginó durante toda su vida. En este contexto, Abraham es un tipo del creyente individual. Las dos mujeres que vivían con él en su tienda son tipo de los dos mensajes a los que está expuesto el creyente y a los cuales se puede dedicar libremente. Sara, la mujer libre, simboliza la gracia o la promesa de Dios. Agar, la esclava, es símbolo de la ley. En la historia de estas tres figuras del Antiguo Testamento y sus descendientes vemos retratado simbólicamente todo el conflicto entre la ley y la gracia.

Por fe en Cristo la Simiente de Abraham, usted y yo, llegamos a ser participantes del pacto Abrahámico, el pacto que Dios hizo con el antiguo patriarca. Por lo tanto, las cosas que lo afectaron a él todavía nos afectan a los creyentes de hoy porque él nos representa a nosotros. Aunque técnicamente la ley no llegó a existir hasta "430 años después" (3:17), Abraham tenía un tipo de la ley allí mismo, en su tienda. Su nombre era

Agar. También tenía un tipo de la gracia viviendo con él: su nombre era Sara. ¿De cuál de estas dos mujeres somos descendientes usted y yo? Para responder este interrogante consideremos a cada una separadamente.

En primer lugar, ¿cuál era la aposición de Agar en la familia? Era una sierva, una esclava. ¿Cuál era su país de origen; de dónde venía? Era una egipcia. Piense en ello por un momento. ¿De qué era tipo o símbolo Egipto en el Antiguo Testamento? Egipto siempre representó el exilio y la esclavitud; nuestra vida cuando no éramos creyentes.

Antes de que usted y yo nos convirtiéramos vivíamos en un Egipto espiritual. Estábamos exiliados, lejos de nuestro amado Padre celestial, sometidos a servidumbre, esclavos del pecado. Pero entonces vino un día cuando cruzamos el Mar Rojo, tipo o símbolo de la sangre del Señor Jesucristo, e hicimos el tránsito de la esclavitud a la libertad. Fuimos liberados de nuestros enemigos, lavados por la sangre de Jesús. Anduvimos luego como hombres y mujeres libres.

En nuestro caminar tuvimos que crecer. Nos desarrollamos y maduramos espiritualmente. Cruzamos figurativamente el Jordán siguiendo al Señor y entramos en nuestra tierra prometida de la vida de fe.

Aunque fuimos hechos seres libres cuando salimos de Egipto, trajimos con nosotros parte de él. Como Abraham, teníamos en nuestra tienda (el cuerpo) no solamente nuestra Sara, la gracia, sino también a Agar, o la ley. Nuestra Agar, la egipcia, era la carne. No obstante que fuimos redimidos por gracia, nacidos de nuevo por el Espíritu, todavía no nos hemos desecho de la carne. Esto es algo con lo cual tenemos que contender mientras nuestro espíritu regenerado esté en este cuerpo de carne. Un día seremos liberados de este cuerpo natural y terreno, y levantados al cielo en donde viviremos para siempre en perfecta libertad y santidad. Hasta que ese día venga, usted y yo tenemos que dominar la carne por el espíritu.

Los escritores del Nuevo Testamento como Pablo entendieron este principio. Por eso es que escribieron cosas como, "Y yo sé que en mí, esto es, en mi carne, no mora el bien; porque el querer el bien está en mí, pero no el hacerlo" (Romanos 7:18). Eso no quiere decir que odiemos nuestra carne, que la aborrezcamos, la descuidemos o la castiguemos en una actitud de ascetismo. Lo que significa es que ejercemos autoridad y dominio sobre nuestros deseos carnales y no les permitimos que sean nuestros dictadores. Me gusta la respuesta que Smith Wigglesworth dio un día cuando alguien le preguntó si alguna vez se sentía mal. "Nunca me pregunto a mí mismo cómo me siento; más bien me digo cómo es que me siento" —replicó con presteza. Como seres libres, esa es la manera en que debemos vivir en relación con nuestra esclava egipcia. Debemos ejercer dominio sobre ella haciendo que se conforme o ajuste a nuestros deseos, y no de otra manera.

Siempre tendremos la carne para contender con ella en esta vida, pero la carne no es nuestra esposa. Nuestra esposa es Sara, el tipo de ser interior, el espíritu regenerado, la nueva criatura, y debemos vivir con ella en paz y armonía. Debemos llegar a ser uno en nuestra unión con ella.

En el caso de Abraham, aunque se le había prometido descendencia a través de Sara (que representa al espíritu), cedió a la impaciencia y tomó a Agar (que representa a la carne). Como resultado de esa unión Agar dio a luz un hijo que se llamó Ismael. Después Abraham tuvo un hijo de Sara a quien llamó Isaac. En consecuencia llegaron a existir dos líneas de descendientes de Abraham: los de la carne (a través de Ismael, tipo de las obras de la carne), y los del espíritu (a través de Isaac, tipo del fruto del espíritu).

Igual que nuestro padre Abraham nosotros tenemos que escoger con cuál de estas dos "mujeres" nos uniremos. Hay dos voces llamando y procurando ganar nuestra atención y nuestro compromiso. Una voz es la de la carne; la otra es la del espíritu. Tenemos que decidir a cuál escucharemos y le daremos nuestra atención. Pablo nos dijo que "el ocuparse de la carne es muerte, pero el ocuparse del Espíritu es vida y paz" (Romanos 8:6). Note que ambos estados mentales producen algo; uno produce muerte y el otro produce vida y paz. De ahí que nuestra elección de compañeras determinará la descendencia o el fruto que produzca nuestra vida.

El fruto de nuestra unión no termina con la primera generación pues tiene la capacidad de reproducirse a sí mismo indefinidamente. El fruto que Abraham produjo con Agar y Sara sigue multiplicándose. Ismael produjo solamente una raza natural: los árabes. Isaac produjo una raza natural, los judíos, que es también una raza espiritual: los redimidos. La una es temporal; la otra es eterna. Una durará por un período de unos cuantos centenares de años terrenales; la otra perdurará para siempre. Una es ilegítima (porque no hay verdadero matrimonio con la ley); la otra es legítima (producto de la unión del espíritu humano con el Espíritu de Dios). Una produce muerte; la otra produce vida y paz.

A. Los Dos Hijos

"… Porque estas mujeres son los dos pactos; el uno proviene del monte Sinaí, el cual da hijos para esclavitud; este es Agar."

Agar representa el antiguo pacto que fue dado a Moisés en el monte Sinaí, el cual está en Arabia. La ley no fue dada en la tierra prometida de Israel; tuvo su origen en Arabia, en la tierra de maldición. Ese es un punto importante.

4:25 Porque Agar es el monte Sinaí en Arabia, y corresponde a la Jerusalén actual, pues ésta, junto con sus hijos, está en esclavitud.

El primer pacto, el antiguo, simbolizado por Agar, corresponde a la nación judía centrada en la antigua Jerusalén la cual estaba en esclavitud tanto literal como figurativamente en el tiempo en que Pablo escribió estas palabras. La ciudad de Jerusalén estaba literalmente bajo el yugo de Roma, y espiritualmente estaba bajo el yugo de la ley. La frase "con sus hijos" es una referencia a las dos líneas de descendencia engendradas por Abraham: 1) los judíos, una raza natural que estaba y sigue estando bajo la esclavitud de la ley; y 2) la iglesia de Jesucristo, una raza que es libre. Esta segunda raza es el verdadero Israel, como lo leemos en el noveno capítulo de la carta a los Romanos:

> No que la palabra de Dios haya fallado; porque no todos los que descienden de Israel son israelitas, ni por ser descendientes de Abraham, son todos hijos; sino: En Isaac te será llamada descendencia. Esto es: No los que son hijos según la carne son los hijos de Dios, sino que los que son hijos según la promesa son contados como descendientes. Porque la palabra de la promesa es esta: Por este tiempo vendré, y Sara tendrá un hijo. Y no sólo esto, sino también cuando Rebeca concibió de uno, de Isaac nuestro padre (pues no habían aún nacido, ni habían hecho aún ni bien ni mal, para que el propósito de Dios conforme a la elección permaneciese, no por las obras sino por el que llama), se le dijo: El mayor servirá al menor. Como está escrito: A Jacob amé, mas a Esaú aborrecí –Romanos 9:6–13.

Ahora bien, Dios no "aborreció" a Esaú y amó a Jacob sinrazón, como lo vimos anteriormente. Aún antes de que nacieran, Dios miró el futuro de su vida.

Mediante su pre-conocimiento (el conocimiento previo del futuro) Dios estaba consciente de la fe que residía en Jacob y de la incredulidad que motivaba a Esaú. Dios no aborreció la persona de Esaú sino su incredulidad. De igual manera él no amó a Jacob como persona (evidentemente no a su naturaleza humana y sus acciones) sino la fe que representaba.

Cuando Pabló habló de los dos descendientes de Abraham, estaba haciendo algo más que examinar sus vidas. Estaba utilizando a los dos para simbolizar los dos tipos de personas que hay en el mundo: 1) aquellos que como Esaú dudan y no creen, y 2) a los que como Jacob, que aunque lejos de ser perfectos humanamente hablando, son contados por Dios como justos por causa de su fe en él.

Esta misma analogía es válida en los casos de Ismael e Isaac. Ellos representan dos herencias totalmente diferentes. Uno fue el producto de la carne, el resultado de planificación humana, el fruto del hombre, un hijo de la ley. El otro fue producto del espíritu, resultado de planificación divina, el fruto del Espíritu Santo, un hijo de la promesa. En otras palabras, Ismael fue idea de Abraham, mientras que Isaac fue idea de Dios. Por eso es que Ismael, el hijo natural, no tenía parte en la herencia de Isaac, el hijo espiritual. A esto es a lo que el apóstol se refiere cuando dice que no todo Israel (la descendencia natural de Abraham) es parte del verdadero Israel (su descendencia espiritual).

B. Los Dos Montes

4:26 Mas la Jerusalén de arriba, la cual es madre de todos nosotros, es libre.

El Monte Sinaí, versículos 24 y 25, representa el acto de proclamación de la ley. Por cuanto llegó a ser identificado con quienes se aferraron a la ley y rechazaron al Cristo resucitado, el Mesías prometido, llegó a ser tipo de rechazo de las promesas de Dios. Como tal, el Monte Sinaí simboliza el legalismo, el cual es esclavitud.

Según Pablo, la Antigua Jerusalén, la Jerusalén de los judíos naturales, es un ejemplo de esclavitud en la que viven todas las personas que confían en la ley para obtener justificación. Siendo que la justificación no se obtiene por las obras de la ley sino por la fe en las promesas (la integridad) de Dios, el verdadero Israel se compone de todos quienes acuden a él para lograr su redención. Entonces su ciudad santa no es una habitación terrenal hecha por manos de hombres, sino la Nueva Jerusalén, la cual viene de arriba, "cuyo arquitecto y constructor es Dios" (Hebreos 11:10).

Pablo dice que esta Nueva Jerusalén es "la madre de todos nosotros." La frase "la madre" es una referencia al nuevo nacimiento. Y "todos nosotros" se refiere a quienes hemos nacido de nuevo, no de la carne, sino del Espíritu. El centro de Jerusalén es el Monte de Sion. Es a este monte que Israel mira para su liberación. Pero el verdadero Monte de Sion, como la verdadera Jerusalén, no es un lugar natural o físico, sino espiritual. Así como el Monte Sinaí corresponde a la Antigua Jerusalén, la Jerusalén terrenal, el Monte de Sion corresponde a la Nueva Jerusalén, la celestial.

El escritor de la carta a los Hebreos nos dice:

> Porque no os habéis acercado al monte que se podía palpar, y que ardía en fuego, a la oscuridad, a las tinieblas y a la tempestad, al sonido de la

trompeta, y a la voz que hablaba, la cual los que la oyeron rogaron que no se les hablase más, porque no podían soportar lo que se ordenaba: Si aún una bestia tocare el monte, será apedreada, o pasada con dardo; y tan terrible era lo que se veía, que Moisés dijo: Estoy espantado y temblando; sino que os habéis acercado al monte de Sion, a la ciudad del Dios vivo, Jerusalén la celestial, a la compañía de muchos millares de ángeles, a la congregación de los primogénitos que están inscritos en los cielos, a Dios el Juez de todos, a los espíritus de los justos hechos perfectos, a Jesús el Mediador del nuevo pacto, y a la sangre rociada que habla mejor que la de Abel. –Hebreos 12:18–24

¿Frente a cuál monte estuvo Moisés en medio de los truenos, los rayos y la oscuridad? Frente al Monte Sinaí donde fue dada la ley. Pero usted y yo no hemos venido a este monte. Como lo señala el pasaje en mención, "nos hemos acercado al Monte de Dios, a la ciudad del Dios vivo, Jerusalén la celestial" (v. 22). Llegamos a ese monte cuando "nos casamos con Sara," cuando nos unimos con Dios mediante la fe en sus promesas.

La fe siempre nos conecta con las promesas.

En el Monte de Sion llegamos a ser parte de "la asamblea general de la iglesia de los primogénitos," cuyos nombres están "escritos en los cielos." Llegamos a ser uno con "Dios, el Juez de todos." Encontramos nuestro hogar en "compañía de ángeles" y con los "justos que han sido hechos perfectos." ¿Quiénes son estos justos? Todos los que se han allegado a Dios por medio de la fe y "han sido justificados gratuitamente por su gracia, mediante la redención que es en Cristo Jesús" (Romanos 3:24).

C. Las Dos Naciones

4:27 Porque está escrito:

Porque está escrito:
Regocíjate, oh estéril, tú que no das a luz;
Prorrumpe en júbilo y clama, tú que no tienes dolores de parto;
Porque más son los hijos de la desolada, que de la que tiene marido.

Este versículo es de Isaías 54:1: Regocíjate, oh estéril, la que no daba a luz; levanta canción y da voces de júbilo, la que nunca estuvo de parto; porque más son los hijos de la desamparada que los de la casada, ha dicho el Señor.

Regocíjate, oh estéril, la que no daba a luz, levanta canción y da voces de júbilo, la que nunca estuvo de parto...

"La que nunca estuvo de parto" es una referencia a Sara. A ella le dijo el Señor que cantara y se regocijara. ¿Cuándo se lo dijo? Aún antes de que quedara embarazada. ¿Por qué debía gozarse cuando todavía era estéril?

... porque más son los hijos de la desamparada que los de la casada...

A Sara se le dijo que se regocijara por causa de la promesa del Señor. Su gozo no debía estar basado en lo que ella veía con sus ojos, sino en lo que había oído de Dios.

¿Le recuerda esto a usted una porción bíblica? "Porque la fe viene por el oír, y el oír por la palabra de Dios" (Romanos 10:17). La fe no espera una manifestación física para expresarse; se regocija cuando oye la promesa de Dios. ¿Por qué? Porque sabe que lo que Dios promete, él lo provee. Nada en todo el mundo es tan seguro como las promesas de Dios, siempre y cuando nosotros, como Abraham, estemos "plenamente convencidos de que él es poderoso para hacer todo lo que ha prometido" (Romanos 4:21). Por esa clase de seguridad recibimos no solamente la manifestación de lo que Dios ha prometido, sino que también recibimos algo mucho más grande: la justicia de Dios. "Por lo cual también su fe le fue contada por justicia" (Romanos 4:22).

La fe es una doble bendición. Cuando le creemos a Dios, recibimos gratuitamente lo que se nos ha prometido; luego, como algo adicional, Dios recompensa nuestra fe declarándonos justos. En otras palabras Dios hace todo el trabajo; él es quien lo da todo, y todo lo que nosotros hacemos es creerle. No obstante obtenemos ambas cosas, la bendición prometida y la recompensa, como si fuéramos nosotros quienes lo damos todo. Ese es el significado de la justificación para cada creyente de manera individual. Todo lo que yo hice fue creerle a Dios y recibir una bendición y una recompensa, como si yo hubiera hecho el trabajo.

Note otra vez cuando es que esta creencia, este regocijo debe ocurrir: antes de la manifestación física. ¿Recuerda que les dijo Jesús a sus discípulos respecto a cómo obtener respuesta a sus oraciones? "Por tanto, os digo que todo lo que pidiereis orando, creed que lo recibiréis, y os vendrá" (Marcos 11:24). "Cuando oren, crean..." La clave de la oración que obtiene respuesta es creer en el momento en que se ora. En esencia, eso fue lo que Abraham hizo. Él creyó cuando oyó la Palabra de Dios, no cuando vio la manifestación de lo que se le había prometido. Por eso recibió la doble bendición: recibió la manifestación y fue justificado.

"La desolada" que menciona Gálatas 4:27 se refiere a la justa Sara quien, aunque era estéril, se regocijó con la promesa de Dios de que un día tendría más descendencia que la que estaba en casa y que ya había dado a luz un hijo. La descendencia de Agar, la esclava, se convertiría en una larga rama de descendientes terrenales que se multiplicarían y cubrirían la tierra. Al pueblo de esa nación física lo llamamos los Árabes. Sara produjo dos naciones a través de su descendencia: una raza espiritual de creyentes, y la nación natural de Israel. La diferencia es que la descendencia de Sara durará no solamente por el corto período que llamamos tiempo, sino que como es espiritual, perdurará por toda la eternidad.

Aquí tenemos una lección. Lo que hacemos en el mundo natural, en el ámbito físico, es importante porque con nuestras acciones plantamos semillas que producirán una cosecha buena o mala después de que nos hayamos ido de esta tierra. Y cuánto más importante es que le demos atención a nuestra siembra espiritual porque ella tiene trascendencia eterna. El fruto producido por esa semilla no morirá jamás.

IV. Los Hijos de la Promesa (28–31)

4:28 Así que, hermanos, nosotros, como Isaac, somos hijos de la promesa.

La mayoría de nosotros no somos judíos pero eso no importa. Los hijos de la promesa incluye a todas las naciones del mundo (Génesis 12:3). Cualquiera que haya recibido al Señor Jesucristo como su Salvador persona ha entrado al pacto Abrahámico y se ha convertido en descendencia de Abraham. La simiente o descendencia del patriarca no está determinada por la carne sino contada por el espíritu de acuerdo con la promesa. Llegamos a ser herederos de la promesa con Isaac.

4:29 Pero como entonces el que había nacido según la carne perseguía al que había nacido según el Espíritu, así también ahora.

Aquí Pablo se refiere al hecho de que Isaac, el hijo de la promesa, nacido por el Espíritu de Dios, era perseguido por Ismael, el hijo de la carne. Está diciendo que quienes han nacido de Dios han sido siempre el objeto del desdén, el ridículo y el abuso de quienes nacieron sólo carnalmente. Esto era particularmente cierto cuando escribió estas palabras, pues la iglesia cristiana estaba siendo hostigada y perseguida no solamente por los legalistas romanos sino especialmente por los legalistas judíos.

4:30 Mas ¿qué dice la Escritura? *"Echa fuera a la esclava y a su hijo, porque no heredará el hijo de la esclava con el hijo de la libre."*

Génesis nos da una idea de cómo fue que ocurrió:

> Y vio Sara que el hijo de Agar la egipcia, el cual ésta le había dado a luz a Abraham, se burlaba de su hijo Isaac. Por tanto, dijo a Abraham: Echa a esta sierva y a su hijo, porque el hijo de esta sierva no ha de heredar con Isaac mi hijo. Este dicho pareció grave en gran manera a Abraham a causa de su hijo. Entonces dijo Dios a Abraham: No te parezca grave a causa del muchacho y de tu sierva; en todo lo que te dijere Sara, oye su voz, porque en Isaac te será llamada descendencia. Y también del hijo de la sierva haré una nación, porque es tu descendiente. Entonces Abraham se levantó muy de mañana, y tomó pan, y un odre de agua, y lo dio a Agar, poniéndolo sobre su hombro, y le entregó el muchacho, y la despidió. Y ella salió y anduvo errante por el desierto de Beerseba. –Génesis 21:9–14

Sara se dio cuenta de que había cometido un error al ofrecerle su criada a Abraham para que tuviera el hijo (Génesis 16:1–16). Y finalmente ella le exigió a Abraham que se deshiciera de Agar y de su hijo porque no se le podía permitir a Ismael tener ninguna parte en la herencia que legítimamente le pertenecía a Isaac, el hijo de la promesa. Siendo como era, un hombre justo y sincero, Abraham estuvo renuente a echar a Agar e Ismael, porque el muchacho era hijo suyo tanto como lo era Isaac. Sin embargo, el Señor le ordenó que hiciera tal como le había dicho Sara, haciéndole notar que solamente a través de Isaac el pacto tendría cumplimiento. Y en obediencia al mandato de Dios, Abraham los despidió a los dos.

Los sentimientos de Abraham reflejan los nuestros. Muchas veces dudamos en desechar la naturaleza carnal para darle espacio total a la semilla de la naturaleza espiritual. Queremos aferrarnos a nuestra naturaleza carnal porque ella también parece ser parte vital de nosotros. No obstante Dios sabe que nada puede interponerse entre él y nosotros; no podemos permitir que nada nos impida dedicar toda nuestra atención y devoción a las cosas del espíritu.

A Abraham se le ordenó deshacerse no solamente de Ismael sino también de Agar. En muchas ocasiones tratamos de desechar el producto de nuestra carne, pero excusar y conservar la carne en sí misma. En Gálatas 5:24 vemos que Pablo dijo que "los que son de Cristo han crucificado la carne con sus pasiones y deseos." No es solamente la carne a la que debemos someter, sino también sus afectos y deseos. No solamente fue Agar la que tuvo que partir; su descendencia también tuvo que partir con ella.

"En Colosenses 3:9–10 leemos estas palabras: "No mintáis los unos a los otros, habiéndoos despojado del viejo hombre con sus hechos, y revestido del nuevo, el cual conforme a la imagen del que lo creó se va renovando hasta el conocimiento pleno." En este caso el "viejo hombre" es Agar, y los "hechos" están representados por Ismael. Note que no debemos deshacernos de Agar solamente y conservar a Ismael, ni deshacernos de Ismael y conservar a Agar. Debemos desechar a ambos, el viejo hombre y su naturaleza, y revestirnos del "nuevo hombre." El viejo hombre es una referencia a nuestra carne. Debemos dominarla y ponerla en el nivel de esclava, y no permitirle que sea ella la que se enseñoree de nosotros.

Cuando Pablo habló de crucificar la carne, no quiso decir que tenemos que matar diariamente nuestra vieja naturaleza. Nuestro viejo hombre murió en la cruz. Está muerto, y la vida que ahora vivimos en la carne la vivimos por fe en el Hijo de Dios quien nos amó y se dio a sí mismo por nosotros (Gálatas 2:20).Aunque nuestro viejo hombre, nuestra carne está muerta a los ojos de Dios, debemos considerarla muerta en nuestra propia vida. Es necesario que la veamos como Dios la ve. Tenemos que dominarla actuando con el poder del Espíritu.

4:31 De manera, hermanos, que no somos hijos de la esclava, sino de la libre.

Ustedes y yo somos el producto de la fe de Abraham. Nosotros, los que somos de la fe, somos bendecidos con el creyente Abraham. Somos sus descendientes, sus hijos y sus herederos de acuerdo con la promesa. Hemos sido liberados de la maldición de la ley para vivir en la bendición de Abraham.

5:1-18 La Circuncisión

I. Estén Firmes en la Libertad (1)

En el último capítulo vimos que tanto Ismael como Isaac fueron descendientes de Abraham, pero que cada uno representa un enfoque de Dios totalmente diferente. Ismael, el hijo de la carne, representa las obras de la carne; Isaac, el hijo de la promesa, representa la gracia de Dios. Los dos vivieron durante un tiempo en la misma casa y crecieron juntos en la casa de su padre. Pero llegó un momento cuando el hijo de la carne fue echado de la casa para darle vía al hijo de la promesa. Ya vimos que esto es una ilustración de la ley y del pacto Abrahámico.

Así como Isaac fue prometido a Abraham y a Sara antes del nacimiento de Ismael, así el pacto de Dios con Abraham fue hecho antes de que la ley entrara en escena. Después del nacimiento de Ismael (que representó la proclamación de la ley), se cumplió la promesa del hijo: nació Isaac. Esta es una representación simbólica del cumplimiento del pacto con Abraham. Por un tiempo los dos existieron juntos, pero el hijo de la carne (hijo de la esclava) nunca tuvo parte en la herencia del hijo de la promesa (el hijo de la mujer libre). Por eso fue que finalmente el hijo ilegítimo (la ley) tuvo que irse para dar lugar al verdadero hijo y heredero de Abraham (el producto de la fe), el que vino no por medios naturales sino por la promesa y el poder de Dios.

Mediante esta alegoría Pablo les muestra a los gálatas que ellos no eran descendientes del hijo ilegítimo, la ley, sino del legítimo, el que fue dado por la gracia de Dios y recibido por la fe. Como tales, ellos no tenían parte en la ley, y ésta no tenía parte en ellos. En Cristo Jesús habían sido liberados de la ley del pecado y de la muerte para que vivieran libremente en justicia y en paz.

5:1 Estad, pues, firmes en la libertad con que Cristo nos hizo libres, y no estéis otra vez sujetos al yugo de esclavitud.

Esta frase "permanezcan firmes" era un término o una orden militar que significaba "mantener la posición de uno." El apóstol les está diciendo que una vez que ganaron cierto terreno en su vida espiritual debían aferrarse a él y no permitir que el enemigo se los disputara.

Ser libre es algo grandioso, pero la libertad no es gratuita. No se obtiene fácilmente ni podemos permanecer libres sin esfuerzo. Así como la libertad política demanda valor y compromiso, preservar la libertad espiritual exige esfuerzo y dedicación. Como ciudadanos del reino de Dios y para preservar y proteger nuestra libertad espiritual tenemos que ser tan vigilantes como en nuestra condición de ciudadanos de nuestro país. En ambos casos tenemos un enemigo que nos esclavizaría y destruiría si no estamos continuamente en guardia.

Pablo advierte a esta gente que ahora que son libres deben permanecer firmes en esa libertad para que el enemigo no se las robe. Pero note que les dice que estén firmes "en la libertad con que Cristo nos hizo libres." El apóstol está consciente que debemos estar alerta respecto al enemigo exterior y al enemigo interior. Sabe también que a menudo nos cuidamos más de los enemigos que nos confrontan abiertamente y no de los que estando en medio nuestro les gustaría que cediéramos a su autoridad y sus puntos de vista. En otras palabras, nos advierte contra la religión, el sistema de normas y reglamentos hechos por el hombre que dan una apariencia de piedad y devoción por las restricciones que imponen, pero que no tienen poder real para bendecir, sanar y liberar.

... y no estéis otra vez sujetos al yugo de esclavitud...

Pablo insta a los creyentes de Galacia a que no permitan que nadie los someta a la esclavitud de leyes impuestas por el hombre, las cuales según él son esclavitud. Él quiere que los gálatas cristianos sean libres, totalmente libres. Y eso incluye libertad de la religión, tanto como la libertad del pecado.

Dondequiera que predico este mensaje de libertad en Cristo, algunas personas siempre me acusan de "dar a la gente una licencia para pecar." Para algunos es demasiado difícil aceptar la verdadera libertad, ya sea para sí mismos o para los demás. Ven la libertad del dominio de la religión como cierta anarquía en la cual se permite a la gente cometer toda clase de pecados reprimidos por las normas y estipulaciones establecidas. Ese es un falso concepto de la justicia y la responsabilidad cristiana.

Si a los mismos hijos de Dios no se les concede la libertad de pensar, hablar y actuar como elijan hacerlo, si tienen que estar encadenados a un sistema de mandatos y prohibiciones, entonces el nuevo nacimiento no es mejor que la vida de pecado. En ese caso Dios simplemente nos sacó de una esclavitud para meternos en otra. La gracia no es una licencia para pecar sino para servir. Dios nos da libertad de servirle y nos ata solamente con amor.

Las iglesias que predican reglas y reglamentos finalmente terminan secas interiormente porque Dios no es un dictador, él es un liberador. Jesús dijo que él vino a hacer la voluntad de su Padre que está en los cielos; "a pregonar libertad a los cautivos, a poner en libertad a los oprimidos, a sanar a los quebrantados de corazón." Es Satanás el que ata, no Dios. Nuestro Padre quiere que seamos libres. Libres para adorarlo, amarlo y servirle voluntariamente, no porque somos forzados a hacerlo. Por eso el mensaje de libertad siempre atrae a las multitudes. La gente quiere ser libre; quiere vivir, no pecar. No llegan a la iglesia a oír el mensaje de gracia y amor para luego salir y pecar todo lo que quieran. Vienen para oírlo y salir luego a disfrutar la vida abundante que su Salvador compró para ellos cuando derramó su sangre y murió en la cruz.

Los únicos que no quieren que la iglesia sea libre son los que no confían en ella. Y la razón por la que no confían en los demás es porque tampoco confían en sí mismos. Son ellos los que necesitan ser liberados del legalismo que se han impuesto. Una vez que sean libres pueden permitir que la iglesia sea liberada y pueda así liberar a otros. Ese es el plan de Dios tal como está revelado en la carta a los Gálatas.

II. ¿La Circuncisión o Cristo? (2–6)

El tema de moda en ese tiempo en Galacia era la circuncisión, la cual hacía parte de la ley Mosaica, del antiguo pacto. Aun cuando fue instituida, la ley nunca tuvo el propósito de proveer salvación sino de revelar o hacer consciente al hombre de su necesidad de un salvador. La circuncisión era una señal exterior y física del pacto entre Dios y Abraham. Ella no salvó a Abraham; su propósito fue simplemente el de simbolizar exteriormente lo que había ocurrido en él interiormente.

Como toda la ley, de la cual hacía parte, la circuncisión fue solamente una señal a los judíos para enseñarles acerca de la fe. En cierto sentido la circuncisión fue en el Antiguo Testamento lo que sería en el Nuevo la práctica del bautismo en agua. Éste es una señal exterior de algo que ha ocurrido internamente. Presenta en un lenguaje simbólico la verdad espiritual de que una persona ha muerto, ha sido sepultada y ha sido levantada a una nueva vida con Cristo. A través de los años esta práctica ha perdido algo de su significado porque algunos segmentos de la iglesia la han malinterpretado. Han tomado esta señal exterior de salvación y la han convertido ya no en una simple señal sino en un medio de salvación, lo cual es un error. El bautismo en agua no salva; solamente le dice al mundo que una persona ha aceptado la salvación de Dios en su vida. Sustituir la realidad espiritual por el símbolo físico es distorsionar la realidad.

Eso fue lo que ocurrió a través de los años desde que la práctica de la circuncisión le fue ordenada por Dios a Abraham como una señal de su relación de pacto con el Señor. Entonces se hizo necesario que Pablo escribiera a los gentiles para explicarles que al depender de un símbolo físico de la relación de un antiguo pacto están privándose de la realidad espiritual que el símbolo representaba.

5:2 He aquí, yo Pablo os digo que si os circuncidáis, de nada os aprovechará Cristo.

La circuncisión tiene beneficios naturales pero no beneficios espirituales reales. Si una persona se circuncida pensando que con ello obtiene la salvación, entonces Cristo no tiene ningún valor para ella. ¿Cómo puede esa persona ser salva por gracia mediante la fe en la obra completa de Jesús en la cruz si está confiando en un símbolo físico de la ley en su propio cuerpo? La fe en su propia sangre derramada la apartará de la verdadera fe en la sangre de Jesucristo.

5:3 Y otra vez testifico a todo hombre que se circuncida, que está obligado a guardar toda la ley.

Otra vez Pablo habla aquí de circuncisión por razones espirituales. En el versículo 2 se refiere a la circuncisión como un intento de obtener salvación y en el versículo 3 como una tentativa de lograr espiritualidad. El apóstol explica que si un hombre piensa que debe ser circuncidado para guardar la ley y ser así «santo,» entonces lógicamente no debe limitarse sólo a la circuncisión; debe guardar toda la ley judía. Si guardar la ley hace "santa" a una persona, entonces debe guardarla toda para ser completamente santa. No puede escoger solamente algunas partes y descuidar otras; tiene la obligación de guardar cada pequeño detalle de ella. Una vez que comienza con la ley, aún en los detalles menores, es deudora de la ley y está obligada a guardarla toda.

En nuestros días hay quienes son tan legalistas en su forma de pensar que creen que deben volver a guardar el sábado judío. En consecuencia el sábado ha llegado a ser su día de descanso y adoración, lo cual está bien. Sin embargo, Pablo señala que si realmente creen que deben guardar la ley, deberían guardarla toda, no solamente un requerimiento menor de ella. Para ser coherentes deberían construir un templo de acuerdo con las instrucciones dadas por Dios en el Antiguo Testamento, ungir sacerdotes y levitas, vestirlos con mantos y turbantes del antiguo Israel, traer granos, alimentos, libaciones y ofrendas al Señor; ofrecer sacrificios de animales y hacer todo lo demás que la ley judía demanda, porque la ley estipula que violar una parte de ella es violarla toda.

Santiago 2:10, dice: "Porque cualquiera que guardare toda la ley, pero ofendiere en un punto, se hace culpable de todos." Pablo les explica a los gálatas: "Si ustedes guardan una parte de la ley, la parte relativa a la circuncisión, ya están obligados a guardar toda la ley." Eso ponía a los gentiles de Galacia en la situación de cumplir con todo un sistema de normas y estipulaciones del que ellos no sabían virtualmente nada porque nunca habían estado sujetos a él. El apóstol quiere que se den cuenta de cuan bendecidos y libres son en Cristo Jesús, quien cumplió en representación de ellos todos estos pequeños detalles de una vez y para siempre.

5:4 De Cristo os desligasteis, los que por la ley os justificáis; de la gracia habéis caído.

Cuando Pablo habla aquí de ser "justificados" se refiere a la experiencia del nuevo nacimiento. Explica que cualquiera que procura nacer de nuevo guardando la ley está condenado al fracaso porque el Nuevo Nacimiento no se produce por la ley sino por gracia mediante la fe.

Otra manera de mirar este asunto es esta: Si alguien piensa que puede ser salvo por la justicia que alcanza guardando la ley, está condenado porque nadie la ha guardado perfectamente. Aún si pudiera guardarla a la perfección, todavía estaría condenado porque ninguna carne será justificada por las obras de la ley. Por lo tanto, confiar en la ley para ser salvos es negar el único medio de obtenerla que se ofrece al ser humano, que es por la gracia de Dios mediante la fe en su Hijo Jesucristo.

Jesús dijo que nadie llega al Padre sino por él (Juan 14:6). Tratar de llegar a Dios a través de la ley es tratar de alcanzarlo por otro medio diferente a Jesús, y no hay otro camino. Eso es lo que Pablo estaba implicando cuando dijo que tales personas han caído de la gracia. Quiere decir que mientras procuren alcanzar la salvación, nunca la tendrán porque ésta se recibe solamente como un don gratuito de la gracia de Dios. Si una persona insiste en ganarla por sus propios esfuerzos, jamás la tendrá. Esos esfuerzos incluyen el bautismo en agua, la membresía en alguna iglesia, buenas obras, actos de penitencia o cualquier otra cosa diferente a la simple fe en la obra completa de Jesucristo en la cruz del Calvario.

5:5 Pues nosotros por el Espíritu aguardamos por fe la esperanza de la justicia.

Uno de los frutos del Espíritu es paciencia, y la paciencia siempre mira hacia adelante a la esperanza futura. En muchas ocasiones puede parecer como si fuera más fácil satisfacer nuestras necesidades mediante algunas obras de la ley en vez de confiar sencillamente en Dios, pero esto generalmente es una muestra de la falta de paciencia. Nos cansamos de esperar en el Señor así que nos apuramos a realizar alguna acción por nuestra propia cuenta, lo que generalmente es un error que termina costándonos más que si sencillamente hubiéramos ejercitado la fe durante un poco más de tiempo. Pablo les dice a los gálatas que sean pacientes, que su justicia será revelada no por sus intentos de obtenerla por sí mismos, sino por la fe en el Señor quien es el que nos declara justos.

5:6 porque en Cristo Jesús ni la circuncisión vale algo, ni la incircuncisión, sino la fe que obra por el amor.

La circuncisión se realiza en el hombre exterior, pero la fe es una acción del hombre interior. La fe es la que complace a Dios, no una acción externa como la circuncisión. El hecho de que una persona sea circuncidada o no, carece de importancia para Dios; no tiene ningún valor. Lo que a él le importa es la fe que se expresa a sí misma en amor; amor para Dios y para nuestro prójimo.

III. La Carrera de la Fe (7)

5:7 Vosotros corríais bien; ¿quién os estorbó para no obedecer a la verdad?

Aquí el apóstol compara la vida de fe con una carrera en la cual compiten muchos corredores, y elogia a los gálatas por haber corrido bien. ¿Cuándo ocurrió tal cosa? La primera vez que fue a Galacia. Vimos en el capítulo 14 de Hechos cómo los gálatas recibieron a Pablo con mucha amabilidad, que lo escucharon atentamente y que muy pronto nacieron de nuevo, fueron liberados de la idolatría, de la esclavitud de la ley del pecado y de la muerte, fueron llenos del Espíritu Santo y se convirtieron en nuevas criaturas en Cristo Jesús. Es decir, empezaron su carrera cristiana bien, pero parece que después algo ocurrió.

...¿quién os estorbó para no obedecer a la verdad?

La palabra griega traducida como "estorbar" se deriva de la que significa correr a pie. Se refiere a la acción de un corredor que se cruza en la senda de otro, lo saca de su carril, le hace perder su ritmo y en ocasiones lo hace caer. Con su analogía el apóstol les dice a estos creyentes: "Ustedes corrían bien, ¿quién se les atravesó en el camino?" Por supuesto ya conocemos la respuesta a tal pregunta. Fueron los judaizantes legalistas que llegaron después de él enseñando su doctrina de estricta observancia de la ley.

Pablo identifica estas enseñanzas como un estorbo para los gálatas. En Hebreos 12:1 encontramos un cuadro similar:

> Por tanto, nosotros también, teniendo en derredor nuestro tan grande nube de testigos, despojémonos de todo peso y del pecado que nos asedia, y corramos con paciencia la carrera que tenemos por delante.

Otra vez vemos el cuadro de un corredor cargado con pesos innecesarios que lo hacen tropezar y desfallecer. En este caso es el peso de la ley que no libera sino que por el contrario, como lo hace el pecado, ata y se enreda en los pies causando derrota y fracaso. Por eso es que Pablo advierte a los gálatas para que no se dejen atar otra vez por el yugo de la esclavitud.

IV. La Levadura de la Ley (8–9)

5:8 Esta persuasión no procede de aquel que os llama.

En otras palabras, "no es Dios quien los estorba persuadiéndolos de que sigan la ley."

5:9 Un poco de levadura leuda toda la masa.

Aquí el apóstol compara la ley con la levadura. Ahora bien, en la Biblia nunca se usa la levadura para simbolizar algo bueno. Por ejemplo, en Marcos 8:15 Jesús advierte a sus discípulos: "Mirad, guardaos de la levadura de los fariseos, y de la levadura de Herodes." Pero ellos no entendieron lo que él quiso decir. Pensaron que se refería al pan común cuando en realidad estaba hablando de la enseñanza de los fariseos.

Esto es precisamente a lo que Pablo se refiere en el versículo 9. Les explica a los gálatas que si prestan atención a la levadura de los legalistas judaizantes, serán llevados al error. Un poquito de la ley los obligará a cumplirla toda, así como un pequeño pecado en la vida de una persona afecta todo su ser y causa su caída.

¿Cuál es la respuesta o la solución a este problema? La solución es hacer una purga. Sacar la levadura así como Ismael y Agar fueron sacados de la casa de Abraham. Al permitir que la levadura de Egipto entrara en su casa, Abraham trajo perturbación a su hogar. Se tenía que purgar la levadura antes de que afectara al hijo de la promesa.

Y así ocurre hoy en nuestra vida. El Espíritu de Dios no puede cohabitar con el pecado. Por eso es que debemos prestar atención y estar alerta contra la levadura del pecado. También tenemos que estar en guardia contra la levadura de la ley que trajo el pecado. Para vivir una vida que realmente agrade a nuestro Señor debemos evitar las obras de la ley tan cuidadosamente como evitamos las obras de iniquidad. Unas nos sacan de la voluntad de Dios y las otras nos separan de su gracia, y ninguna nos acerca siquiera un poco a la justificación.

V. La Ofensa de la Cruz (10–11)

5:10 Yo confío respecto de vosotros en el Señor, que no pensaréis de otro modo; mas el que os perturba llevará la sentencia, quienquiera que sea.

El apóstol expresa su confianza en que los gálatas verán y comprenderán lo que les está explicando, y volverán al fundamento que él les dejó antes de su partida. Confía que ellos se darán cuenta de la verdad de su mensaje de gracia, y que quitarán de en medio a la persona (o personas) que están causando dudas y confusión.

5:11 Y yo, hermanos, si aún predico la circuncisión, ¿por qué padezco persecución todavía? En tal caso se ha quitado el tropiezo de la cruz.

Obviamente parte de la confusión creada por los judaizantes legalistas la han causado éstos al decirles a los crédulos gálatas que el mismo Pablo, siendo judío, cree en la circuncisión. Este solo punto fue suficiente para perturbar las iglesias de Galacia y crear en ellas un estado de confusión. Si el gran apóstol Pablo creía y practicaba la circuncisión, ¿quiénes eran ellos para rehusar adherirse a esta práctica? Pablo aclara las cosas de una vez por todas al señalarles que si él se hubiera adherido a esta práctica como afirman los judaizantes, no sería entonces perseguido por ellos y por los adherentes del Judaísmo.

... En tal caso se ha quitado el tropiezo de la cruz.

Pablo hace énfasis en que si para obtener salvación él todavía confiara en la circuncisión y en guardar la ley judía, la cruz de Jesucristo no tendría ninguna significación. Si la ley judía es la que salva a los hombres, ¿qué importaría entonces que otro judío haya muerto en la cruz a manos de los conquistadores romanos? La cruz no tendría ningún sentido.

El "tropiezo de la cruz" al cual Pablo se refiere, es su simplicidad o sencillez: sencilla salvación y sencilla espiritualidad. Una vez que una persona capta la verdad de que en la cruz del Calvario Jesús pagó totalmente por todos sus pecados para que Dios pueda perdonarla, vestirla con manto de justicia y otorgarle vida abundante y eterna, ya no queda espacio para grandes discusiones o debates intelectuales o religiosos. Eso es lo que el apóstol quiso decir cuando escribió a los corintios: "Pero nosotros predicamos a Cristo crucificado, para los judíos ciertamente tropezadero, y para los gentiles locura" (1 Corintios 1:23).

La cruz fue tropiezo para los judíos porque espiritualmente era demasiado sencilla. Para ellos la salvación exigía cumplir con un inmenso y complicado sistema de normas y estipulaciones. Y para los griegos la cruz fue locura porque intelectualmente era demasiado simple. Como miembros de una civilización y una cultura de un alto nivel, ¿qué posible importancia podía haber para ellos en la crucifixión de un anónimo carpintero judío de Nazaret?

Por eso fue que Pablo hizo tales esfuerzos por mantener su enseñanza sencilla, aunque las verdades que comunicaba eran tremendamente profundas. Por esa razón oró para que Dios "iluminara los ojos del entendimiento" de quienes oyeran el evangelio. Él sabía que la gente nunca sería capaz de apreciar realmente la sencillez y la belleza del evangelio hasta que captara el pleno significado del mensaje de salvación mediante la gracia de Dios por fe en su Hijo, quien fue crucificado para que toda persona en el mundo pudiera ser libre de la ley del pecado y de la muerte.

VI. Religión y Paganismo (12)

5:12 ¡Ojalá se mutilasen los que os perturban!

La *Nueva Versión Internacional* en Inglés expresa el pensamiento de Pablo con mayor claridad y de una manera explícita: "En cuanto a estos agitadores, desearía que hicieran las cosas completas, ¡y se castraran a sí mismos!"

En realidad la idea que Pablo quiere expresar es la siguiente: "Si esos perturbadores judíos piensan que cortar un pequeño prepucio complace a Dios, entonces para complacerlo totalmente deberían hacer las cosas completas, ¡y cortar todo el miembro masculino!"

Aunque esta declaración nos parece cruda y extremista según nuestra moderna y refinada manera de pensar, los gálatas entendieron perfectamente lo que el apóstol les quiso decir, lo mismo que los religiosos judíos a quienes dirigió esta declaración. En cierta área de Galacia, en la ciudad de Pesina, floreció un culto pagano que adoraba a la diosa Cibeles. Para los seguidores de esta religión, la forma más elevada de adoración era la automutilación, y la máxima mutilación para un hombre era auto-castración.

Pablo les está diciendo a los gálatas cristianos: "Si estos maestros de la ley creen realmente que cortar una parte física del cuerpo agrada a Dios, ¿entonces por qué no llevan su creencia más allá, de acuerdo con su lógica conclusión, y cortan totalmente esa parte?"

El apóstol los previene contra la práctica pagana de la automutilación porque ella es una abominación delante del Señor. Su razonamiento era que la práctica de la circuncisión para obtener salvación o crecer en espiritualidad, llevada al extremo, no acerca más al ahombre a Dios; de hecho es un pecado. El mandato del Señor fue que: "No entrará en la congregación de Jehová el que tenga magullados los testículos, o amputado su miembro viril" (Deuteronomio 23:1). Por eso Pablo habla tan fuertemente contra la circuncisión en Filipenses 3:2: "Guardaos de los perros, guardaos de los malos obreros, guardaos de los mutiladores del cuerpo." Esta advertencia es su mensaje a los creyentes a través de todo el Nuevo Testamento.

Este tema de intentar alcanzar a Dios o agradarlo a través del ascetismo (la auto-negación o el castigo auto-infligido) lo discute el apóstol con énfasis en su carta a los gálatas. Él quiere que estos creyentes entiendan que practicar el ascetismo es volverse "religioso." A la religión se le define como los esfuerzos del ser humano para agradar a Dios. En ese sentido, la persona religiosa no es diferente de un pagano, pues ambos intentan alcanzar a Dios o agradarlo mediante sus propios esfuerzos.

Pablo ve con claridad la tontería de tratar de sustituir la justicia de Dios en Cristo Jesús con la justicia propia. La verdadera justificación nunca se puede ganar o merecer; se puede recibir solamente como un regalo por la gracia de Dios quien lo otorga gratuitamente a quienes simplemente lo piden con fe. De ahí que los religiosos judíos que se esforzaban por ser justos, lo perdieron, mientras que los gentiles "no religiosos" que no hicieron nada sino creer en Dios, recibieron la justificación gratuitamente. Esta es parte del misterio del evangelio.

Después de que mete el hacha en la raíz del árbol de la circuncisión, el apóstol deja el tema para pasar a un aspecto más positivo de su mensaje.

VII. Llamados a ser libres (13)

> **5:13 Porque vosotros, hermanos, a libertad fuisteis llamados; solamente que no uséis la libertad como ocasión para la carne, sino servíos por amor los unos a los otros.**

Siempre habrá quienes sienten temor de predicar el mensaje de libertad porque temen que éste puede llevar a la gente a vivir vidas indulgentes y pecaminosas. Eso puede ocurrir en cierto grado. De cien cristianos que son liberados de la esclavitud quizás haya dos o tres que se aprovechan de esa libertad para satisfacer sus propios deseos egoístas. Unos pocos cederán a los deseos de la carne. Pero yo prefiero predicar el mensaje de amor y libertad y ver que el noventa y ocho por ciento de las personas liberadas continúan siendo cristianos más felices y devotos, que negarles la plenitud y el gozo y el servicio sólo porque algunos no pueden manejarlo. Dios no permita que nuestras dudas y nuestro temor mantengan en esclavitud a las personas por quienes Cristo dio su vida para que fueran libres.

Una vez le oí decir a un misionero extranjero que él no predicaba el mensaje de prosperidad a sus nuevos convertidos. Temía que cuando empezaran a prosperar no sabrían cómo manejar sus nuevos ingresos y se apartarían de Dios. Sin embargo, la gente es básicamente la misma en todas partes. Si un creyente tiende a apartarse de su Dios en el momento en que prospera un poco financieramente, realmente no tenía mucho de discípulo. ¿Cuál padre amoroso querría mantener a su hijo hambriento y desnudo sólo para asegurarse de que permanece dependiente de él? Tal actitud no es de amor real, porque el amor verdadero y maduro no es posesivo; por el contrario mantiene libre al objeto de su amor.

Un viejo adagio dice: "Deja libre lo que tú quieres. Si regresa a ti por su propia decisión lo tendrás para siempre. Si no regresa es que nunca ha sido tuyo." Yo creo que Dios trata a sus hijos de esta manera. Él quiere nuestro amor sólo si se lo damos voluntariamente. Si la única manera en que puede tenerlo es manteniéndonos en esclavitud, nunca lo querrá.

... solamente que no uséis la libertad como ocasión para la carne

Pablo expresa la misma idea en Romanos 6:1–2, cuando escribe: "¿Qué, pues, diremos? ¿Perseveraremos en el pecado para que la gracia abunde? En ninguna manera. Porque los que hemos muerto al pecado, ¿cómo viviremos aún en él?"

Aunque no estamos bajo la ley sino bajo la gracia, eso no significa que ya estamos libres de ser autoindulgentes y cometer pecados. Pero debemos recordar que somos libres de escoger el pecado pero no de evitar sus consecuencias.

... sino servíos por amor los unos a los otros.

La carne siempre llama la atención hacia sí misma, mientras que el amor atrae la atención hacia otros. Use su libertad para elegir el amor, no los deseos de la carne. El egoísmo exige que se satisfagan sus propios deseos; el amor procura primero la satisfacción de los deseos de los demás. De hecho esa es la definición del verdadero amor. El amor es esa fuerza interior de una persona que la hace desear el bienestar de alguien, más que el suyo propio. A menos que honestamente podamos decir que deseamos la felicidad de la otra persona, más de lo que deseamos la nuestra, no podremos decirle "te amo," especialmente si esa persona es Dios. Amar a Dios es desear que se haga su voluntad más de lo que deseamos que se haga la nuestra.

Amar a otros es desear verlos bendecidos más de lo que somos nosotros. Obviamente la carne no puede amar de esa manera. Nadie ni nada menos que el Espíritu de Dios mismo puede darnos la capacidad de amar realmente a otros, de desear su bienestar más que el nuestro. "Nadie tiene mayor amor que este, que uno ponga su vida por sus amigos" (Juan 15:13).

Quizás no se nos llame a dar nuestra vida por alguien, pero tal vez sí tengamos oportunidades de dar parte de nuestras posesiones materiales para el beneficio de alguien más. Es entonces cuando tenemos que ser guiados por el Espíritu porque nuestra carne se rebela. La carne no es capaz de tal clase de amor porque su misma naturaleza es egocéntrica.

Los científicos nos dicen que el de la auto-preservación o conservación de sí mismo es uno de los instintos innatos más fuertes en el ser humano. Va en contra del engranaje de nuestra naturaleza humana, de nuestra carne, poner a otros en primer lugar, especialmente cuando eso significa sufrir pérdida por parte nuestra. Por eso nuestra naturaleza humana nunca es capaz de agradar a Dios; está demasiado centrada en sí misma. La única manera en que alguien puede ser liberado de la egoísta naturaleza humana es recibiendo en su interior una nueva naturaleza, un nuevo espíritu que no sea egocéntrico. Si se le presta atención, ese espíritu guiará a la persona por sendas de justicia, de verdad y de bendición.

Aprenda a prestar atención al Espíritu de Dios que habita en su interior. Quizás su consejo o su dirección no siempre parezcan lógicos pero es porque no se basan en la lógica humana sino en la de Dios. Cuando él le dice que dé a otros lo que usted desesperadamente necesita para sí mismo, no tema obedecer. No parecerá natural hacerlo, pero si lo fuera, probablemente no sería lo que Dios quiere que haga. "Dad, y se os dará; medida buena, apretada, remecida y rebosando darán en vuestro regazo" (Lucas 6:38). Dios recompensa la obediencia a su Espíritu, no la obediencia a la ley.

El Espíritu de Dios es su misma naturaleza. ¿Y cuál es la naturaleza de Dios? Juan, el apóstol amado nos lo dice: "Dios es amor" (1 Juan 4:16). Por lo tanto, ser guiado por el Espíritu de Dios es ser guiado por amor, la fuerza que antepone al nuestro el bienestar de la otra persona. Los cristianos están bajo la ley, pero no bajo la ley Mosaica sino bajo la ley del amor, y hay una enorme diferencia entre estar bajo la una o la otra. La ley es impuesta desde afuera; el amor impresiona desde el interior. La ley obliga; el amor impulsa. La ley es lo que hacemos porque no tenemos otra opción que hacerlo; el amor es lo que hacemos porque tenemos la opción, porque queremos hacerlo. La ley es lo que nuestros cuerpos son obligados a hacer; el amor es lo que nuestros corazones son impulsados a obedecer. La ley nos ata al servicio; el amor nos libera para el servicio.

Esta ley del amor se convierte en el tema central y la culminación del mensaje de Pablo desde aquí hasta el final del libro.

VIII. El Cumplimiento de la Ley (14)

5:14 Porque toda la ley en esta sola palabra se cumple: *Amarás a tu prójimo como a ti mismo."*

Es solamente lógico que Pablo finalice sus comentarios concentrándose en el amor, porque el amor es el cumplimiento de la ley. En Romanos 5:5 el apóstol nos dice que "el amor de Dios ha sido derramado en nuestros corazones." Y en Romanos 8:16 dice que el Espíritu Santo "da testimonio a nuestro espíritu, de que somos hijos de Dios." Si somos guiados por el Espíritu de Dios, quien es amor, siempre seremos guiados por caminos de amor. Y si andamos en amor, cumpliremos la ley.

Dios dio la ley mosaica porque bajo el antiguo pacto la gente no tenía al Espíritu Santo que la guiara desde su interior como como lo tenemos nosotros hoy. Ellos debían tener una ley física externa que los constriñera y guiara sus acciones. Ahora que el Espíritu de Dios ha venido para habitar dentro de nuestro cuerpo, ¿qué necesidad tendríamos de volver a ser guiados por una regla externa? Por eso somos libres de la ley, no para hacer lo que nos plazca sino para hacer lo que le agrada al Espíritu.

Seguir al Espíritu es cumplir la ley porque el Espíritu de amor siempre nos guiará en conformidad con la ley. El Espíritu de Dios jamás nos guiará a matar, a cometer adulterio, a decir falso testimonio, a robar o a hacer cualquiera de esas cosas prohibidas por la ley del antiguo pacto. El Espíritu Santo nunca nos llevará a realizar acciones que son desobediencia a Dios o que causan mal a los demás, sino   solamente aquellas que agradan a Dios y benefician a nuestro prójimo. Poner la voluntad de Dios por encima de la nuestra y desear el bienestar del prójimo más que el nuestro, eso es amor. Por eso es que seguir el Espíritu andando en amor es el cumplimiento de toda la ley.

IX. Andar en el Espíritu (15–18)

5:15 Pero si os mordéis y os coméis unos a otros, mirad que también no os consumáis unos a otros.

¿Con qué muerde una persona? Con la boca. Pablo está hablando aquí de pecados de la lengua: chismes y murmuraciones. No es necesario estar junto a otras personas para morderlas y devorarlas.

Una vez le oí decir a una persona que había notado que ningún gran hombre o mujer habla negativamente de los demás. Creo que hay mucho de cierto en esa afirmación. La gente piadosa no habla mal de nadie, ni siquiera lo que es verdad. Saben que nada mata con mayor rapidez que una lengua sin control. Las personas piadosas hablan fe y amor. La razón por la cual lo hacen es porque ambas cosas, la fe y el amor, van juntas.

Gálatas 5:6 dice que la fe obra por el amor. Los cristianos que se muerden y se devoran unos a otros nunca serán grandes hombres o mujeres de fe. En 1 Corintios 13 Pablo hace notar que aún si tenemos la fe para mover montañas, si no tenemos amor, de nada nos aprovecha. Nuestra fe obra no tanto por cuánto de la Palabra tenemos en nuestro hablar, sino de acuerdo a la cantidad de amor que tenemos en nuestro caminar.

Si usted es culpable de haber mordido y devorado a otras personas, a sus hermanos y hermanas en Cristo, no es suficiente cambiar o confesar sus malas acciones al Señor. Hay algo más que necesita hacer. Si abiertamente ha chismoseado y hablado mal de alguien, necesita acercarse a esa persona y arreglar las cosas. Hasta que lo haya hecho sus oraciones sufrirán tropiezos. La respuesta a las oraciones depende de la fe, y la fe depende del amor. Si usted sabe que alguien "tiene algo contra usted," nunca tendrá una vida de oración o un ministerio realmente exitosos hasta que ese estorbo sea perdonado y desechado.

El versículo 15 habla de morderse y devorarse "unos a otros" así como los versículos 13 y 14 hablan de amarnos y servirnos "los unos a los otros." El amor hace que nos sirvamos unos a otros, pero mordernos y devorarnos nos consume. Este es el principio: El amor edifica pero el odio es demoledor. El amor anima, ayuda y edifica, pero los pecados de la lengua desaniman, estorban y destruyen. En el pasado hemos tenido suficiente división y demolición en la iglesia. Juntemos nuestras manos con nuestros hermanos y hermanas en Cristo (a pesar de sus doctrinas o sus credos) y trabajemos juntos para edificar y no para destruir.

Si realmente queremos ganar el mundo para Cristo, aprendamos a andar en amor, especialmente con "los de la familia de la fe" (Gálatas 6:10).

5:16 Digo, pues: Andad en el Espíritu, y no satisfagáis los deseos de la carne.

¿Qué significa andar en el Espíritu? Significa ser guiados por el Espíritu de Dios quien da testimonio a nuestro espíritu renacido. El Espíritu Santo en nuestro espíritu nos guiará siempre en línea o de acuerdo con la voluntad de Dios, la cual está expresada en su Palabra. Y si somos dirigidos siempre de esa manera, de acuerdo con la voluntad de Dios, siempre andaremos en amor.

Algunas personas parecen tener dificultad con este concepto de seguir el liderazgo del Espíritu Santo que vive en su interior. Dicen que nunca pueden saber si es el Espíritu de Dios, o su propio espíritu el que están escuchando. Eso no es un problema. En realidad no hace diferencia si la guía viene directamente del Espíritu de Dios o a través del espíritu humano renacido e iluminado. La forma de probar esa guía es la misma en ambos casos. ¿Está de acuerdo con la Palabra de Dios la dirección recibida? Si es así, entonces sígala. Si no hay un pasaje bíblico específico para probarla, mire si ella le produce paz y seguridad. Si no es así, no haga caso de tal guía o dirección no importa lo razonable o atractiva que parezca.

Nunca tema seguir lo que le dice su propio corazón si está en línea con la Palabra de Dios. Siendo que Dios vive ahora en su interior, usted puede confiar en su propio espíritu que ha sido renacido y renovado en la semejanza del Espíritu de Dios. Su espíritu nunca lo llevará en contra de la voluntad y la Palabra de Dios. Solamente cuando empieza a escuchar a la carne es que se mete usted en problemas.

5:17 Porque el deseo de la carne es contra el Espíritu, y el del Espíritu es contra la carne; y éstos se oponen entre sí, para que no hagáis lo que quisiereis.

Abraham no tuvo problemas en su hogar hasta que se involucró con Agar, el símbolo de la carne. Mientras la mantuvo en el nivel de esclava todo estuvo bien. Pero en el momento en que pasó a ocupar una posición de igualdad con Sara, las cosas empezaron a andar mal. Lo mismo pasa con usted. Todo está bien con su carne mientras la mantenga en el nivel o la posición de esclava. Pero en el momento en que empieza a satisfacer sus deseos, en vez de obligarla a acoplarse a los suyos, ahí comienzan sus problemas. Ser guiado por el Espíritu significa mantener la carne en su lugar.

5:18 (NVI) Pero si los guía el Espíritu, no están bajo la ley.

Recuérdelo, la ley es sinónimo de la carne. Si se somete a la ley, o sea a su carne, empieza a cosechar lo carnal. Pero si se somete al Espíritu, andará en la bendición de Abraham.

La carne lo guía en oposición a la voluntad y la Palabra de Dios porque lo guía de acuerdo a lo que ve, oye, gusta y siente del mundo exterior. El Espíritu lo guía por un testimonio interior, mediante lo intangible y lo eterno. Por eso es que Dios no guía a sus hijos por señales o vellones de manifestaciones externas. Quizás utilice estas últimas para confirmar su guía interior, pero no como una guía directa. Los hijos de Dios son guiados por su Espíritu. Aunque el Espíritu lo dirija contrariando circunstancias y señales externas, nunca tema seguirlo, porque los caminos de Dios son senderos de paz, de verdad y de luz. Si es guiado por el Espíritu no está bajo la ley.

cooperar con otros a menos que las cosas se hagan de la manera en que tal persona lo desea. La llamaríamos también ambición o rivalidad.

10. Iras

La ira es la manifestación exterior de un odio interior. Se refiere a las explosiones emociones emocionales de enojo.

11. Contiendas

Contiendas significa discordias o desarmonía. Estos son términos musicales usados por los músicos cuando tocan juntos y mezclan sus voces y sus instrumentos como uno solo. Es imposible para una persona sola estar en discordia o en desarmonía. Para que haya discordia o desarmonía es necesario que haya más de una persona involucrada. La contienda es una actividad relacionada con un grupo. Se manifiesta como berrinches, quejas y creación de problemas, pero su raíz es la falta de amor. Así como las tinieblas son la ausencia de luz, la contienda es el resultado de la falta de amor.

Así como la luz siempre supera a las tinieblas, de igual manera el amor supera las contiendas. Es importante andar en amor porque éste es el más grande poder sobre la tierra. Nada puede hacerle frente. El amor siempre triunfa sobre el mal y cubre multitud de pecados.

12. Disensiones

Las disensiones son facciones o divisiones sobre puntos ideológicos más que sobre personalidades. ¿Qué es lo que causa que los grupos religiosos se separen unos de otros? ¿No es generalmente algún punto de vista de menor importancia? Una persona o grupo decide que una doctrina o tradición particular se debe mantener a toda costa, y a menos que se haga así, amenazan con separarse y disolver su unión con el resto del grupo. Eso es una disensión; una traición espiritual.

13. Herejías

Una herejía es una idea contraria a la Palabra de Dios. La mayoría de herejías comienzan como disensiones, divisiones de grupos por causa de algún punto de orden o de ley. Finalmente estas disputas terminan en separación. Un grupo aferrado a su opinión se separa para seguir su propia interpretación. Muchas veces esta interpretación es contraria a la Palabra de Dios. Si es así, eso es una herejía.

14. Envidias

La envidia es celos que no tienen un objetivo particular. Este también es un pecado mental o interno. Es la actitud de que "todos consiguen algo mejor que yo." Mientras que los celos se dirigen hacia una persona en particular, la envidia está dirigida hacia todo.

15. Homicidios

Note que Pablo no dice que matar es un error, sino los "homicidios." Los homicidios son siempre condenados en la Palabra de Dios. La Biblia es explícita en su condenación, los cuales define Proverbios 6:17 como el derramamiento de sangre inocente. Por lo tanto la Biblia sí aprueba la pena capital, o el derramamiento de sangre culpable, la cual fue instituida por Dios miles de años antes de que llegara a ser un asunto político. En Génesis 9:6, el Señor dijo a Noé y a su familia: "El que derramare sangre de hombre, por el hombre su sangre será derramada; porque a imagen de Dios es hecho el hombre." Esta es la base de la pena capital para el homicidio. También aplica al derramamiento de sangre en tiempos de guerra. Quienes hacen guerra contra otros, su sangre será derramada por su prójimo. Ningún cristiano debe sentirse culpable de servir en las fuerzas armadas para defender a su nación, aún si eso significa derramar la sangre de sus enemigos. Dios ordenó derramar la sangre de quienes cortan vidas inocentes. Por eso es que tenemos policías que portan armas mortales, no para asesinar a los ciudadanos sino para protegerlos de los perversos que andan sueltos en este mundo.

"Pero, ¿no dice la Biblia, `No matarás?'" —preguntará alguno.

La palabra que ha sido traducida como matar tiene el significado de asesinar, de acabar con la vida de una persona inocente. Leemos en Eclesiastés 3:3 que hay "tiempo de matar, y tiempo de curar." La Biblia no se contradice. Cuando dice que hay tiempo de matar se refiere a dar fin a una vida por medios legales. Cuando dice no matarás se refiere a cortar la vida por medios ilegales. Una muerte es justificada; la otra no lo es.

16. Borracheras

La Palabra de Dios siempre ha condenado las borracheras, que es el excesivo uso de alcohol.

17. Orgías

Éstas se refieren sencillamente a fiestas extravagantes llenas de excesos, generalmente acompañadas de riñas y embriaguez.

18. Y cosas semejantes

Como ya lo hemos dicho, esta es la manera de Pablo indicar que los pecados que ha enumerado no son los únicos. Esta es sólo una lista parcial de las muchas manifestaciones de la carne.

B. ¿Por qué los santos actúan como pecadores?

...Acerca de las cuales os amonesto, como ya os lo he dicho antes, que los que practican tales cosas no heredarán el reino de Dios (v. 21).

Ahora bien, debemos tener mucho cuidado en la interpretación de este versículo pues podríamos acabar con el mensaje de Pablo a los gálatas. Parece que el apóstol estuviera diciendo que cualquier creyente que haya albergado envidia o luchas en su corazón no irá al cielo. Si así fuera, todos estaríamos condenados porque, ¿quién no ha sido culpable de alguno de estos comportamientos o "cosas semejantes?" ¿Quiere eso decir que no heredaremos el reino de Dios?

No, Dios no clasifica los pecados por categorías. El concepto de diversos grados de pecados es invención del hombre, no de Dios. Él no asigna categorías o rangos a los pecados según el grado de importancia. En Romanos 14:23 Pablo nos dice que "todo lo que no proviene de fe, es pecado." El asesinato es pecado y la envidia también. Los celos y el adulterio son pecados. Dios considera el pecado de pensamientos interiores tan pecaminoso como las acciones externas. Jesús dijo que pensar mal es cometer asesinato. Que mirar a una mujer para codiciarla es cometer adulterio con ella. Nosotros tenemos nuestra lista de pecados grandes y pequeños; Dios llama "pecado" a toda maldad.

Todo pecado exterior comienza con pensamientos interiores. Si podemos detener el pensamiento interior, la acción exterior nunca ocurrirá. Necesitamos ver el mal del pecado y el odio que Dios siente hacia él, ya sea un pecado de pensamiento o de hecho.

Parece que Pablo está diciendo que si somos culpables de alguno de estos pecados, no heredaremos el reino de Dios. Si Dios no divide el pecado en categorías, entonces todos estamos condenados al infierno. ¿Cuál de nosotros no ha tenido un pensamiento de envidia o de celos? Una mirada más cuidadosa a este versículo nos revelará su sencillez y verdadero significado.

...que los que practican tales cosas no heredarán el reino de Dios.

La palabra griega en el versículo 21 traducida en algunas versiones como "hacer," significa practicar. Entonces lo que el apóstol está diciendo es que quienes practican el pecado no heredarán el reino de Dios. Este versículo es una referencia a los incrédulos, no a los creyentes.

El incrédulo tiene una naturaleza diferente a la del creyente. El pecado es su forma de vida. Quizás tenga un pensamiento piadoso de vez en cuando, pero esa no es su actitud usual. Practica el pecado porque esa es su naturaleza.

El creyente no puede practicar el pecado. Puede pecar a veces, pero la justicia es su forma de vida. A pesar de sus fracasos ocasionales, practica la piedad.

> El que practica el pecado es del diablo; porque el diablo peca desde el principio. Para esto apareció el Hijo de Dios, para deshacer las obras del diablo. Todo aquel que es nacido de Dios, no practica el pecado, porque la simiente de Dios permanece en él; y no puede pecar, porque es nacido de Dios –1 Juan 3:8–9.

Pablo está diciendo: "¿Por qué ustedes los gálatas parecen y actúan como los que no heredarán el reino de Dios? Ustedes son nacidos de Dios pero están comportándose como si fueran del diablo. Yo les he dicho (ahora que son creyentes) en el pasado (cuando eran incrédulos) que quienes practican tales cosas no heredarán el reino de Dios."

C. Carnal o espiritual

Por cuatro capítulos Pablo habla a los gálatas acerca del legalismo versus la verdadera espiritualidad. Luego, empezando con el capítulo cinco les dice que aprendan a escuchar a su espíritu renacido y no a la carne. Él quiere que entiendan que fueron esclavos de su carne no regenerada antes de que nacieran de nuevo y no podían agradar a Dios. Pero ahora que han nacido de su Santo Espíritu que habita en ellos, deben desechar la carne y sus deseos y hábitos; deben empezar a vivir por el Espíritu de vida que no practica el pecado sino que, como Jesús, siempre hace las cosas que agradan al Padre (Juan 8:29).

En 1 Corintios 3:1–3, Pablo escribió estas palabras:

> De manera que yo, hermanos, no pude hablaros como a espirituales, sino como a carnales, como a niños en Cristo. Os di a beber leche, y no vianda; porque aún no erais capaces, ni sois capaces todavía, porque aún sois carnales; pues habiendo entre vosotros celos, contiendas y disensiones, ¿no sois carnales, y andáis como hombres?

Parece que este pasaje hubiera sido escrito para los gálatas, especialmente cuando el apóstol los llama "carnales" y se refiere a sus "envidias, luchas y divisiones." En el último versículo dice que andaban como hombres. La versión de la *Biblia Ampliada* dice como "hombres ordinarios." Pablo señala

que aunque estas personas eran creyentes, se estaban comportando como
incrédulos. Los creyentes carnales parecen y actúan como incrédulos.

En Efesios 5:1–7 Pablo escribió a la Iglesia de Éfeso:

> Sed, pues, imitadores de Dios como hijos amados. Y andad en amor,
> como también Cristo nos amó, y se entregó a sí mismo por nosotros,
> ofrenda y sacrificio a Dios en olor fragante. Pero fornicación y toda
> inmundicia, o avaricia, ni aun se nombre entre vosotros, como con-
> viene a santos; ni palabras deshonestas, ni necedades, ni truhanerías,
> que no convienen, sino antes bien acciones de gracias. Porque sabéis
> esto, que ningún fornicario, o inmundo, o avaro, que es idólatra, tiene
> herencia en el reino de Cristo y de Dios. Nadie os engañe con palabras
> vanas, porque por estas cosas viene la ira de Dios sobre los hijos de
> desobediencia. No seáis, pues, partícipes con ellos.

Otra vez esto parece el mensaje de Pablo a los gálatas cuando habla de
andar en amor, en oposición a satisfacer los deseos de la carne a través de
la fornicación y de toda inmundicia, codicia, suciedad, parloteo, bromas y
chistes sucios, enfatizando de nuevo que quienes practican tales cosas no
heredarán el reino de Dios. ¿Quiénes son estos fornicarios y estas personas
inmundas, estos codiciosos, estos idólatras? Pablo lo dice en el versículo 6:
"los hijos de desobediencia." En otras palabras, estas personas son los hijos
de su padre el diablo, quien "peca desde el principio" (1 Juan 3:8). El apóstol
les dice a los corintios lo mismo que dijo a los gálatas; ellos no deben tener
parte en tales actividades pues no son hijos del diablo sino hijos de Dios y
como tales deben ser "seguidores" (imitadores) de su Padre celestial, no
seguidores o imitadores del padre de los hijos de desobediencia.

Quienes se involucran en el pecado, quienes son hijos de Satanás, pasarán
la eternidad con su padre en el lugar reservado para él y sus ángeles. Pero
quienes tienen una nueva naturaleza, los hijos de Dios, tienen una herencia
y un destino diferentes. Ellos pasarán la eternidad en el cielo con su Padre
y Señor.

Pero en este tiempo previo a nuestra partida para el cielo, nosotros los
cristianos todavía tenemos la libertad de elegir cómo nos vamos a comportar:
como hijos de Dios o como hijos de desobediencia. En otras palabras, cómo
vamos a actuar, si como personas carnales o espirituales. Pablo dijo que
quienes se involucran en las actividades naturales de los que son carnales,
son como bebés. Necesitan crecer. Aunque son creyentes, hijos de Dios,
por causa de su inmadurez actúan como los hijos de desobediencia.

En el versículo 14 de Efesios 5, el apóstol escribió a quienes están en esta situación: "Despiértate, tú que duermes, y levántate de los muertos, y te alumbrará Cristo." En la imagen presentada aquí, quienes están fuera de la comunión con Dios parecen muertos, como los que están muertos en sus pecados. No están muertos; están solamente dormidos, pero para el mundo parece que estuvieran muertos. Parece ser que no hay distinción entre ellos y los hijos de desobediencia.

Pablo dijo que Dios está llamando a tales personas a que despierten y se levanten de su sueño. La frase en el idioma griego traducida como "levántate de los muertos" realmente significa levantarse de entre los muertos. Ese es el problema con la iglesia en nuestros días, muchos –demasiados– hijos de Dios están dormidos entre los muertos. Si solamente despiertan y se levantan, el Señor Jesús les dará luz; tendrán una renovada comunión con él y con sus hermanos y hermanas en Cristo, y su sangre los limpiará de toda maldad.

Esto es lo que los gálatas necesitan hacer. Cualquier pecador puede vivir según la ley, pero no por eso estará más cerca del cielo. Los gálatas no necesitaban vivir como pecadores, sino darle libertad de acción al Espíritu de Dios que estaba en ellos y vivir como Dios en este mundo.

III. El Fruto del Espíritu (22–23)

En los versículos 19 a 21, Pablo habla acerca de las obras de la carne. En los versículos 22 y 23 vemos el contraste con el fruto del Espíritu. Existen varias diferencias entre obras y fruto. La carne produce obras. El Espíritu produce fruto. Las obras son compensadas por una recompensa que llega en un momento determinado, como un cheque al final de la semana. De otro lado, el fruto no tiene un momento predeterminado para aparecer.

Las recompensas por las obras vienen tan pronto se completa el trabajo. El fruto, como es el producto de una semilla que debe crecer y desarrollarse a través de un largo proceso, toma más tiempo en materializarse. Aun cuando hace su aparición, todavía permanece adherido a su soporte por un tiempo antes de estar listo para ser usado satisfaciendo necesidades. Por lo tanto, aunque sembrar para la carne y sembrar para el Espíritu finalmente produce resultado en ambos casos, las recompensas de la semilla espiritual muchas veces se manifiestan con mayor tardanza que las de la semilla carnal. Sin embargo, siendo como es espiritual, su fruto tiene una vida mucho más larga que la de la naturaleza carnal, y tiene la capacidad de reproducirse indefinidamente.

A través de la historia humana el hombre ha estado sembrando semillas que han producido una cosecha de pecado y de muerte. Ese proceso de sembrar y cosechar continuará hasta el final de esta era. Pero el Espíritu de Dios también ha estado sembrando semilla espiritual que ha producido fruto. La siembra y la cosecha continuarán hasta el fin de la era pero no terminarán allí. El final del tiempo es precisamente el principio de la era de justicia y paz sobre esta tierra; a esa era se le llama el milenio. Será el reinado de los mil años del Señor Jesucristo, la simiente de Abraham.

Jesús fue sembrado miles de años antes de que hiciera su aparición en los días de Augusto Cesar. Esa semilla ha producido y continuará produciendo millones de otras semillas que a su vez seguirán produciendo en cantidades siempre crecientes a medida que el fin se acerca. Un día Jesús regresará en gloria para redimir para sí a su novia, la iglesia.

El fruto de esa semilla fue derramado sobre todos los creyentes el día de Pentecostés. Tardó largo tiempo en venir, pero una vez que llegó floreció abundantemente, esparciéndose por todas partes por un corto período hasta cubrir toda la tierra. Aunque parece que su fruto estuvo oculto por un tiempo, hoy está germinando de nuevo hasta producir una abundante cosecha en todo el mundo. Estamos viviendo en los últimos días de esa poderosa cosecha. Sus resultados no terminarán aquí sino que perdurarán por toda la eternidad. Esa es la diferencia entre obras y fruto. Las obras carnales prosperan por un tiempo, pero el fruto del Espíritu florece eternamente.

Este no es el fruto del Espíritu Santo sino del espíritu humano. Jesús es la Vid, nosotros somos los pámpanos. El fruto no crece en la vid sino en los pámpanos. Jesús quiere que produzcamos fruto. El Espíritu Santo no necesita amor; él es amor. Nosotros somos quienes necesitamos amor.

5:22–23 Mas el fruto del Espíritu es amor, gozo, paz, paciencia, be-nignidad, bondad, fe, mansedumbre, templanza; contra tales cosas no hay ley.

Mas el fruto del Espíritu es amor...

Hay una diferencia final entre obras y fruto. Note que "obras" es plural (Gálatas 5:19), mientras que "fruto" es singular. Hay solamente un fruto del Espíritu. Ese fruto es amor.

"Pero yo pensaba que hay nueve frutos del Espíritu" –dirá usted.

No, solamente hay uno. Los otros ocho son manifestaciones del amor. ¿Cuál fue el gran mandamiento que el Señor le dio al fariseo? "Amarás al

Señor tu Dios con todo tu corazón, y con toda tu alma, y con toda tu mente" (Mateo 22:36–37). Luego siguió diciendo: "Y el segundo [mandamiento] es semejante: Amarás a tu prójimo como a ti mismo" (v. 39). La razón por la cual resumió toda la ley en dos mandamientos es que el amor es el cumplimiento de toda la ley. Vemos en el versículo 14 que es el Espíritu Santo quien derrama el amor en nuestros corazones. Hay sólo una sustancia espiritual derramada en el corazón por el Espíritu. Las otras ocho cualidades mencionadas aquí son simplemente manifestaciones del gran fruto que es el amor.

Como confirmación de esta verdad, miremos lo que Pablo tuvo que decir acerca de este "camino aún más excelente" (1 Corintios 12:31) en el gran capítulo del amor, 1 Corintios 13:

> El amor es sufrido, es benigno; el amor no tiene envidia, el amor no es jactancioso, no se envanece; no hace nada indebido, no busca lo suyo, no se irrita, no guarda rencor; no se goza de la injusticia, mas se goza de la verdad. Todo lo sufre, todo lo cree, todo lo soporta. El amor nunca deja de ser; pero las profecías se acabarán, y cesarán las lenguas, y la ciencia acabará. –Corintios 13:4–8.

Es interesante notar que cada una de las otras ocho manifestaciones del fruto del Espíritu se pueden encontrar en este pasaje descriptivo del amor. Si estamos llenos del Espíritu de Dios, tenemos en nuestro interior el poder de mostrar todos estos atributos de nuestro Padre celestial, quien es amor. Ese poder proviene del Espíritu Santo, pero el fruto se manifiesta en nuestro espíritu humano renacido, porque somos nosotros, no Dios, quienes necesitamos estas cualidades. Miremos una por una estas características divinas.

A. Amor

Esta palabra en Griego es ágape, que significa amor divino; la clase de amor sin egoísmo que Dios mostró hacia nosotros a través de su Hijo Jesucristo. Es el producto de un espíritu humano maduro en sintonía con el Espíritu Santo de Dios. Este tipo de amor de Dios es dirigido hacia nuestro Padre celestial y hacia nuestro prójimo. Llenos de esta clase de amor divino cumplimos con toda la ley porque amamos al Señor nuestro Dios con todo nuestro corazón, con toda nuestra alma y toda nuestra mente, y a nuestro prójimo como a nosotros mismos. Este es el fruto básico del Espíritu, del que se derivan todos los demás.

B. Gozo

No es felicidad, la cual es una expresión exterior de placer, una emoción superficial que depende de nuestra situación o circunstancias presentes. El gozo es un profundo sentido de bienestar que las circunstancias externas no pueden alterar. El gozo del Señor es nuestra fortaleza (Nehemías 8:10).

Poseídos de esta divina fortaleza podemos enfrentar las peores situaciones que la vida pueda traernos, y aunque nuestro rostro refleje el quebrantamiento o la agitación que estamos soportando en el momento, en lo más profundo estamos seguros de que Dios no nos ha dejado ni desamparado. Es este gozo el que nos acompaña cuando nuestros seres queridos parten de este mundo. Aunque los extrañamos, somos consolados porque sabemos que no están muertos sino que han sido recibidos en la gloria en donde un día nos reuniremos con ellos otra vez.

Algunas personas no entienden bien este gozo. Saben que es algo que se supone que los cristianos deben tener, de modo que procuran alcanzarlo realizando algún tipo de actividad como adorar, alabar o confesar. Pero el gozo del Señor no es producido por manifestaciones físicas, o por declaraciones verbales, no importa lo sinceras que sean. Este gozo es una profunda y latente seguridad de que no importa lo que ocurra, Dios todavía está en su trono y por lo tanto vamos a emerger victoriosos de cada candente prueba. Está más cerca de la confianza que de la efusividad. Es algo que no se puede elaborar; algo en lo cual hallamos descanso.

C. Paz

Paz es estabilidad interior cuando todo a nuestro alrededor se hace pedazos. Como el gozo, la paz es una profunda seguridad, una calma en medio de las tormentas de la vida. El gozo del Señor nos permite cantar a media noche en una prisión con nuestros pies encadenados a un cepo. Su paz nos da tranquilidad para tener una noche de sueño frente a los dientes de los leones.

D. Paciencia

Es la virtud que obra conjuntamente con la fe para que podamos heredar las promesas de Dios (Hebreos 6:12).

E. Benignidad (o amabilidad)

Esto es ser amables con los demás.

F. Bondad

Bondad es tratar a otros misericordiosamente como Cristo nos trata a nosotros.

G. Fe (o fidelidad)

Aunque algunas versiones traducen la palabra griega como "fe," fidelidad es más exacto. Es posible actuar con fe y no con amor como lo anotaba Pablo cuando escribió: "Si yo hablase lenguas humanas y angélicas, y no tengo amor, vengo a ser como metal que resuena, o címbalo que retiñe. Y si tuviese profecía, y entendiese todos los misterios y toda ciencia, y si tuviese toda la fe, de tal manera que trasladase los montes, y no tengo amor, nada soy" (1 Corintios 13: 1–2).

Fidelidad es confiabilidad (la cualidad que hace que se pueda confiar en una persona y depender de ella). De todas las características enumeradas aquí, ésta (la fidelidad) es probablemente la que Dios más busca, y la que más recompensa:

> "Su señor le dijo: Bien, buen siervo y fiel; sobre poco has sido fiel, sobre mucho te pondré; entra en el gozo de tu señor" —Mateo 25:23

Note también que no le causamos gozo al Señor con aplausos y gritos de alabanza sino más bien realizando las tareas que él nos asigna. Mediante la alabanza y la adoración podemos encontrar el gozo y la paz del Señor. Pero la alabanza y la adoración no producen el fruto. Dios nos lo da en el nuevo nacimiento.

Por eso es que se nos exhorta a no refunfuñar ni ser quejumbrosos sino fieles en cualquier cosa que el Señor nos pida realizar. Una persona fiel es humilde y acepta la tarea que se le ha asignado y cumple con su llamamiento con devoción e integridad. Sabe que a su debido tiempo el Señor la exaltará en la medida en que se humille bajo su mano poderosa. Cuando esa promoción llega, es un motivo de verdadero gozo, un gozo que no se tiene que fabricar, un gozo rebosante.

H. Mansedumbre (o suavidad, o dulzura)

La versión *Reina Valera Revisada 1960*, traduce esta palabra como mansedumbre, y algunas personas tienden a confundirla con debilidad. Pero cualquiera que sea el significado, no significa que quien la posee tenga que ser alguien a quien todos pisan. Una persona mansa es educable. La Biblia nos dice que "recibamos con mansedumbre la palabra implantada" (Santiago 1:21). En ocasiones esa palabra puede venir de una fuente totalmente insospechada. Después de todo, Dios no está limitado a enseñarnos solamente a través de las personas con quienes estamos de acuerdo en todos los asuntos. La verdad es la verdad, venga de donde venga. Si somos mansos recibiremos esa verdad como del Señor. Seremos susceptibles de ser educados aún por quienes tienen opiniones diferentes a las nuestras.

Jesús dijo que los mansos heredarán la tierra (Mateo 5:5). El salmista nos dice que: "Encaminará a los humilde por el juicio, y enseñará a los mansos su carrera" Salmo 25:9)... "Comerán los humildes y serán saciados..." (Salmo 22:26)... "Los mansos heredarán la tierra, y se recrearán con abundancia de paz" (Salmo 37:11).

¿De qué manera nos enseñará el Señor de modo que quedemos satisfechos y nos deleitemos con abundancia? Mediante la paz. Eso es una persona mansa, una persona de paz. No necesita luchar por lo que es legalmente suyo; aprende a recibirlo directamente de la mano del Señor, tal como lo hizo su Maestro.

I. Templanza (o autocontrol)

Templanza es autocontrol en todos los aspectos de la vida. Esta cualidad se resume en la regla: moderación en todas las cosas. Obviamente no se refiere a moderación en el pecado. Son las necesidades o placeres legítimos de la vida los que necesitan ser controlados. Comer y beber son actos lícitos pero los excesos llegan a ser pecado. Las revistas, la radio y la televisión están bien, pero se convierten en ídolos cuando les damos demasiada atención. Necesitamos controlar cada necesidad y cada deseo nuestro a fin de dar a Dios tanto tiempo como sea posible. "Enséñanos de tal modo a contar nuestros días, que traigamos al corazón sabiduría" (Salmo 90:12). En Tito 2: 11–12, Pablo escribió: "Porque la gracia de Dios se ha manifestado para salvación a todos los hombres, enseñándonos que, renunciando a la impiedad y a los deseos mundanos, vivamos en este siglo sobria, justa y piadosamente." Esta palabra "sobriamente" se refiere a la temperancia en todos los aspectos de la vida. Este pasaje de Gálatas termina diciéndonos que "contra tales cosas no hay ley" (v. 23). Cuando andamos en el Espíritu y producimos fruto, la ley no tiene poder sobre nosotros. Cumplimos con ella, no guardándola sino siguiendo al Espíritu de Dios.

IV. La vida en el Espíritu (24–26)

5:24 Pero los que son de Cristo han crucificado la carne con sus pasiones y deseos.

Ya hemos visto en Gálatas 2:20 que fuimos crucificados con Cristo, de modo que lo que ahora vivimos en la carne lo vivimos en la fe del Hijo de Dios el cual nos amó y se entregó a si mismo por nosotros. Por lo tanto, en cuanto que somos libres tenemos también la responsabilidad de vivir nuestra vida de acuerdo con la voluntad y los deseos de Dios que nos amó tanto que dio a su único Hijo para que tuviéramos vida en él.

5:25 Si vivimos por el Espíritu, andemos también por el Espíritu.

¿Cuándo empezamos a vivir en el Espíritu? En el momento del nuevo nacimiento. Desde entonces debemos andar diariamente en él. Pablo les está diciendo a los Gálatas, quienes parece que no están conscientes de esta verdad, que ahora es el tiempo para que ellos reaviven lo que fueron en Cristo Jesús y comiencen a permitirle al Espíritu ajustar su conducta exterior en conformidad con su espíritu renacido. Eso es vivir la vida en el Espíritu, que es la esencia del cristianismo.

5:26 No nos hagamos vanagloriosos, irritándonos unos a otros, envidiándonos unos a otros.

Si ahora somos nuevas criaturas en Cristo Jesús —el Hijo del Dios viviente quien nos da gratuitamente todas las cosas para que las disfrutemos— ya no hay ninguna necesidad de que busquemos poder o posiciones para ser alguien a los ojos de los demás. Repito, no necesitamos actuar como los incrédulos. Los pecadores buscan poder. Nosotros necesitamos buscar el reino.

Ahora podemos recibir libre y gratuitamente de nuestro amoroso Padre celestial todo lo que necesitamos para vivir una vida recta. Todo lo que tenemos que hacer es pedir, recordando las palabras de nuestro Señor Jesús quien dijo que cuando oremos, creamos que recibimos lo que pedimos y será nuestro. Y si esto es cierto, ninguno de nosotros tiene por qué estar celoso de otros, o envidiar algo de lo que ellos tienen, ya sea posesiones materiales, poder, posición, salud o cualquiera otra cosa buena. Como herederos de Dios y coherederos con Cristo, todas las cosas son nuestras. Por lo tanto, vivir en el Espíritu no solamente nos libera de la esclavitud de la ley sino también de la esclavitud de nuestra propia naturaleza egoísta que nos causa tanta pena y dolor.

6:1–18 El Ministerio de Restauración

I. Restaurar con espíritu de mansedumbre (1)

> 6:1 Hermanos, si alguno fuere sorprendido en alguna falta, vosotros que sois espirituales, restauradle con espíritu de mansedumbre, considerándote a ti mismo, no sea que tú también seas tentado.

Note que al comenzar este último capítulo Pablo se dirige a los gálatas como "hermanos." Este es un título que se usa en el Nuevo Testamento solamente entre compañeros creyentes. Al ser engañados por la mentalidad legalista, estos creyentes "han sido privados de la gloria de Dios" (Romanos 3:23 NVI). Pero al utilizar esta forma de dirigirse a ellos, el apóstol está indicando que todavía son miembros de la familia de Dios. Quizás fallaron, pero eso no cambia su relación con Dios, su Padre celestial.

...si alguno fuere sorprendido en alguna falta...

La palabra griega traducida aquí como "falta" es *paraptoma,* la cual se traduce a veces como pecado, pero Strong la define como un lapsus o desvío no intencional, como un error o una transgresión no deliberada. Esta palabra es diferente de la palabra griega utilizada para expresar pecado, que es *hamartia*, la que Strong define como una "ofensa." En el Griego implica errar el blanco, mientras que *paraptoma* implica sólo una torpeza no intencional.

Al usar esta palabra *paraptoma* para describir lo que los gálatas han hecho, Pablo está diciendo que sin intención ellos han tropezado y caído en error. Su acción fue pecado en el sentido de que es una ofensa contra Dios porque se desviaron del propósito del Señor para ellos. No obstante, no fue que deliberadamente y a propósito hubieran escogido desobedecer y rebelarse contra él. Fue sencillamente una torpeza.

La mayoría de estos gálatas ignoraban completamente que al entrar en la trampa del legalismo estaban errando el blanco. No se dieron cuenta de lo que habían hecho. Como lo vimos en Gálatas 3, fueron tan tontos al caer en este engaño porque habían sido "hipnotizados" por los astutos judaizantes que se aprovecharon de su ignorancia e ingenuidad.

... vosotros que sois espirituales, restauradle...

En tales casos, surge una pregunta: Si una persona ha caído en un error como este, ¿cómo puede ser rescatada de su error y restaurada a la comunión con Dios y con sus compañeros creyentes? Muchos cristianos se encuentran atascados en algo que saben es incorrecto, pero no saben cómo zafarse de ello. Lo que necesitan es a alguien que sea lo suficientemente espiritual como para notar sus necesidades, y lo suficientemente preocupado para mostrarles no solamente cuánto se han desviado del objetivo sino también la manera de encarrilarse de nuevo.

Ahí es donde entramos en escena usted y yo. Como hijos de Dios, nuestro llamado y nuestro ministerio no es tanto rescatar a quienes están atrapados por el pecado, sino más bien advertir a otros antes de que el pecado los atrape. Muchas veces nuestros compañeros creyentes están sufriendo las consecuencias del pecado tanto como los incrédulos. Por eso es que Pablo quiere que esta gente en Galacia comprenda que no es tarea suya condenar a quienes han tropezado y caído en el error, sino ser instrumentos mediante los cuales el Señor pueda alcanzarlos y restaurarlos a la comunión. La iglesia de Jesucristo necesita aprender que está aquí para liberar a la gente de sus deudas, ¡no para cobrárselas!

La palabra griega traducida como "restaurar" en este versículo significa encajar de nuevo un hueso dislocado. Note que el hueso no está roto sino dislocado. Esto puede ser doloroso en nuestros cuerpos físicos, y así ocurre también en el cuerpo de Cristo. Nosotros, que somos espirituales, estamos para restaurar a esa persona al lugar en el cuerpo de Cristo en donde pueda ser usado plenamente. El legalismo lo pone fuera de lugar. El amor lo restaura.

Algunos cristianos parece que piensan que su fracaso y su falta de comunión con el Señor no afectan a nadie más que a ellos mismos. Pero no es así. Como la novia de Cristo, somos para nuestro Señor lo que Eva fue para Adán: hueso de su hueso, y carne de su carne (Génesis 2:23). Hablando del justo el salmista dijo que el Señor "guarda todos sus huesos; ni uno de ellos será quebrantado" (Salmo 34:20). Siendo que Jesús es la personificación del hombre justo, ninguno de sus huesos fue quebrantado cumpliéndose así la Escritura (Juan 19:36). Sin embargo David habló proféticamente del sufrimiento de Jesús en la cruz, diciendo: "todos mis huesos se descoyuntaron" (Salmo 22:14).

Como "huesos" del cuerpo de Cristo no podemos ser quebrantados, pero podemos estar dislocados. Un hueso fuera de su lugar es doloroso. Pablo nos dijo en 1 Corintios 12:26 que cuando un miembro del cuerpo sufre, todo el cuerpo sufre con él. Ninguno de nosotros debería pensar jamás que nuestro sufrimiento es nuestro solamente, o que nuestros fracasos y torpezas no tienen ningún efecto sobre otros cristianos. Por eso es que quienes son prominentes en el cuerpo de Cristo deben tener mucho cuidado con sus palabras y sus acciones porque sus errores pueden ser costosos no solamente para ellos mismos sino especialmente para los centenares y los miles de personas que buscan su liderazgo espiritual.

El pecado, ya sea *paraptoma* (una torpeza), o *hamartia* (una ofensa, afecta la comunión con nuestro Padre en los cielos y con nuestros hermanos y hermanas aquí en la tierra. Y si no se trata, obstruye el canal de comunicación y bendición entre Dios y nosotros, y en consecuencia entre nosotros y aquellos a quienes debemos ministrar. Es de vital importancia que nos mantengamos tan libres de pecado como sea posible para que el canal permanezca libre y sin obstrucciones.

Para los santos de Dios, para "los que somos espirituales," parte de nuestro ministerio es la restauración de quienes han "han sido sorprendidos en alguna falta." En muchas maneras, tan importante como hacer nuevos santos es restaurar a los que ya lo son y han caído.

... con espíritu de mansedumbre, considerándote a ti mismo, no sea que tú también seas tentado.

¿Reconoce usted este "espíritu de mansedumbre" como una de las manifestaciones de amor del fruto del Espíritu? Nosotros, que somos espirituales (llenos del Espíritu de Dios), debemos demostrar mansedumbre restaurando a quienes han caído. ¿Por qué? Recordamos las palabras de Salomón quien nos advirtió que "antes de la caída es la altivez de espíritu" (Proverbios 16:18). Seamos mansos (suaves y amables) con otros que han caído porque sabemos que si somos altivos corremos el riesgo de caer en tentación tal como ellos lo han hecho.

También sabemos que ninguno de los otros dones operará en nuestra vida mientras estemos fuera de comunión con Dios por causa de un espíritu altivo.

Cuando nos cruzamos con alguien que ha caído, la cosa más fácil del mundo es ser orgullosos. La tentación del diablo es hacernos sentir complacidos al pensar que tal cosa nunca nos ocurrirá a nosotros debido a nuestra gran espiritualidad. Pero tal pensamiento es una evidencia de orgullo. En cierto sentido, cuando pensamos de esa manera, ya hemos caído. Debemos rechazar ese pensamiento y negarnos a permitir que eche raíces en nuestros corazones.

Mirar al caído con menosprecio es asumir la posición de jueces suyos. Cuando juzgamos a alguien porque ha pecado, ya nos hemos unido a él en su caída pues juzgar a los demás es pecado. En realidad, en tal caso, estamos en peor situación que dicha persona porque mientras ella está arrepintiéndose y regresando al Señor, nosotros la estamos mirando con menosprecio y orgullo, separándonos así de Dios. Entre los siete pecados enumerados en la lista de Proverbios 6:16–19 como los que Dios más detesta, el numero uno es el de "los ojos altivos." A nuestro Dios no le gusta el orgullo.

II. Sobrellevar las cargas (2–5)

6:2 Sobrellevad los unos las cargas de los otros, y cumplid así la ley de Cristo.

Ahora bien, a primera vista los versículos 2 y cinco de este pasaje parecen contradecirse entre sí. El versículo 2 dice que "los unos debemos sobrellevar las cargas de los otros," y el 5 dice que cada persona debe llevar su propia carga. Miraremos este asunto con más detalle cuando consideremos el versículo 5. Por el momento miremos por qué los unos debemos sobrellevar las cargas de los otros.

... y cumplid así la ley de Cristo.

¿A cuál ley se refiere Pablo cuando habla de sobrellevar las cargas de los demás y cumplir así "la ley de Cristo"? Se refiere a la ley que dice que debemos amar a Dios con todo nuestro corazón y a nuestro prójimo como a nosotros mismos. Si en realidad amamos al prójimo como nos amamos a nosotros mismos, no solamente nos abstendremos de hacerle mal sino que buscaremos activamente la manera de hacerle bien. ¿Estamos satisfechos nosotros con solamente no hacernos mal? ¿No nos impulsa el amor por nosotros mismos a ir más allá y procurar nuestra felicidad? Por eso es que se nos pide que sobrellevemos los unos las cargas de los otros. Al ayudar al prójimo a llevar su carga (porque lo amamos como a nosotros mismos), estamos llevando nuestra propia carga, porque cuando él o ella se convierten en "nosotros," su carga llega a ser la nuestra. Ya deja de ser tu carga o mi carga; ahora hay sólo una carga.

6:3 Porque el que se cree ser algo, no siendo nada, a sí mismo se engaña.

Cuando vamos a levantar a alguien que ha caído en pecado debemos tener cuidado de no darnos más importancia de lo debido. Debemos recordar que siempre estamos expuestos a caer, tal como le ha ocurrido a nuestro hermano o hermana. Esta actitud evitará que consideremos que somos algo, no siendo nada.

Pablo no dice aquí que somos nada. Eso sería una negación de toda su enseñanza a través del Nuevo Testamento. Toda persona es importante para Dios. Cada uno de nosotros es alguien a los ojos de Dios. Somos tan importantes para él que llegó hasta sacrificar a su propio Hijo para que nosotros pudiéramos tener vida.

El apóstol no quiere decir que debemos asumir una actitud de auto depreciación. Quiere decir sencillamente que debemos evitar una actitud de auto exaltación. Tenemos que evitar considerarnos justos por nuestros méritos. De otra manera estaremos en riesgo de caer en el orgullo; de pensar que somos los que "levantan del polvo al pobre, y al menesteroso alzan del muladar" (Salmo 113:7).

En ningún otro lugar es tan necesaria la humildad como en el proceso de restaurar al caído a la comunión con Dios, porque entonces hay peligro real de pensar que lo estamos haciendo por nuestro propio poder o por nuestra justicia.

Una persona que piensa de esta manera se engaña a sí misma. Es suficientemente malo ser engañado por Satanás o por otras personas, pero es más trágico engañarse a sí mismo.

6:4 Así que, cada uno someta a prueba su propia obra, y entonces tendrá motivo de gloriarse sólo respecto de sí mismo, y no en otro.

En el Antiguo Testamento David dijo: "Escudríñame, oh Señor, y pruébame; examina mis íntimos pensamientos y mi corazón" (Salmo 26:2). Pero en el Nuevo Testamento Pablo dice: "Por tanto, pruébese cada uno a sí mismo" (1 Corintios 11:28), y "Examinaos a vosotros mismos si estáis en la fe" (2 Corintios 13:5).

La diferencia es la presencia del Espíritu Santo que habita en nosotros para iluminar nuestro espíritu humano renacido. Bajo el Antiguo Pacto Dios examinaba a la gente desde el exterior. Bajo el nuevo pacto él ha escrito sus leyes en nuestro corazón. Ahora él confía en nosotros para que nos examinemos a la luz de la ley del amor.

Pablo les dice a los gálatas que no juzguen a otros por lo que son capaces de hacer. Más bien que examinen su propia obra, entonces podrán alegrarse por lo que han hecho; así no estarán celosos o enojados por lo que alguien ha realizado o dejado de realizar.

En otras palabras, mientras que debemos examinarnos a nosotros mismos, no debemos andar por ahí examinando (o juzgando) a otros. Ese no es asunto nuestro; es algo estrictamente entre ellos y Dios.

6:5 Porque cada uno llevará su propia carga.

Porque cada uno llevará su propia carga.

En la versión *Reina-Valera Revisada–1960*, este versículo parece contradecir al versículo 2 que dice que "los unos debemos sobrellevar la carga de los otros." La razón por la cual parecen contradictorios es porque aquí dos diferentes palabras griegas han sido traducidas como "carga." En el versículo 2 la palabra griega es *baros,* que significa un peso gravoso. En el versículo 5 el vocablo griego es *portion.* Según Strong, una *portion* era una factura o una guía de carga. En este sentido, representa figurativamente una tarea o servicio, así como una carga individual.

Cuando Pablo habla en el versículo 2 de sobrellevar la *baros* de los demás, está hablando de un peso grande y agobiante, mientras que en el versículo 5, cuando dice que cada uno de nosotros debe llevar su propia porción, quiere decir que debemos cumplir con nuestra propia tarea o servicio individual. Las dos palabras no son sinónimos. En un caso somos llamados a cargar un peso que ha llegado a ser demasiado agobiante para que uno solo lo lleve por sí mismo. Esa es la carga del legalismo que trae la culpa del pecado. En el segundo caso se nos recuerda no eludir nuestra propia responsabilidad o tarea individual. Ayudamos a otros a que lleguen a un nivel de fortaleza en el que puedan llevar su porción otra vez. Un caso involucra un esfuerzo conjunto; el otro un esfuerzo individual. Ambos hacen parte de nuestra tarea general como colaboradores de Cristo.

III. Hagamos partícipes a quienes nos instruyen de todas las cosas buenas (6)

6:6 El que es enseñado en la palabra haga partícipe de toda cosa buena al que lo instruye.

El que es enseñado en la palabra haga partícipe de toda cosa buena al que lo instruye.

La palabra traducida como "comunicar" en la versión en inglés *King James Version,* es la palabra griega *Koinonía,* la cual se usa frecuentemente para indicar compañerismo o comunión. También tiene la connotación de comunicación entre personas, o de distribución de algo entre ellas. Es en este sentido que Pablo está usando este versículo. Tanto la versión en inglés *The New American Standard Bible,* como la versión *Reina–Valera 1960* traducen con mayor claridad esta idea.

Al continuar veremos que esta idea de compartir "todas las cosas buenas" con quienes "enseñan la Palabra" establece el tema de los cuatro versículos siguientes. El apóstol introduce el principio básico de sembrar y cosechar, el cual desarrolla más adelante en los versículos siete a diez.

Los gálatas han estado dando grandes sumas de dinero y de bienes a los maestros legalistas. Ahora es tiempo de que compartan estas bendiciones con quienes les enseñan "cosas buenas" de la Palabra de Dios.

¿Por qué Pablo cambia de repente del tema de restaurar a la comunión a quienes han caído en pecado, a este tópico de compartir finanzas y bendiciones? En realidad no es un cambio de un tema a otro; es la continuación y desarrollo de uno de los temas centrales del capítulo 6: *Koinonía*.

El apóstol enseña aquí a los gálatas lo que es la vida compartida, la vida en comunidad. Él quiere que entiendan que en Cristo ellos son uno con los demás creyentes, que comparten una fe y una herencia comunes, lo mismo que un mandamiento también común. Por eso es que habló de levantar al hermano que ha caído en pecado y de sobrellevar una carga demasiado pesada para que un hermano la lleve solo, de hacer partícipe de las cosas buenas de la vida al hermano que enseña la Palabra de Dios a todos.

Él quiere que esta gente se dé cuenta de que no están solos en estas cosas; que en esto la consigna es uno para todos, y todos para uno. También quiere que sepan que lo que se dan mutuamente, realmente nunca es algo perdido porque Dios tiene cuidado de que sea retornado multiplicado para que así haya abundancia para todos.

IV. ¿Ley o Principio? (7–8)

> **6:7 No os engañéis; Dios no puede ser burlado: pues todo lo que el hombre sembrare, eso también segará.**

Parece que este asunto de compartir surgió porque los judaizantes legalistas que llegaron tras la partida de Pablo están drenando los bienes materiales de los gálatas utilizándolos para financiar el esparcimiento de su religión de la ley. De hecho es probable que una estricta adherencia a la ley del antiguo Testamento del diezmo haya causado el problema. Pablo les escribe a los gálatas para liberarlos de la letra de la ley con sus restricciones que atan basadas en la obligación y el deber. Él quiere liberarlos a través del principio de sembrar y cosechar el cual libera de la obligación pero produce múltiples bendiciones a quien da, lo mismo que al que recibe.

El principio de diezmar es bastante diferente de la ley del diezmo. Diezmar era una parte de la ley del Antiguo Testamento pero el apóstol les está recordando a los gálatas que no están bajo la ley sino bajo la gracia. Quiere que entiendan que dar fue una parte definitiva de todo el plan de Dios, pero nunca tuvo el propósito de que fuera una obligación o un deber. Más bien debe ser el estilo de vida normal de aquellos cuyos espíritus han sido renacidos y renovados por el Espíritu Santo de Dios.

Como para Abraham que lo había instituido, y para quien el diezmo existió mucho antes de que la ley entrara en vigencia. La venida del Espíritu Santo liberó a quienes están en Cristo Jesús de las restricciones de la ley para que vivieran en la plenitud del Espíritu. Y el fruto primario de ese Espíritu es el amor.

La razón por la cual usted y yo diezmamos hoy no es porque la ley nos lo exija, sino porque somos impulsados a hacerlo por amor. La ley vino por Moisés, pero el amor fue derramado en nuestros corazones por el Espíritu Santo. La ley fue grabada en piedra y es externa, fría, muerta. El amor de Dios está escrito en nuestro corazón y es interior, cálido, vivo. La ley exige, pero la gracia da. Ese es el principio que Pablo quiso que los gálatas comprendieran.

...Dios no puede ser burlado: pues todo lo que el hombre sembrare, eso también segará.

Tradicionalmente este versículo se ha enseñado en relación con el pecado. Durante años se usó como una advertencia de que no debemos engañarnos a nosotros mismos pensando que podemos tratar livianamente el pecado. Debido a tal enseñanza desarrollamos un cierto complejo, algo así como que "el Gran Hermano nos observa." Versículos como este nos recordaban constantemente el ser cuidadosos porque tarde o temprano nuestro pecado, o más bien sus consecuencias nos alcanzarían. Eso es cierto hasta cierto punto, pero es sólo el lado negativo del principio de sembrar y cosechar.

Una mala cosecha ocurre solamente cuando se ha sembrado mala semilla. Esta historia tiene otro lado que sólo recientemente ha empezado a ser publicitado. Ese lado dice que buenas semillas producen una buena cosecha, tanto para el que siembra como para quien cosecha.

Parte de la razón para la tradicional interpretación negativa de este versículo es una actitud de desconfianza. Los pastores eran renuentes a predicar el mensaje completo de libertad en Cristo porque temían que si sus creyentes sabían que eran libres, no habría nada que los mantuviera en línea. Versículos como este se usaron como una especie de advertencia.

Fuera cierto, o no, este no fue realmente el corazón del mensaje de Pablo a los gálatas. Lo que él enfatiza aquí no es temor sino libertad del temor. Subraya su mensaje de una vida compartida asegurándoles a los creyentes que nunca deben temer el dar porque Dios ha establecido un principio de vida el cual garantiza que nadie puede llegar a ser pobre por dar. Este versículo no es tanto una advertencia sobre la cosecha o la paga del pecado, sino una promesa de cosechar el fruto del Espíritu.

El principio de la siembra y la cosecha se encuentra a través de toda la Biblia. En Marcos 4 Jesús enseñó una parábola sobre el sembrador y la semilla. Cuando sus discípulos mostraron que no la entendieron, el Señor en esencia les dijo: "Si no entienden esta parábola, ¿cómo podrán entender todas las demás?" (v.3). Estaba diciendo que toda enseñanza en la Palabra de Dios gira alrededor del principio de sembrar y cosechar.

Este principio es muy sencillo: Todo lo que una persona siembra, lo cosecha. Por eso Jesús enseñó a la gente de su tiempo a ser dadores porque lo que dieran les sería retornado en una "medida buena, apretada, remecida y rebosante" (Lucas 6:38). Con esto no quiso decir que debían dar para recibir; esa acción sería egocéntrica en vez de estar centrada en los demás. El mensaje de Jesús fue el mismo que enseñó Pablo: "No teman dar a quien está en necesidad; no se quedarán sin nada. ¡Les aseguro que hay muchísimo más en el lugar de donde provino lo que ustedes dieron!

El principio de fe funciona en la medida en que entendemos que es una seguridad que nos hace libres para dar, no un señuelo para que demos. Este último concepto es tan falso como la enseñanza de que damos porque la ley nos lo exige. Uno es legalista; el otro es materialista. El verdadero principio para dar es el amor. El primero está motivado por la ley; el segundo por la ganancia, pero el tercero está motivado por el amor. Pablo quiere que estos creyentes sepan cuál de estas tres motivaciones es la que Dios recompensa.

6:8 Porque el que siembra para su carne, de la carne segará corrupción; mas el que siembra para el Espíritu, del Espíritu segará vida eterna.

Aquí el apóstol está diciendo a los gálatas que si ellos siembran para las pasiones y deseos pecaminosos de su carne, eso mismo cosecharán. Obedecer a la ley y dar simplemente para recibir son ambas acciones o medios de sembrar para la carne. La naturaleza de la carne es como la del suelo: produce cualquier cosa que se siembra en ella.

Siendo que la carne está destinada a la corrupción, todo lo que ella produce es corrupción; pero el Espíritu (o el espíritu) es diferente; es eterno e incorruptible, y también producirá lo que se siembra en él. Por lo tanto, queremos sembrar en nuestro espíritu porque el producto permanecerá por toda la eternidad. Producirá una cosecha de bien que nunca verá corrupción. Esa es una cosecha digna de invertir en ella.

V. Si no desmayamos (9)

6:9 No nos cansemos, pues, de hacer bien; porque a su tiempo segaremos, si no desmayamos.

Hay dos maneras de garantizar un fracaso en la cosecha cuando sembramos semilla espiritual. La primera es sembrar para la carne. Siendo que la carne es carnal (valga la redundancia), no puede reproducir semilla espiritual. La segunda es descuidar la semilla sembrada en terreno espiritual. Una vez que se siembra la semilla, se le debe cuidar con sumo esmero. El terreno debe ser cultivado, la semilla debe ser regada, y la hierba y las malezas deben ser removidas. Todo esto implica un duro trabajo, como se lo podrá decir cualquier agricultor. Vivir de acuerdo al principio de sembrar y cosechar demanda diligencia, pero esta es bien recompensada cuando llega la cosecha.

La semilla sembrada en buen terreno nunca producirá una cosecha si el sembrador desmaya debido a las pruebas y frustraciones causadas por el enemigo quien viene a sembrar cizaña (malezas) en medio del trigo (la buena semilla). El escritor de la carta a los Hebreos entendió esta verdad cuando nos advirtió "que vuestro ánimo no se canse hasta desmayar" (Hebreos 12:3).

No es en nuestro espíritu que somos tentados a darnos por vencidos; es siempre en nuestra mente. Es allí donde tiene lugar la batalla cuando el diablo ataca en un esfuerzo por hacernos rendir. Debemos recordar que nunca estamos vencidos hasta que decidimos que lo estamos. Mientras permanezcamos firmes mentalmente, el diablo y sus demonios son impotentes para impedir que nuestra semilla produzca fruto y cosecha. El tiempo de regocijarnos por esa cosecha no es cuando finalmente llega, sino mientras está todavía en el terreno. Eso es fe en acción; fe que evita que desenterremos la semilla antes de que tenga la oportunidad de reproducirse.

VI. Hagamos bien a todos (10)

6:10 Así que, según tengamos oportunidad, hagamos bien a todos, y mayormente a los de la familia de la fe.

Pablo enseña que como cristianos debemos hacer bien a todos, pero mayormente a otros creyentes. Debemos amar al mundo, aún a nuestros enemigos, pero no como amamos a nuestros hermanos y hermanas en Cristo. El apóstol quiere que desechemos la ley junto con todos sus frutos. Cuando los creyentes se convierten en legalistas, se convierten en jueces unos de otros en vez de ser personas que aman y cuidan a sus hermanos. Ahora que los gálatas han oído el mensaje del apóstol deben tratarse mutuamente como el Señor los trata a ellos. Dios ama al pecador pero no como ama a sus propios hijos. Es necesario que nosotros hagamos lo mismo. Amamos al pecador y queremos que se convierta, pero no tenemos con él la misma comunión que tenemos con los demás creyentes.

VII. Con cuan grandes letras (11)

6:11 Mirad con cuán grandes letras os escribo de mi propia mano.

Desde aquí hasta el final del libro Pablo concluye sus comentarios y salta de un pensamiento a otro. Por muchos años este versículo en particular ha sido objeto de gran debate en los círculos teológicos. Quienes sustentan la teoría de que la sanidad no es parte de la expiación, lo citan para probar que el mismo Pablo estuvo enfermo durante su vida y ministerio. Señalan que aquí él admite que tenía que escribir con letras grandes probablemente porque sufría de alguna seria afección ocular. Otros dicen que la palabra griega traducida como "letras" se refiere a la epístola misma, no a las letras individuales en su texto. Por lo tanto, dicen ellos, Pablo no tenía ningún problema de visión.

La verdad es que en Griego como en Español esta palabra "letras" es usada tanto para identificar signos alfabéticos como para referirse a una carta, de modo que se puede tomar de ambas formas. Sin embargo, es más probable que el apóstol estuviera refiriéndose a la epístola y no al signo alfabético ya que en el original griego la palabra está en singular: "Miren que letra grande la que les he escrito" (KJV) y no "miren con cuán grandes letras les he escrito" (NKJV).

Sin embargo, ¿es posible que haya una explicación aún más lógica del significado que Pablo quiso dar a sus palabras, especialmente cuando notamos que Gálatas no es una epístola grande comparada con otras como Romanos o 1ª y 2ª de Corintios? ¿Podría ser que Pablo tenía para decir más de lo que aquí se registra en esta corta carta? En muchos manuscritos antiguos la carta a los Gálatas es seguida por la carta a los Hebreos. Y así como se ha suscitado un gran debate acerca del significado de esta palabra "letra," también ha habido un largo e inconcluso debate acerca de si Pablo fue o no el autor de la epístola a los Hebreos. Algunos afirman que esta última fue escrita más o menos en el mismo tiempo en que fue escrita la epístola a los Gálatas. La razón por la que se cuestiona la autoría de Pablo de la carta a los Hebreos es que en todas sus otras epístolas comienza por identificarse a sí mismo (por ejemplo en Gálatas 1:1: "Pablo apóstol..."). Sin embargo, en Hebreos comienza inmediatamente con la enseñanza.

No obstante, las dos cartas muestran semejanzas en muchos aspectos. Ambas hablan del mismo tema de la ley en contraste con la gracia. Al leer las dos epístolas me pregunto si quizás Pablo las escribió al mismo tiempo, y si Gálatas fue la introducción al libro de Hebreos que vino después. Estas dos harían entonces la "letra grande" a la que el apóstol se refirió. En este caso la primera parte de la carta habría sido enviada a los gentiles convertidos de Galacia quienes la recibirían con entusiasmo e interés. La segunda parte la habría enviado a judíos convertidos en Jerusalén entre los cuales una carta de Pablo quizás tuvo una aceptación mucho menos entusiasta. Si esto es así, eso explicaría porque el apóstol no identificó su autoría. Si estas hipótesis son correctas, eso sustentaría la teoría de que lo que Pablo dice en Gálatas 6:11 es: "Miren que letra (o carta) grande la que les he escrito a ustedes allá en Galacia."

En cualquier caso, la afirmación de que este versículo prueba que el apóstol sufría una afección ocular crónica es infundada, como lo es la afirmación de que la sanidad como parte de la expiación es desaprobada por tales referencias aisladas. A mí me asombra que algunos se aferren a tan vagos pasajes escriturales para desaprobar algo que es tan claro en importantes pasajes de la Palabra de Dios. La sanidad física es una de las mayores obras de Jesús en la cruz (Salmo 103:3; Isaías 53:3–5, 10; Mateo 8:17).

VIII. Gloria Solamente en la Cruz (12–14)
A. Muéstrelo en la cruz

> **6:12 Todos los que quieren agradar en la carne, éstos os obligan a que os circuncidéis, solamente para no padecer persecución a causa de la cruz de Cristo.**

El significado de este versículo es más claro en la *Nueva Versión Internacional,* la cual dice: "Los que tratan de obligarlos a ustedes a circuncidarse lo hacen únicamente para dar una buena impresión y evitar ser perseguidos por causa de la cruz de Cristo." Esto nos recuerda la declaración de Pablo en Gálatas 5:11: "Hermanos, si es verdad que yo todavía predico la circuncisión,

¿por qué se me sigue persiguiendo? Si tal fuera mi predicación, la cruz no ofendería tanto."

El apóstol argumenta que quienes predican la circuncisión a los gálatas lo hacen porque quieren ganar gloria para sí mismos y evitar ser perseguidos por predicar el verdadero evangelio de la cruz.

6:13 Porque ni aun los mismos que se circuncidan guardan la ley; pero quieren que vosotros os circuncidéis, para gloriarse en vuestra carne.

Pablo señala la contradicción en el mensaje que estos judíos están predicando. Si se les exige a los gálatas que se circunciden para guardar la ley, ¿por qué sus maestros no la guardan? En Hechos 15 leemos la declaración que hizo Pedro al concilio de la iglesia en Jerusalén: "Ahora, pues, ¿por qué tentáis a Dios poniendo sobre la cerviz de los discípulos un yugo que ni nuestros padres ni nosotros hemos podido llevar?" (v.10).

En otras palabras Pablo pregunta a los gálatas: "¿Por qué estos judíos exigen que ustedes gentiles sean circuncidados y guarden una ley que ellos mismos no pueden guardar?" Luego él mismo les da la respuesta: "Para gloriarse en vuestra carne." Lo hacen porque los hace aparecer como más celosos por agradar a Dios. Desvía la atención de sus propias fallas para fijarla en las de ustedes. Ellos no pueden cumplir la ley pero pueden aparecer como justos sometiendo a otros a ella. Todo es un show. Lo que quieren es darse gloria ellos mismos."

6:14 Pero lejos esté de mí gloriarme, sino en la cruz de nuestro Señor Jesucristo, por quien el mundo me es crucificado a mí, y yo al mundo.

Pablo tiene una mejor idea que procurar atraer gloria sobre sí mismo. En vez de hacer eso da la gloria a quien legalmente la merece, a aquel que se dio a sí mismo para que nosotros tuviéramos vida. No debemos gloriarnos en nuestra fe sino solamente en el Autor y Consumador de nuestra fe. Ni debemos gloriarnos en nuestra salvación sino en quien la compró para nosotros con su propia sangre preciosa. David nos recuerda: "La salvación es del Señor" (Salmo 3:8). Después de su pecado con Betsabé, David oró así: "Vuélveme el gozo de tu salvación" (Salmo 51:12). Dios es quien nos da el gozo de su salvación.

Gloriarnos en nuestra prosperidad, en nuestra salud o en nuestro éxito también es erróneo porque ninguna de estas cosas fueron originalmente nuestras. Las hemos recibido sencillamente como un regalo en el gran intercambio: Jesús nos dio sus riquezas, su sanidad y su justicia, a cambio de nuestra pobreza, enfermedad y pecado. Deberíamos decir con Pablo: "Pero lejos esté de mí gloriarme, sino en la cruz de nuestro Señor Jesucristo."

B. Muertos al mundo

...Por quien el mundo me es crucificado a mí, y yo al mundo.

Note que aquí hay una doble crucifixión. Pablo dice que el mundo estaba crucificado para él, y él estaba crucificado para el mundo. En lo que tiene que ver con el mundo, usted y yo estamos muertos. Y eso está bien mientras recordemos que, como la carne, el mundo con sus pasiones y deseos está muerto para nosotros. La vida que ahora vivimos en el mundo la vivimos para la gloria de uno que nos amó y se dio a sí mismo por nosotros.

IX. Una nueva regla (15–16)

6:15 Porque en Cristo Jesús ni la circuncisión vale nada, ni la incircuncisión, sino una nueva creación.

Note que es sólo "en Cristo Jesús" que la circuncisión no vale nada. Hay un beneficio natural y físico que se obtiene por la circuncisión en la carne. Pero en Cristo Jesús, en el mundo espiritual, ese cambio físico exterior no tiene consecuencias después de todo porque Dios no mira la carne de una persona sino su corazón.

La versión *Nueva Traducción Viviente* parafrasea este versículo así: "No importa si fuimos o no circuncidados. Lo que importa es que hayamos sido transformados en una creación nueva." Lo que a Dios le importa es el interior de una persona, no su exterior. El Nuevo Nacimiento, recibir un nuevo espíritu en el interior, llegar a ser una nueva criatura espiritual, andar en el Espíritu, eso es lo que realmente cuenta para Dios, no lo que se hace en la carne.

Si nadie es justificado por las obras de la carne sino por convertirse en una nueva criatura en Cristo, entonces tiene sentido decir que nadie es condenado por ellas. Eso es lo que Pablo quiso decir cuando afirmó que ahora que somos nuevas criaturas y que no andamos en la carne sino en el Espíritu no hay ninguna condenación para nosotros (Romanos 8:1).

Cuando una persona nace de nuevo, una vez que se convierte en una nueva criatura espiritual, ya no está bajo condenación porque deja de estar sujeta al reino de la carne sino que se ha convertido en ciudadana del reino del Espíritu. De ahí que esta nueva vida espiritual no tiene nada que ver con los actos de la carne. Esto explica lo que el apóstol estaba mencionando que él estaba muerto para el mundo, y el mundo para él. El mundo es carnal; el creyente es espiritual. Los dos no tienen conexión: "Porque ¿qué compañerismo tiene la justicia con la injusticia? ¿Y qué comunión la luz con las tinieblas? (2 Corintios 6:14).

6:16 Y a todos los que anden conforme a esta regla, paz y misericordia sea a ellos, y al Israel de Dios.

De manera que cuando estamos bajo la ley, pero no la ley mosaica (la ley escrita en piedra), estamos bajo la ley (la regla) del amor escrita en nuestros corazones. Cuando vivimos bajo la regla de la nueva vida en Cristo Jesús, la paz y la misericordia gobiernan nuestra vida.

... paz y misericordia sea a ellos, y al Israel de Dios.

Esta frase, "el Israel de Dios" se refiere a los judíos nacidos de nuevo. Aunque Pablo es el apóstol a los gentiles, él nunca ha perdido su pasión y su amor para sus hermanos judíos, muchos de los cuales ya nacieron de nuevo pero no tienen una comprensión o un entendimiento real de quiénes y qué son ahora en Cristo Jesús. Esta bendición que pronunció sobre ellos serviría como una maravillosa introducción a la carta a los Hebreos en la cual explica detalladamente tanto a hebreos como a gentiles lo que somos en quien Dios "constituyó heredero de todo (Jesús), y por quien asimismo hizo el universo" (Hebreos 1:2).

X. No más molestias (17)

6:17 De aquí en adelante nadie me cause molestias; porque yo traigo en mi cuerpo las marcas del Señor Jesús.

¿Quién le causaba molestias al apóstol? Los legalistas judaizantes. La gente religiosa. Ellos lo habían perseguido por años porque predicaba el liberador evangelio de Jesucristo, el mensaje que usted ha estado leyendo a través de estas páginas.

Pablo está diciendo: "Si ustedes quieren conocer quiénes son realmente estos religiosos judíos, miren mi cuerpo. Yo llevo en él las marcas de su persecución. He sido apaleado, apedreado y perseguido por ellos por causa de mi defensa de la libertad. Pero no las considero marcas de la persecución; más bien las marcas del Señor Jesús."

Tan extraño como pueda parecer, la gente religiosa todavía se opone al mensaje del apóstol. Ellos sencillamente no pueden creer que Dios haga a las personas completamente libres para vivir según su propio espíritu. No pueden aceptar esta verdad porque no tienen confianza en la gente. Y no pueden confiar en la gente porque no confían en ellos mismos.

Pablo, el autor de esta epístola tampoco confiaba: "Porque nosotros somos la circuncisión, los que en espíritu servimos a Dios y nos gloriamos en Cristo Jesús, no teniendo confianza en la carne" (Filipenses 3:3). Y en el primer capítulo de esa misma epístola él dice a los Filipenses: "Y confiado en esto, sé que quedaré, que aún permaneceré con todos vosotros, para vuestro provecho y gozo de la fe" (v.25). ¿Qué confianza era la que el apóstol tenía en estos creyentes? La respuesta la encontramos en el versículo 6 del capítulo 1: "estando persuadido de esto, que el que comenzó en vosotros la buena obra, la perfeccionará hasta el día de Jesucristo."

Ahora apodemos ver en qué radica nuestra confianza. Nuestra confianza para vivir libres de reglas y reglamentos externos no se basa en la carne o en nuestras habilidades sino única y totalmente en Dios, el que empezó la buena obra en nosotros. Es él quien hace la obra, no nosotros. Por eso es que podemos ser liberados para vivir por el Espíritu y estar en capacidad de liberar a otros para que hagan lo mismo. Podemos vivir en libertad porque "estamos crucificados con Cristo, y ya no vivimos nosotros sino que Cristo vive en nosotros, y la vida que ahora vivimos en la carne, la vivimos en la fe del Hijo de Dios, el cual nos amó y se entregó a sí mismo por nosotros" (Gálatas 2:20). Cuando vivimos de esa manera no frustramos la gracia de Dios.

Una vida así atrae sobre nosotros persecución. La religión no se quedará impasible permitiéndonos vivir libremente y liberando a otros para que puedan vivir en libertad. Pablo lo sabe, por eso es que dice a los gálatas que permanezcan firmes en la libertad con que Cristo los hizo libres (Gálatas 5:1). Él sabe lo que nosotros hemos aprendido: la religión es el peor perseguidor de la iglesia que ha existido. Ella ha sido la que ha convertido más santos en mártires que cualquier otra fuerza en la historia. No obstante, virtualmente nadie la desafía porque sus acciones se muestran como fervor espiritual.

La religión no está confinada a la ortodoxia establecida; se encuentra en cualquier nivel de la sociedad, tanto en la iglesia de Jesucristo como fuera de ella. Como el pecado, la religión no es una acción física sino una actitud espiritual. Es la actitud del fariseo que oraba: "Señor te doy gracias porque no soy como este pobre pecador." Es también la actitud de Jacobo y Juan, los discípulos más cercanos a Jesús, cuando quisieron pedir fuego del cielo que consumiera a los samaritanos que no los recibieron como ellos pensaban que los debían recibir.

La religión no es privilegio exclusivo de los teólogos encerrados en las catedrales de coloridos vitrales; puede ser igual de frecuente bajo las carpas de los revivalistas itinerantes. Un espíritu arrogante no es una cualidad restringida; cualquiera puede tenerlo. Por eso es que los que más nos oponemos a él, tenemos que ser los más cuidadosos al respecto, "no sea que nosotros también seamos tentados" (Gálatas 6:1).

El versículo 18 es una bendición:

6:18 Hermanos, la gracia de nuestro Señor Jesucristo sea con vuestro espíritu. Amén.

Lista de Libros de Referencia

Barclay, William, 1976. *New Testament Words.* [Palabras del Nuevo Testamento] Westminster: John Knox Press.

Jamison, Robert; Brown, David & Fausset, A.R., 1997. *A Commentary on the Old and New Testaments* [Un Comentario del Antiguo y el Nuevo Testamento] (3 Volume Set). Peabody, MA: Hendrickson Publishers.

Strong, James H., 1980, 15th Edition. *Strong's Exhaustive Concordance of the Bible.* [Exhaustiva Concordancia de la Biblia, de Strong] Nashville, TN: Abingdon Press.

Strong, James & Thayer, Joseph, 1995. *Thayers Greek-English Lexicon of the New Testament: Coded with Strong's Concordance Numbers.* [Lexicon Griego-Inglés del Nuevo Testamento, de Thayers: Codificado con los Números de la Concordancia de Strong] Peabody, MA: Hendrickson Publishers.

Unger, Merrill, 1996. *Vine's Complete Expository Dictionary of Old and New Testament Words: With Topical Index.* [Diccionario Expositor Completo de las Palabras del Antiguo y Nuevo Testamentos, de Vine: Con Índice de Tópicos] Nashville, TN: Thomas Nelson.

Vincent, Marvin R., 1985, *Vincent Word Studies in the New Testament* [Estudio de las Palabras del Nuevo Testamento, de Vincent] (4 Volume Set). Peabody, MA: Hendrickson Publishers.

Wuest, Kenneth, 1980, Second Edition. *Word Studies from the Greek New Testament* [Estudio de las Palabras del Nuevo Testamento Griego] (4 Volume Set). Grand Rapids, MI: William B. Eerdmans Publishing Company.

Zodhiates, Spiros, 1991. *The Complete Word Study New Testatment* [El Estudio Completo de las Palabras del Nuevo Testamento] (Word Study Series). Chatanooga, TN: AMG Publishers.

The writings of Arthur W. Pink. [Los Escritos de Arthur W. Pink]

The writings and audio recordings of Donald Grey Barnhouse. [Los Escritos y Grabaciones de Audio de Donald Grey Barnhouse]

Conozca a Bob Yandian

Desde 1980 hasta el 2013 Bob Yandian fue el pastor de *Grace Church* (Iglesia de la Gracia) en Tulsa, su ciudad natal, en el estado de Oklahoma. Después de 33 años de pastorado dejó la iglesia a su hijo Robb, con una congregación fuerte y vibrante. Durante esos años Bob formó a centenares de ministros y los envió a iglesias, misiones y organizaciones en todo el mundo. Ha escrito alrededor de treinta libros y ha establecido un ministerio mundial dirigido a pastores y ministros.

Se le conoce ampliamente como uno de los maestros bíblicos más expertos de esta generación. Su discernimiento práctico y su sabiduría respecto a la Palabra de Dios han ayudado a numerosas personas en todo el mundo a ser exitosas en todas las áreas de la vida cristiana diaria.

El pastor Yandian asistió al *Southwestern College* y es también egresado del Trinity *Bible College*. Ha servido como instructor y decano de instructores en el *Rhema Bible College* en Broken Arrow, Oklahoma. Ha viajado extensamente a través de los Estados Unidos y en el exterior llevando sus enseñanzas poderosas y fáciles de aplicar, las cuales producen estabilidad y esperanza en los corazones de personas con hambre espiritual, en cualquier lugar. A Bob lo llaman "pastor de pastores."

Bob y su esposa Loretta han estado casados por cerca de cuarenta años, son padres de dos hijos ya casados, y tienen cinco nietos. Bob y Loretta Yandian residen en Tulsa, Oklahoma.

Cómo contactar a los Ministerios Bob Yandian

Email: bym@bobyandian.com

Teléfono:
(918) 250-2207

Dirección postal:

Bob Yandian Ministries

PO Box 55236

Tulsa, OK 74155

www.bobyandian.com

Otros libros por Bob Yandian

(Disponibles solamente en Inglés)

Llamado y Separación

Decentemente y en Orden

El Destino de la Fe

De Apenas lo Suficiente, a la Abundancia

Palabra de Dios a los Pastores

¿Cuán Profundas Son las Marcas?

Secretos de Liderazgo del Rey David

Momentos Matinales

Una Carne

Proverbios

La Vida Controlada por el Espíritu

La Biblia y la Defensa Nacional

Comprendamos los Últimos Tiempos

Sociedad Ilimitada

¿Qué Tal Que lo Mejor Esté por Venir?

Cuando Dios Está Silencioso

Series de un *Comentario del Nuevo Testamento* (se venden en paquete o individualmente):

> *Hechos*
>
> *Colosenses*
>
> *Efesios*
>
> *Gálatas*
>
> *Santiago*
>
> *Filipenses*

ORACIÓN PARA RECIBIR A JESÚS COMO SALVADOR

Dios le ama a usted no importa quién es y sin importar su pasado. Le ama tanto que dio a su único Hijo por usted. La Biblia nos dice que lo dio "para que todo aquel que en él cree, no se pierda, más tenga vida eterna" (Juan 3:16 RVR60). Jesús entregó su vida y se levantó de entre los muertos para que nosotros podamos pasar la eternidad con él y experimentar lo mejor que él tiene para nosotros en esta tierra. Si quisiera recibir a Jesús en su vida repita esta oración en voz alta y con todo su corazón.

Padre celestial, vengo ante ti admitiendo que soy un pecador. En este momento decido apartarme del pecado y pedirte que me limpies de toda injusticia. Creo que tu Hijo Jesús murió en la cruz para borrar mis pecados. También creo que él se levantó de entre los muertos para que mis pecados fueran perdonados y yo fuera justificado mediante la fe en él. Invoco al Señor Jesucristo para que sea Salvador y Señor de mi vida. Escojo seguirte a ti y te pido que me llenes con el poder del Espíritu Santo. Declaro en este momento que soy hijo de Dios. Soy libre de pecado y lleno de la justicia de Dios. Soy salvo en el nombre de Jesús. Amén.

Si por primera vez usted hizo esta oración para recibir a Jesucristo como su Salvador, por favor contáctenos para enviarle un libro gratis:

www.harrisonhouse.com

Harrison House

PO Box 35035

Tulsa, Oklahoma 74153